芦田文司
Takeshi Ashida

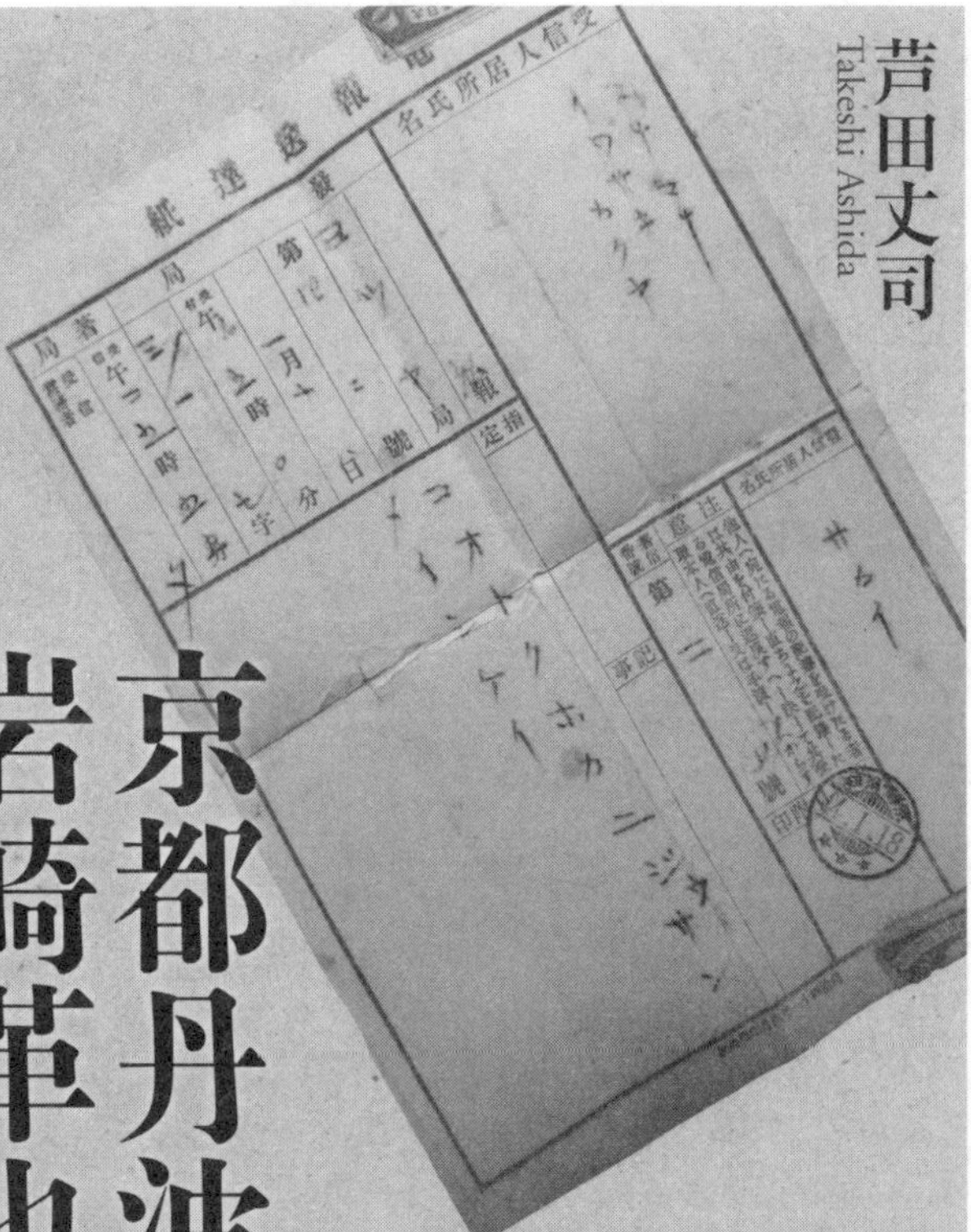

京都丹波の岩崎革也

社会主義者たちとの交流

文理閣

左 岩崎革也（44歳）　右 岩崎平造（22歳）
1913（大正2）年撮影

目次

第二章 書簡で見る社会主義者たちとの交流……28

第一章　岩崎革也 青少年時代の思想的環境

一　全寮制発蒙館で学ぶ

岩崎革也が青少年時代に影響を受けたと思われる人物が二人ある。一人は革也が小学校卒業後、全寮制の「発蒙館」に入学した時の塾長であった井上半介（一八四二〈天保一三〉～一九一〇〈明治四三〉年、号は堰水《えんすい》）であった。もう一人は岩崎家の近くに住んでいた前田英吉（一八五九〈安政六〉～一九〇九〈明治四二〉年）である。両者について概略を述べることにする。

岩崎家は代々酒造業を営み「絹屋」と号した。領主亀山藩より苗字帯刀を許されていた旧家であった。革也の父藤三郎は船井郡野条村の造酒屋松本家に生まれた。父松本藤三郎と野条村の松本四郎兵衛の次女であるくまの長男として、一八六九（明治二）年一二月二一日須知村《しゅうち》で生まれた（『京都府議会歴代議員録』京都府議会事務局編、一九六一年）。一八七六（明治九）年九月一〇日両親ほか家族全員が岩崎八郎方へ入籍し岩崎姓となる。同日藤三郎は家督を相続し酒造業「絹屋」を継いだ。

井上半介（南丹市立文化博物館提供）

1　発蒙館の塾長　井上半介

革也は一八八三（明治一六）年高等小学校卒業後、船井郡新庄村の井上半介が一八六三（文久三）年に開塾した発蒙館に入り漢籍を学んだ。

岩崎革也は一八八三（明治一六）年に須知の尚綱《しょうけい》校を卒業し、船井郡新庄村船枝の井上半介が開塾した発蒙館に入った（太田雅夫『岩崎革也年譜』一九九三年）。発蒙館は当初漢籍を主としていた。井上半介の二男善吉の三男岩本博民が『井上堰水年譜　附没後六十年の経過』（一九六九年）を発行している。なお、この著は一九七〇年一月九日に革也の長男平造宛に送付されたものである。同書によって革也が発蒙館を退塾するころまでの井上半介を見ることにする。

一八四二（天保一三）年、九月九日丹波国船井郡舟枝に生まれた。

一八五四（安政元）年、一三歳で儒教より陽明学に入り熊沢蕃山に私淑する。王陽明の『伝習録』を読む。

一八六三（文久三）年、父が弓場で倒れその後死去したため、塾舎を発蒙館とし少青《ママ》年を教育する。翌年三〇余名の塾生と寝食を共にし、一大ホームと化した。

一八七一（明治四）年、ミル「自由之理」、スマイル「西国立志編」、「学問のすすめ」などを読み啓発される。

一八七六（明治九）年、新島襄、山本覚馬、デビスに面語する。

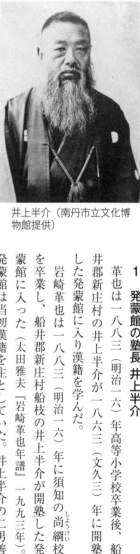

一八八二（明治一五）年、板垣退助の幕僚古沢滋来塾し半介にナポレオン法典を贈り、江原素六とともに自由民権主義を鼓吹する。また、村上太五平伝道に来て「新生会」を起こし丹波教会の前身となる。

一八八三（明治一六）年、新島襄、デビス、ラーネット、原田助らと面談。

一八八四（明治一七）年六月、半介夫妻洗礼を受ける。一〇月に丹波第一基督教会会堂落成式が行われた。

一八八五（明治一八）年七月、安部磯雄三カ月間発蒙館に滞在。翌年には新島襄が来塾し説教をし、塾生感銘を受ける。

一八八六（明治一九）年、二月デビス、五月グリーンが来塾。七月新島襄発蒙館にて説教をし、塾生多大なる感銘を受ける。

岩崎革也が塾生として全寮制の発蒙館で過ごした数年間に、儒学と陽明学、自由民権運動、キリスト教の三点に影響を受けたことが特徴的である。なお、以後の井上については省略する。井上は一九一〇（明治四三）年一二月一三日死去、六九歳であった。

2　井上半介は漢学から自由民権やキリスト教へ

岩本博民の同書によると、井上半介は一三歳で陽明学派の熊沢蕃山に私淑し、伝習録を読んだとあった。岩崎革也は後年漢学や陽明学に大きな関心を示すことになるのは少年の頃に影響を受けたためであった。発蒙館は「家族的一大ホーム」であったという。また半介の教育者としての熱情は篤く、「人一たび堰水の琴線にふれるや至誠ほとばしり、凌々たる気迫は心を動かし、愛情いと濃やか」であった。また「門弟を愛すること児の如く、悲しむ者と共に悲しみ、喜ぶ者と倶に喜ぶの仁《ひと》だった」という。教育者として理想と情熱を持ち、献身的に塾生を育てたのであった。

井上は一八八二（明治一五）年に自由民権運動に共鳴する。当時のことを「板垣退助の幕僚、古沢滋来塾し、半介に贈るにナポレオン法典を以つてし、勧むるに自由民権主義を江原素六と呼吸す」と岩本は書いている。さらに翌年一月には新島襄を招き、七月にはデビス、ラーネットを招くというようにキリスト教に深く接近していく。

井上半介の二男善吉が半介没後五〇年に『井上堰水先生』（一九三九年、非売品）を出版している。「堰水」は半介の号である。そこに安部磯雄が次のように書いている。

私が初めて井上半介先生を知るに至ったのは明治十七年三月三十日であった。私の日記に拠れば、私は第二船枝村に訪ふたのであった。これが最初の面会ではなかったかと考へる。其後春と夏の休暇には、何時も丹波に出かけたのであるから、先生の宅に客となったことも度々であった（二五ページ）。

安部磯雄は最初に半介を訪ねた時、同志社の学生であり一八歳であった。安部は丹波地方の伝導に努力していたのである。一八八四（明治一七）年六月に井上半介夫妻並びに両親は洗礼を受けキリスト教徒になる（半介四三歳）。

革也は井上半介の発蒙館で他の学友と寝食をともにしながら少年時代を送っていた。革也は須知村の前田英吉らをはじめとする自由民権運動、またキリスト教伝道の影響とともに、井上半介や学友たちと政治やキリスト教に関する議論を通して、自由民権や政治またキリスト教に関わっていく。

岩本博民は、父井上善吉と革也との関係を先にふれた岩崎平造宛書簡に次のように書いている（一九七〇年一月九日付)。

迂生知る範囲では発蒙館時代御尊大人と拙父は塾で生活を倶にし坂部秀夫ドクターも同様でした。家族生活の親友でありました。又須知銀行の頭取でもあり、園部の秋田三平さん弟とも終生の御厚情に浴したる次第です。

発蒙館で革也や井上善吉ら「家族生活の親友」であったとある。革也は発蒙館主宰者の半介はもちろんその二男善吉からも大きな影響を受けたと見ることができる。

『丹波基督教会史』(丹波基督教会、一九三四年)に井上善吉の記事が最初に登場するのは次のような内容である。

六月二十一日(一八八九〈明治二二〉年―引用者)綾部高等小学校英語教員井上善吉氏、田能村信徒田中敬造氏の周旋に依り、午前、堀某氏宅にてバロス、ゴルドン両師を招き婦人会を開き、午後、高等小学校に於て前記両氏教育演説会を開く、会者生徒を除き二百余名。猶、続いて、郡長粟飯原氏の懇望に依り、同氏宅にて前記両氏の宗教談を聴く、黒川幸子、村上太五平、井上半介諸氏も同席す。

ここには井上半介とその二男善吉の親子が登場している。善吉は一八八七(明治二〇年)年に受洗しており熱心な基督教徒であった。革也は一八八四(明治一七)年に求道に入ったとする見方がある(太田雅夫『岩崎革也年譜』)。革也が三〇代に社会主義者の活動を支援する思想的基盤が生じたのは少年時代であり、それは漢籍(特に陽明学)・自由民権・キリスト教の三つからであったと考えられる。これらは革也が発蒙館で学んでいた時期にかかわっており、革也が影響を受けたと考えられる。

井上半介の岩崎宛書簡が一通岩崎家に保存されていた。他の来簡があったかも知れないが遺され

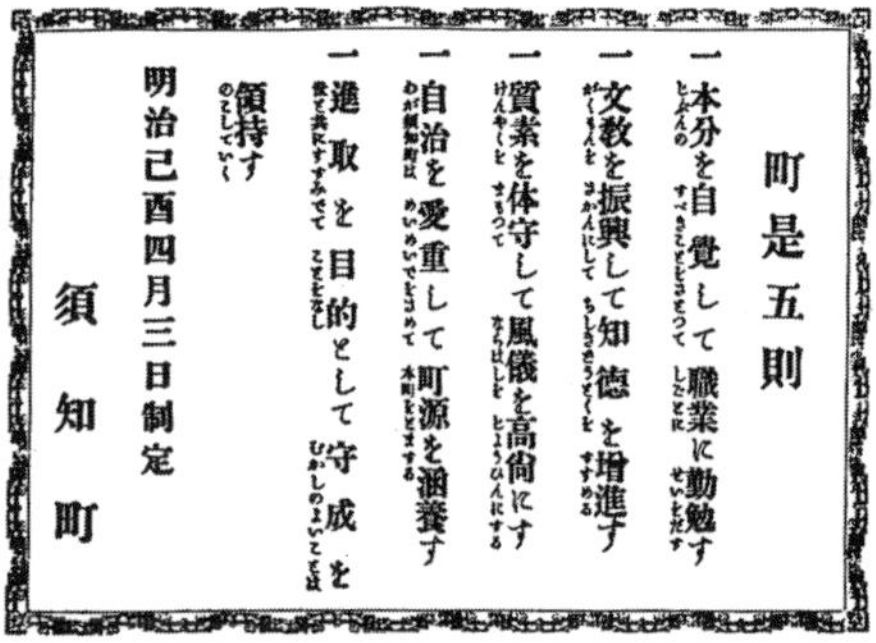

町是五則

一本分を自覚して職業に勤勉す
一文教を振興して知徳を増進す
一質素を体守して風儀を高尚にす
一自治を愛重して町源を涵養す
一進取を目的として守成を領持す

明治己酉四月三日制定

須知町

「町是五則」(1909〈明治42〉年9月10日付井上半介書簡に同封されていたもの)

ていたのは一通であった。封筒内に「町是五則」(明治四二年)があるので、書簡は一九〇九(明治四二)年三月頃と考えられる。革也は同年三月一日に二度目の須知町長に就任した。その一カ月後に「町是五則」を掲げたのであった。この「町是」を町民に示し町政を進めていくことを明らかにした。革也は前もって井上に「町是」に関して相談していたため、半年後の井上書簡に同封していたのであろう。

なお、井上半介は先述したように一九一〇(明治四三)年一二月一三日に没しているため、先の書簡(九月一〇日付封筒に同封)は晩年のものである。そこに、

加ふるに嘗ても実業報にて承候へば多数の貧学生を御教養相成居候よし、是れ全く大兄の近世の学問を愛せらる、一証にて且つは有為の人材を発揮するに於て多大の熱情ある所以に御座候

と書かれている。半介が教え子の革也に注目していたことがわかるのである。

3　岩崎革也と陽明学

幸徳秋水や堺利彦と革也の交流が生まれたのは一九〇三(明治三六)年であった。長女きぬを東京の三輪田高等女学校に入学させた。年少のきぬを上京させたため革也はたびたび東京に出向き、また住居を取得し長期滞在することがあった。秋には平民社に松茸を送付してもいる。秋水はその礼を同

年一二月二一日付の書簡に記している。秋水と堺らは平民社を結成し、一一月一五日に『平民新聞』創刊号を発行した。この年のいつかははっきりしないが、明治三六年に秋水、堺との交流や往き来が生じたと思われる。

一九〇四（明治三七）年二月七日付『平民新聞』第一三号に革也は「再告知友」とする意見広告を出した。その中ほどに「大塩後素先生曰く　〇〇《ママ》当忠孝之変殺身為仁此其所止也」（「忠孝之変ニ当テハ、身ヲ殺シテ仁ヲ成ス。此レ其ノ止ムル所也」）と記している。革也が大塩平八郎に深い関心を寄せていたことがわかる。革也は二文字を「〇〇」としているが、どのような言葉を考えていたのだろうか。読者に想像させようとの意図で記さなかったのかもしれない。あるいは官憲の迫害を避けようとしたのかもしれない。革也は「殺身為仁」に自身の思いを重ねていたと思われる。当時の革也は社会主義への思いを強くしていた時期であった。

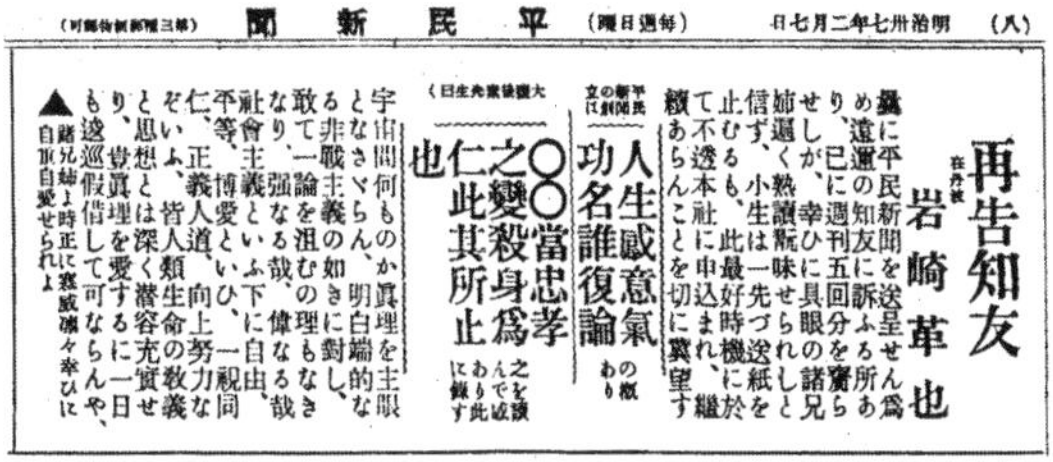
（八）　明治卅七年二月七日　（毎週日曜）　平民新聞　（第三種郵便物認可）

再告知友　在丹波　岩崎革也

曩に平民新聞を送呈せん爲め遠邇の知友に訴ふる所あり、已に週刊五回分を寳らせしが、幸ひに具眼の諸兄姉が、熟讀翫味せられしと信ず、小生は一先づ送紙を止むるも、此最好時機に於て不透本社に申込まれ、繼續あらんことを切に冀望す

平民新聞の創刊文には
人生戯意氣
功名誰復論
の概わり

大鹽後素先生曰く
〇〇當忠孝之變殺身爲仁此其所止也
之を讀んで感ありわり此に録す

宇宙間何ものか眞理を主眼となさゞらん、明白端的なる非戰主義の如きに對し、敢て一論を沮むの理もなきなり、強なる哉、偉なる哉、社會主義といふ下に自由、平等、博愛といひ、一視同仁、正義人道、向上努力なぞいふ、皆人類生命の教義と思想とは深く潜容充實せり、豈眞理を愛するに一日も遂巡假借して可ならんや、▲諸兄姉よ時正に寒威凛々卒ひに自重自愛せられよ

『平民新聞』第13号（1904〈明治37〉年2月7日付）

革也が陽明学や大塩平八郎に強く関心を示したのは発蒙館の井上半介の影響があった。先に岩本博民の著から引いたが、井上半介は一三歳で儒教より陽明学に入り熊沢蕃山に私淑し、王陽明の『伝習録』を読んでいる。井上の講義を受けた革也は陽明学に強く引かれたと思われる。革也は長じてからも陽明学関連書を数多く購入し読んだようだ。革也蔵書中に陽明学関連書は全二一冊存在するからである。うち刊記のない和刻本が七冊あるが、岩崎家に古くから蔵されていたものと思われる。また、

『陽明と禅』は明治三年発行だが、革也が一歳の年であるので先代が購入したものであろう。これらを除いて陽明学関連書は明治三〇年代と四〇年代は一〇冊、大正年間は二冊、昭和年間はゼロである。革也が思想的に社会主義に大きな関心を寄せていた明治三〇年代、四〇年代に多く買い込み読んでいたことが明白である。それらを列挙すれば次のようである。著者、書名、発行所、発行年を記す。

里見常次郎著『陽明と禅』（実文館、明治三年）、井上哲次郎著『日本陽明学派之哲学』（冨山房、明治三三年）、井上哲次郎・蟹江義丸著『日本論理彙編陽明学派の部上』（秀英舎、明治三四年）、同著『日本論理彙編陽明学派の部中』（秀英舎、明治三四年）、東敬治著『伝習録講義上』（松山堂、明治三八年）、東敬治著『伝習録講義下』（松山堂、明治三八年）、高瀬武次郎著『陽明学新論』（榊原文盛堂、明治三九年）、杉原夷山著『陽明学神髄』（大学館、明治四二年）、杉原幸著『王陽明伝習録』（千代田書房、明治四三年）、春日潜菴著『陽明学神髄』（明治四四年）、亘理章三郎著『王陽明』（丙午出版社、明治四四年）、東正堂著『陽明学要義』（昭文堂、明治四四年）、忽滑谷快天著『達磨と陽明』（丙午出版社、大正三年）、安岡正篤著『王陽明研究』（玄黄社、大正一一年）

革也蔵書にある杉原夷山著『陽明学神髄』には次のように記されている（二四～二五ページ）。

其の説くところ、実践躬行に重きを置き、宋代諸儒の説より更に切実に、簡易直截直ちに聖賢に進修するの路を立つ。而して此学を事業に活用し、宸濠平治等の大功を立て、其の一生の事功は凡人の企及する処にあらず、世称し孔明以後の儒将と曰ふ、抑々陽明の学は、学問事業打って一丸となすにあり。心性の学に於て、優に前賢を凌駕し、後学を裨益嘉恵せる、洵に大なりと謂つべし。我国に於て、此の学を宗としたるものは中江藤樹を以て初めとす。徳行古今に此を見ず。門人に熊沢蕃山あり。（略）近世に到りては、大塩後素あり。

なお、王陽明について『日本史事典』は次のように記している。

王陽明の学説は朱子学の理気説・主知主義を批判して知行合一、心の理と物の理を同一視し、先天的に心に内在する良知が実現されるとき正しい道徳行為が行われる（致良知）とするもの。江戸初期、中江藤樹が初めて信奉、わが国陽明学の祖となった。ついで熊沢蕃山・淵岡山が出たが幕府の弾圧をうけ衰えた。後期～幕末には佐藤一斎・大塩平八郎・佐久間象山・吉田松陰らが出、実践活動としての政治批判が行われた。


革也は長じてからも『日記』には次のような記述がある。

一九二一（大正一〇）年一二月一日「大塩平八郎史劇を読む」

同年七月三一日「午前五時出宅桧山支店の木元氏東道ニて多紀郡福井大宮に旅す、大塩後素先生の大額を展覧のため同行す、社司荻阪氏ニ会見の上同社の由来及額面の談ニ接す、境内幽涼掬すべし」

一九三四（昭和九）年五月一二日「熊沢蕃山史伝を読む」

一九三九（昭和一四）年二月一九日「大塩後素天保八年大阪の乱起日　昨夜閑窓夢始静　今朝心地似僊家　誰知未乏素交者　秋菊東籬潔白花（与力の任務退隠の述懐）」

これらを見ると、発蒙館での井上半介の陽明学を受講していたことにより、革也が社会主義に近づく要因の一つが王陽明、熊沢蕃山、大塩平八郎などとのかかわりであったと見ることができる。

4　革也の社会主義に近づく思想的背景

すでに見たように革也が発蒙館在塾中に漢籍を通して陽明学を学んだ。また自由民権運動家たちが来塾し、自由民権主義や政治のあり方などの講義を行った。さらに、井上半介夫妻がキリスト教徒になり、革也もキリスト教に触れることになった。革也の家の近所には前田英吉がおり、丹波の自由民権運動の指導者として活躍した。前田はさらにキリスト教徒になり、その布教に力を注いだ。前田は明治二五年ごろに大阪に移住、さらに札幌に移ってしまう。革也の父藤三郎は前田英吉のようにキリスト教にかかわれば破産すると考えていた。藤三郎は前田が屋敷や田畑山林を売るとともに、多額の借金を抱えるにいたったことをよく知っていた。藤三郎自身前田の田畑を購入していたが、このことは後にふれる。革也がキリスト教に関心を持った当時、藤三郎は革也をキリスト教から引き離すために、大阪に行って株の勉強をしてこいと出してしまった。

革也は大阪で中江兆民を知り、兆民の思想に影響を受けたとされる。兆民は東京にいたが一二月に制定された保安条例で追放され大阪に移ったのである。そして一八八八（明治二一）年一月一五日に大阪で創刊した自由民権派の日刊新聞である『東雲新聞』の主筆として迎えられた。一方、一八歳であった幸徳秋水は兆民の下に学僕として同年一一月に兆民宅に落ち着く（西尾陽太郎『幸徳秋水』吉川弘文館、一九五九年）。西尾によれば、幸徳秋水が大阪の兆民のもとで生活したのは一八八八（明治二一）年一一月二日から一八八九（明治二二）年一〇月四日までであった。兆民は家族とともに一〇月五日に上京の際、秋水も同行したのである。

革也が株の勉強に大阪にいた時、兆民の学僕（秋水自身は「玄関番」と『後のかたみ』に書いている—引用者）として幸徳秋水がおり、革也と接触があったとも考えられるが証する文献は見当たらない。秋水は半紙を綴じ合わせて『後のかたみ』として日記をつけていた。残存する期間は一八八九（明治二二）年一月から翌年三月までである。『幸徳秋水全集』（明治文献資料刊行会）のそれには革也と接触したと思われる記述は見当たらない。

この頃革也が兆民著作を購入し読んでいたかはわからないが、蔵書中に兆民著は三冊ある。それらは、『一年有半』（博文館、一九〇一〈明治三四〉年）、『続一年有半』（博文館、同年）、『兆民文集』（日高有倫堂、一九〇九〈明治四二〉年）の三冊である。明治二〇年代発行の書籍は五冊であるが、兆民書は見られない。若い頃の書物は革也が処分していたのかも知れない。

大阪で革也は兆民の影響を受けたが、その顕れの一つが革也の孫（長男平造の長男）の誕生にあたって「兆民」と名付けたことだ。この頃革也は官憲に動向を注視されていたために『特別要視察人状勢一斑第七』には、次のように記録されていた（『続現代史資料1社会主義沿革（1）』四九六ページ）。

> 同五年（一九一六年―引用者）十二月（二〇日―引用者）長男平造ノ妻カ男子ヲ分娩シタルヲ「兆民」ト命名シタルカ如キコトアルモ其ノ他ニ於テ主義上特記スヘキ行動ナク

なお、松尾尊兊『大正デモクラシーの研究』（青木書店、一九六六年）は、

> 彼（革也―引用者）のもっとも尊敬した人物はほかならぬ兆民であり、長男平造の長子に「兆民」と命名したほどである。

と記している（二八四ページ）。

二　自由民権運動の指導者 前田英吉

1　岩崎家に近かった前田英吉の存在

丹波、須知の前田九一郎は本陣と称された屋敷に住み、酒造業を営んでいた。一八七二（明治五）年八月太政官布告で学制が発表された。当時第八区区長をしていた前田はその須知村小学校の開校式

で「学校建営ニ付テハ自分住居建物を差出し其他人心を鼓舞し有志ヲ語合速ニ建営之功を奏当時生徒二百五十人ニ到りしハ全此者之力ニ有之候」と「褒詞」で讃えられた（京都府庁文書）。『須知小学校沿革史』は「明治五年三月、前田九一郎氏の別荘を借用し、（略）後世人尚綱校《しょうけい》と称す」と記している。

前田九一郎に跡継ぎがなかったため、明治三年八月に氷上郡下竹田村の依田家の英吉が叔父の九一郎の養嗣子となり、前田家を継いだのであった（前田英吉三男則三編『幸福の生涯』一九三一年二月、及び藤本薫編『現代船井郡人物史』一九一六年）。

革也の少年時代に自由民権運動が盛んになり、国会開設運動が盛んになっていく。一八八〇（明治一三）年前田英吉は有志を集めて自由懇親会を組織した（『丹波町誌』一九八五年）。また、夜学を興し以文会を設立して青年に修学読書を勧めた。四〇名前後の会員があったが、その大部分が立憲政党の党員であったという（原田久美子「関西における民権政党の軌跡」『歴史評論』四一五号）。前田ほかの発起により翌年八月には新聞縦覧所を須知駅に開設した。これを『大坂日報』は次のように報じている。

府下丹波船井郡須知駅にて前田英吉外二十名の有志者の発起にて新聞縦覧所を設け海内数十種の新聞雑誌及び新板の翻訳書等を取寄せ同地方の人民及び通行の旅客に縦覧せしめ且つ十六の日は発起者集合し新聞の談話をなすよし（明治一四年八月三一日付）。

近畿地方における民権運動は一八八二（明治一五）年三月に、結成大会をひらいた立憲政党が大きな役割を果たした。同年一〇月現在では党員が六四一名、うち丹後が一四七名、船井郡では一六五名で府下で最も多かった。なかでも須知は丹波民権運動の拠点で三三名であった。前田英吉はもちろん岩崎革也の父藤三郎も党員であった（明治史料研究連絡会『明治史料第三集』一九五五年）。

当地における立憲政党の活動の一端は「立憲政党新聞」（一八八二年五月一一日付）に記されている。

本部の城山静一が五月二日に「巡回」に来た時の記事である。三日須知に着き、前田らが迎えた。夕には豊田で親睦会を開いたところ八四名が参加した。四日は須知の正燈寺での親睦会に八九名が参加した。城山は「今年の党員は決して昨年の党員に非ず其進歩の速やかなる実に驚くべきもの」と記している。このころ船井郡の民権運動が盛んに行われていたのだ。だが、わずか一年半後の一八八四年七月には立憲政党は解党してしまった。解党当時の七月二七日に須知では憂国懇親会が前田と田中半之丞名で案内状を出している（高久嶺之介「明治期地方名望家層の政治行動」『社会科学』二二号、一九七七年）。この時の「懇親会」を『京都絵入新聞』は次のように報じている。

丹波懇親会　去る二十七日、丹波船井郡須知村に於て前田英吉、田中半之丞などいへる有志者無慮百五六十名が相会し、丹波懇親会と云るを開きしが、近来の盛会にて来会者はことごとく自由主義を執らる丶由、且つ又た爾来は時々懇親会をひらき進んでは丹波自由党をも団結するの計画なりと聞く（七月三一日付）

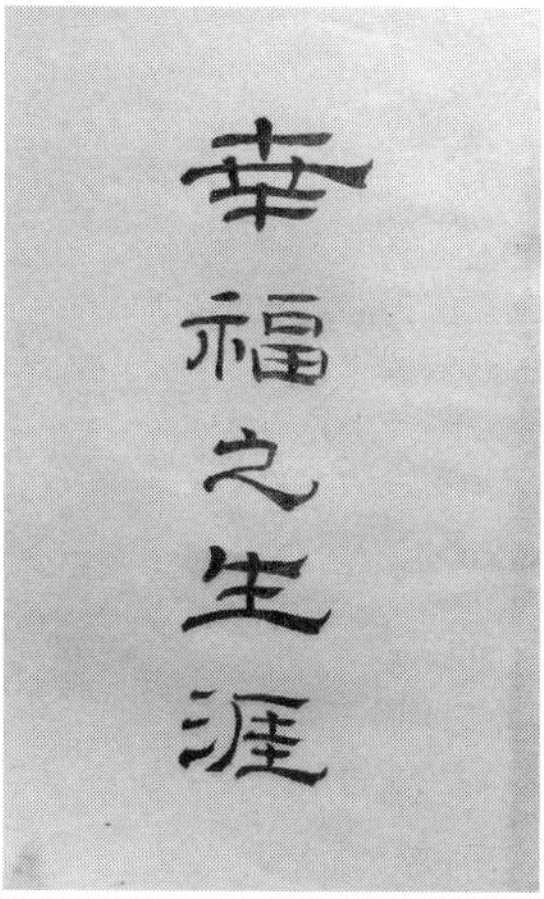

『幸福之生涯』前田則三編私家版 1932（昭和７）年発行表紙

前田英吉が自由民権運動にかかわっていた頃は明治一〇年代であった。革也は一八六九（明治二）年一二月に生まれている。前田とは一〇歳の年齢差があった。革也の少年時代は同地域ではあっても直接的な交流があったとは思われない。父藤三郎は立憲政党の党員名簿に名を連ねているので、前田をよく知る仲であった。しかも、前田家も岩崎家も近所ながら造り酒屋という同業であったため、種々の会合や付き合いで接することも多かったであろう。

2 キリスト教徒として生きた前田英吉

前田英吉は一八八〇（明治一三）年九月に養父九一郎が死去したため家督を相続した。それ以前から前田家の経済状態が悪いことを知ってはいたが、負債の増加により「失望ノ余リ見ルモノ皆憂悲ノ種トナリ」、この状態では「発狂」することを怖れ旅に出たのであった。京都の四条教会で新島襄の説教を聞いて「恰モ小川ヨリ大海ニ出デタル如ク大ニ快豁」となったという（『幸福之生涯』）。以後キリスト教を信じることになる。

前田家は酒造業を営んできたが、英吉は酒が身体を害し、世を滅ぼすと考えて廃業しようと思いながら決心がつかなかった。一八八六（明治一九）年春頃、「一朝信仰ノ起ルヤ、弊履ヲ捨ツル如ク、自然廃業スルコトヲ決心」したのであった（『幸福之生涯』）。

丹波基督教会の村上太五平の『教会日記』に、須知の記事が出る最初が一八八四（明治一七）年六月二日であり、そこには「船井郡須知村前田英吉方ニ説教会ヲ開」とある。以後、須知とキリスト教とのかかわりが深くなっていく。一八八六年に須知への伝道が記録されているだけでも一一回も行われた。これは従来の農村伝道の困難性により、伝道を都市的性格を持つ地域へと変えていったことによる。須知はその条件をもった地域であった（岩井文夫「丹波地方に於ける基督教の受容（二）」）。

前田は一八八六（明治一九）年一二月五日に胡麻教会堂で受洗信仰試験を、谷平吉とともに受けている。翌年三月二六日に、前田は船枝村会堂で金盛通倫より受洗した。前田二七歳であった。その半年後に前田たちは須知に矯風会を組織する。その「主意」に「世ノ光トナリテ天父ノ栄光ヲ輝サン事ヲ望ンデ止ム能ハズ」の気持ちから会を設けたとしている（岩井文夫前掲書）。

一八八七年一一月二〇日、須知会堂捧堂式が執行された。「建物は旧酒造庫を前田英吉氏より寄附」と記している（『丹波基督教会史』）。前田はこのことを「明治二十年教会堂建築ノ議起リタレバ、予ハ酒槽ノ掛石ヲ以テ基礎トナシ、倉庫ノ一棟ヲ移シテ会堂トナシヌ。今ノ丹波基督教会須知会堂是也。後会堂敷地ヲモ併セテ教会ニ寄附セリ」と書いている（『幸福之生涯』）。前田はキリスト教入信後は須知会堂の主任執事をしていた。一八九三（明治二六）年の須知部の信徒数は二六人であったが、明治の天皇制絶対主義国家が形勢されていくなかで、キリスト教に対する迫害や妨害があり、一九〇九（明治四二）年にはわずかに一一人になった（岩井文夫前掲書）。

先述したが、岩崎茂三郎（革也）は一八八三（明治一六）年に須知の尚網校を卒業し、船井郡新庄村の井上半介が主宰する全寮制の発蒙館に入った。井上は漢学の養成を行っていたが、当時丹波伝道を行っていたキリスト教に接して一八八四年同志二三名と受洗しキリスト教徒になった。翌年七月から九月まで安部磯雄（当時竹内姓）が発蒙館に滞在し、講義を行った。一八八七年七月一一日は新島襄が発蒙館に来館している。このような発蒙館に学んでいた茂三郎はキリスト教に強く心を引かれたのも当然であった。だが、父からキリスト教に入信することを強く反対された。父藤三郎は茂三郎をキリスト教から遠ざけるために株の修行に行ってこいと大阪に出したことは先述した。

3　田畑を売却する前田英吉

前田英吉は自由民権運動の指導者として多大な活動をすることによって、自身の財産を売却してその運動費に充てたことも数多くあったであろう。一八八二（明治一五）年一一月頃の「地所売渡之

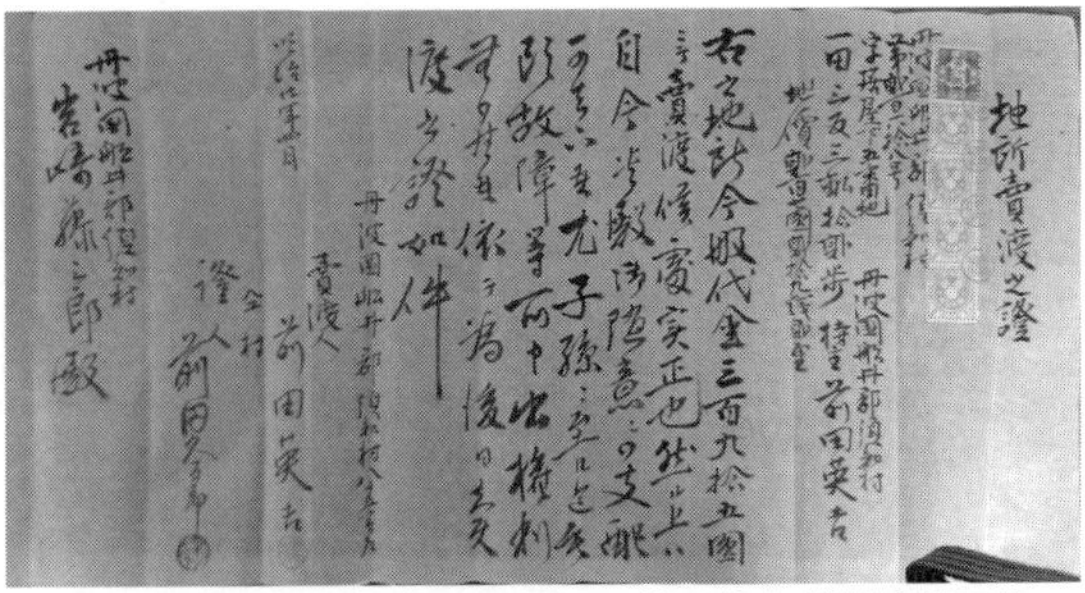

1887（明治 20）年 11 月に、前田英吉が岩崎藤三郎（革也の父）に田畑を売却した折の証文（筆者撮影）

証」が岩崎家に残されていた。それには明治一五年一一月に田三筆、畑一筆合計二反九畝二二歩を「右地所今般代金四百円ヲ以テ永代売渡」と、前田英吉が岩崎藤三郎（革也の父）に売り渡したことが明記されている。

さらに前田英吉はキリスト教徒となり布教に多大な金銭的援助を行っていく。その資金として先の文書と同様のものが遺されていた（上掲写真）。それはやはり田畑を革也の父岩崎藤三郎と前田英吉が交わした売買契約書で見ることができる。「地所売渡之証」として「一田三反三畝拾弐歩　持主前田英吉」、「右之地所今般代金三百九拾五円ニテ売渡候」とあり、末尾に「明治廿年四月　売渡人前田英吉印　証人前田久太郎印　丹波国船井郡須知村　岩崎藤三郎殿」とある。前田英吉は田を約四百円で売り渡したのであった。明治二〇年頃には前田家の経済は相当悪化しており、田畑を処分しなければならなかったのである。

4　京都府議会議員としての活動

前田英吉は京都府議会議員として政治活動を行った。『京都府会沿革志』（一八九七年一〇月京都府発行）によると、次のようである。

明治二十年十一月　補欠選挙で当選

同年十二月　　　　退任
明治二十一年一月　当選
明治二十二年三月　辞任

議員であった期間は通算一年余のわずかであったが、議会での主な発言を見ることにする。初めて議員になった年の十二月議会で道路予算について次のように発言した。

京都管下は他府県に比して道路の開鑿工業甚た後れ目下に至ては為に民心大に奮起し力を尽くして是此開鑿をなさんとするの状況なり故に可及的は補助をなして其奮起の心を奨励すべし（『京都府郡部会議録第六号』明治二十年十二月十五日開会、片仮名を平仮名に直した。以下同様）。

前田は船井郡升谷村に千八百一四円五〇銭、下山村に千二百三一円二〇銭に修正するよう迫ったのである。

一年後の十二月議会では郡部会で巡回教師の制度化を要求して、紀伊郡の安田議員の建議を批判した。理由の一つは農事会は理事者から干渉されるべきものではなく、自主的に為されるものだと主張した。二つは地方税は農業者だけに還元されるのは不公平だと主張して、安田の建議に反対した。だが、前田の主張は否決された。この議論のなかで前田は次の主張を述べている。

地方は農業化学なるもの未た開て居らざるか故に此学科に精しき技師をして各地方を巡回せしめ其地方の土質を試験し之れに適応する所の作物の種類を研究し又如何なる肥料か適応する等のことを講せしめたきの精神なり

前田の主張は翌年巡回教師費として千四百七拾四円が可決されたのだ（本山幸彦編『京都府会と教育政策』一九九〇年）。しかし、可決した時には前田は議員を辞任していた。

巡回教師の論議ののち、前田は次のような「娼妓廃止の建議」を行った。

大体娼妓なるものは文明国には之なしと聞けり。日本に於ても有志家熱心に廃止論を主唱し妓楼を廃止し遊郭を絶滅せんとするの論は各地到る処行はれさるなく殆んと全国の輿論たるにも拘はらす我京都府は近頃是迄妓楼の設けなき所に新に設置することを許可し丹波園部にも置くとか云へり。是れは理事者より土地人民を勧誘したときのことなり。（略）娼妓を公許せさるときは私に婬を鬻くもの出来之れか為めに梅毒の伝播するの恐れなきにしもあらざれとも一利一害は数の免れさる所なれとも其利害孰れか多きやと云ふに之を廃止するの利多きに若かざるなり。（略）此不潔なる税金を以て政費に充る抔は良心を有せるものは頗る慚る所なり。

前田の娼妓廃止の建議は議場で賛成者一人もなく終わってしまった。前田は一八八九（明治二二）年三月府会議員を辞任してしまう。「時の郡長奥村新之丞氏に面会し辞表を提出した」ところ、郡長は辞表を返して「本年の通常会に臨まば、常置委員は最早君の頭上に落ちん左なれば肩書を利用して他の事業をなす事を得ん」と慰留した。前田は固辞して、「予は世間肩書を利用して世を瞞着するもの、多きを憂ふるもの何ぞ自ら好んで其列に入らんや」と遂に辞して去ったのであった（『幸福之生涯』、なお同様のことは『留岡幸助著作集第四巻』一九八〇年にも採録されている）。

府会議員を辞任した前田は政治から無縁になったわけではなかった。翌四月須知村会議員になり、村学務委員、郡勧業委員を兼ねたという（『京都府議会歴代議員録』）。だが、一八八九（明治二二）年九月一切の公職を辞して一一月に大阪に単身で転じてしまう。府会議員も村会議員も議員としては短期間であった。

5　大阪、続いて札幌に移住

前田英吉は丹波で種々の活動をしていたが、経済的には困難な状態であった。議員を辞任し新天地を求めて家族とともに、大阪に移住したのは一八九〇（明治二三）年三月であった（『京都府議会歴代議員録』）。大阪市内淡路町二丁目に家を借りて時計商を始めた（『幸福之生涯』）。時計商がうまくいかずさらに札幌に転じることになる。札幌という遠方に前田が移ったのは当地に留岡幸助がいたからである。留岡は一八八八（明治二一）年九月七日に丹波基督教会の牧師として請われて着任した。一八九〇年五月に福知山に転居した。その留岡に東京番町教会の牧師金盛通倫から、北海道空知の監獄教誨師にと要請されて一八九一（明治二四）年三月に北海道に赴くことになる（室田保夫「丹波第一教会時代の留岡幸助」『キリスト教社会問題研究』第二六号、なお同『留岡幸助の研究』第四章「丹波第一教会牧師」に詳細が記される）。

北海道にいた留岡を頼って、前田英吉は一八九二（明治二五）年四月に大阪から札幌に一家転住を行った。だが、札幌当初の事業を開始するにあたって資金でつまずいた。丹波基督教会の信者であった田中敬造も北海道に移ったが「理財の道に長じ」ていたため、前田は多額の援助を受けたという。

前田は『幸福之生涯』に「今年丹波ニアル邸ヲ五分シ、其一分ヲ須知公会堂ニ寄附シ、其他ヲ七百五十円ニ売却ス」と記している。しかし、「今年」が何年であるかは前後から明確にならない。

ところが、前田家の跡地に「須知町役場跡」とする史跡碑が建っていて、次のように記されている。

ここはいくた時代の変遷の中で常に須知地域の中心地であり、丹波町となる迄の六十有余年にわたり地方自治発展の拠点として、多くの人々に親しまれた須知村、須知町役場の跡地です。

この地は、かつて山陰街道の本陣であった「前田家」の子孫前田英吉氏が、明治二十九年北海道に移住されるに際し、須知村に寄贈された土地です。今日の丹波町に至る足跡を後世に残すため、また、前田氏の篤志を顕彰しここに、史跡碑を建立するものであります。

平成二年三月吉日　　須知財産区

ここに記されていることにより、「今年」は明治二九年であったことを確認できる。札幌に来ての営業（洋品雑貨店）が手広く行われていない時期であったのだが、移住四年後に須知の家屋敷の一部を寄付したのであった。

三　社会主義に近づく岩崎革也

1　岩崎革也　東京に子女を入学させる

岩崎革也は一九〇三（明治三六）年ごろから社会主義者との交流が生まれたと思われる。しかし、いつ何がもとで交流が始まったかは不明である。当時の革也の『日記』が存在しておれば詳細を知ることができるかもしれないが、『日記』は一九一七（大正六）年以後しか残っていない。旧岩崎邸は二〇一三年一〇月に、京都縦貫自動車道の建設にともない取り壊されてしまった。その前に邸内を詳しく調査したが、残念ながら発見することはできなかった。

革也は須知村会より推挙されて、一九〇〇（明治三三）年三月一日に須知村長に就任した。わずか三一歳の若さであった。翌年町制が布かれ初代の須知町長になる。革也は病弱な面があり、一九〇二（明治三五）年一二月一日には頭痛のため町長を辞任せざるをえなかった。

革也の長女きぬは一八九〇（明治二三）年一月二九日に誕生した。一九〇三（明治三六）年四月、きぬに中等教育を受けさせるため東京の三輪田高等女学校に入学させ、寄宿舎に入寮させた。岩崎革也と校長三輪田真佐子は姻戚関係にあった（太田雅夫『岩崎革也年譜』七ページ）。なお、革也の長男平造は一八九一（明治二四）年五月二日の生まれである。京都二中に学んでいた平造はおそらく革也の意向で二中を中退し、エスペラントを学ぶために一九〇四（明治三七）年四月に上京した。三輪田真佐子にきぬと平造の保護を依頼したのである（同前書）。

平造が上京するにあたって革也は家を借りた。同年五月一七日付の革也宛幸徳秋水書簡の宛先は東京市牛込区市ケ谷加賀町二丁目二六である。たまたま同日に須知から札幌に移っていた前田英吉書簡の革也宛住所も同じである。その後革也は近くではあるが別の家を借りた。週刊『平民新聞』五三号（同年一一月一三日付）に転居広告を出したことから知ることができる。同じ加賀町二丁目であったが、三三番地に移ったのである。ただし、五三号は「共産党宣言」の掲載により発売禁止になったため、一一月二〇日付の次号にも同広告を出している。最初長女きぬが東京に住み、翌年からは平造も住むことになった。

幼い二人の子どもが気がかりで、革也は須知からしばしば上京し借家を訪問したと思われる。長期滞在もあったであろう。上京した折には読書好きであった革也は多くの書物を購入し読んだと思われる。革也蔵書は千冊を越える多数が残っており、若くからの読書歴があった。蔵書中に幸徳秋水著が五冊ある。明治半ばごろのものとしては、『社会主義神髄』（朝報社、一九〇七年七月）、『廿世紀の怪物帝国主義』（警醒社、一九〇三年一〇月）がある。後者は二冊あり、その一冊には革也が秋水の刑死の夜に書き込みをしている。幸徳以外の関連書では西川光次郎『社会党』（内外出版会、一九〇一年一〇月)、同『カール・マルクス』(中庸堂書店、一九〇二年四月)、矢野龍渓『新社会』(大日本図書、一九〇二年七月―本書は二冊ある)などを見ることができる。

本間久雄著『続明治文学史下巻』(東京堂、一九六四年)は明治三〇年代半ばごろに刊行された社会主義関係書を挙げているが、上記のものを除くと村井知至『社会主義』(明治三二年)、久松義典『近世社会主義評論』(三四年)、同『最近国家社会主義』(同上)、矢野龍渓『社会主義全集』(三六年)、片山潜『我社会主義』(三六年)、平民社同人編『社会主義入門』(三七年)などである(一一〇ページ)。

本間久雄があげていた『社会主義入門』は堺利彦から送付されたが、革也蔵書中にはない。送付にあたって、堺は革也宛一九〇四(明治三七)年二月二九日付葉書で次のように書いている。

拝啓先頃中は重ね〳〵御尽力を賜はり社中一同深く奉謝候、さて別に弊社同人編輯に係る社会主義入門一冊御送附申上候間、御笑覧被下度、猶ほ主義伝道の為め売り広め方御尽力願上候　御取次被下候部数の多少により割引方法も有之、其表は入門の表紙の裏に記載有之候間御覧被下度候

堺利彦から直接送付された『社会主義入門』を革也はもちろん読んだにちがいないが、すでに記したように蔵書中には存在しない。そのほかでは『社会主義神髄』、『廿世紀の怪物帝国主義』、『新社会』なども読んだであろう。書物を通じて幸徳秋水や堺利彦を知り、社会主義に近づいたと思われる。

ところで、子ども二人を在京させていたため、革也の在京機会も増えた。三輪田真佐子著『教へ草』の冒頭部の「出版の趣意」に、三輪田真佐子について次のように記されている(『教へ草』一九一八〈大正七〉年二月発行、弘道会有志青年部編、南北社出版部、全四〇二ページ)。

三輪田真佐子刀自が、女流教育家として、令名に高く、風教善化に意を注がるゝことは今更贅言を要せず。(略)抑も刀自は、資生温順にして、而も志操極めて貞固、少時梁川星巌及夫人紅蘭

女史に就て、漢学を修め、妙歯、国学者にして勤めて勤王の志士たる、伊予旧松山藩士、贈従五位三輪田元綱氏に嫁ぐ。（略）良人の蚤世するや、決然志を立て独立自営の途を講じて、松山に私塾明倫舎を開き、更に上京して独力三輪田家塾を創立す。是現在の三輪田高等女学校の前身なり。

その三輪田真佐子は幸徳秋水と次のような関係があったと、山泉進『平民社の時代 非戦の源流』が興味深いことを述べている（論創社、二〇〇三年、六四ページ）。

真佐子の夫、三輪田元綱（綱麿）は幕末の足利将軍木像梟首事件に関係した人物であり、妻の真佐子は、夫の死後、松山で私塾明倫学舎を開き、上京後の一九〇二年三輪田女学校を開設し良妻賢母主義による教育を実践した。奇縁なことに、幸徳秋水の妻、千代子の父は師岡正胤で、正胤は足利将軍木像梟首事件に同じく関係し、その関係から千代子姉妹は三輪田真佐子女史のもとで「薫陶を受けた」とされている。一八九九年に結婚した幸徳秋水夫妻は、どの時点であったのかはともかくとして、このことを知るに至ったはずである。これも岩崎と幸徳とを近づけた要因のなかに入っているのかもしれない。

なお、秋水と千代子は一八九九（明治三二）年七月に結婚している。千代子は「英・仏語に通じ和歌・日本画をよくした才媛」であったという（西尾陽太郎新版『幸徳秋水』吉川弘文館、一九八七年、六一ページ）。直接的な契機ははっきりしないが、読書好きの革也が東京で社会主義関係書にふれたであろうことを初めとして、姻戚関係にあった三輪田真佐子を通じて幸徳秋水を知ることになったかもしれない。塩田庄兵衛は「府下最初の社会主義者」に、「『平民新聞』の発行所である「平民社」を子供づれでたびたび訪れたことを、当主の平造氏も記憶しておられる」と記している（『近代京都のあゆみ』所収、かもがわ出版、一九八六年、九五ページ）。きぬと平造が革也に連れられて平民社を訪れたのはおそらく幸徳秋水や堺利彦と交流を深めるなかであったであろう。当時の平民社の住所は東京市麹町区有楽町三丁目一番地であった。革也の借家との直線距離は四キロ余りである。歩けない距離ではない。革也は健脚であったので、その程度は苦にならなかったと思われる。

2　明治三六年　秋水や堺利彦らと交流始まる

革也と幸徳秋水との直接の関係を示すものがある。幸徳が須知の革也宛に一九〇三（明治三六）年一二月二一日付で次のような封書を送っている。なお同書簡は秋水からの革也宛の最初のものである。

時下寒気之候益々御健勝之御事と恐悦申上ます。先頃は結構な松茸を沢山に御送被下御厚志難有御受け致しました。早速枯川君と両人で賞玩致し、今も毎日賞玩致して居ます。此段あつく御礼申上ます。其後直に手紙差上るべき筈でしたが、平民新聞の事務がまだ整頓不致、非常に多忙で寸暇もなく、其為御無沙汰に打過ました。欠礼の段平に御詫申上ます。平民新聞も毎号徐々に読者が増加致します。此分ならば成立が出来るであらうと思ひます。乍憚御安心を願ひます。何分共に社会人類の為め御尽力を希望に堪へませぬ。取敢ず御礼かた〳〵右のみ。

松茸は一〇月から一一月にかけて収穫できる。丹波はその名産地でもあった。ところが、書簡日付は一二月二一日である。「今も毎日賞玩致して居ます」とあるので、この書簡は松茸を落手して間なく食しその旨を書簡として書き込んで以後、多忙のため約二カ月そのままにしておいたが、正月を前に慌てて以下を書き加え送ったのではないかと思われる。

とすれば革也は一〇月には秋水に松茸を送付する関係にあったことになる。週刊『平民新聞』第一号の発行は同年一一月一五日であった。その一カ月前にすでに両者の関係があったことになる。書簡中に「枯川君」とあるように、堺利彦とも面識がすでにあったのである。以後革也は秋水と特に堺利彦とは長い関係が続くことになる。革也がきぬや平造を連れて平民社を訪れたのはこの頃または翌年の明治三七年ごろであったのだろう。

一九〇四（明治三七）年四月一六日付秋水書簡には「兎に角堺氏も入牢すれば、其留守中は何とかして支へて行く積りです。小生が倒れたら、あとは貴下等の御働きを願い《ママ》たいと思ひます」と書いている。堺が入牢するのは週刊『平民新聞』の二〇号、同年三月二七日発行に秋水の「嗚呼増税！」に対してであった。新聞紙条例違反として発売停止処分を受けた。当時堺利彦が発行兼編集人であったため、四月五日に軽禁錮三カ月の判決が出、同月一六日の控訴院判決で堺を禁錮二カ月と減じたのであった。秋水は革也にも「御働きを願いたい」と期待をかけていたのだ。その後秋水は実業家としての革也に運動や新聞発行に対する金銭的援助を何度も請うことになる。幸徳秋水からの書簡はその後も続いたが、一九〇八（明治四一）年一月一日付の年賀状が最後となる。残存する秋水書簡は合計二四通であった。一方、秋水の妻千代子から一九〇五（明治三八）年四月三日付を初めとして一九一五（大正四）年八月七日付まで全八通残っている。

3　秋水や堺と似た学習体験

革也は井上半介主宰の発蒙館で漢籍を学んだ。漢籍の中心は儒学や陽明学であった。儒学を学んだことが後の社会主義に発展した人物に堺利彦や幸徳秋水がいる。堺利彦は週刊『平民新聞』第八号、一九〇四（明治三七）年一月三日付の「予は如何にして社会主義者となりし乎」に次のように書いている。

予の少年の時、先づ第一に予の頭にはいつた思想は、云ふ迄もなく論語孟子から来た儒教であつた、次には即ち民約篇や仏蘭西革命史から来た自由民権説であつた、然るに予が段々年を取る中に、憲法は発布せられて帝国議会は開かれたが、自由民権も実現せられず、仁義道徳も実行せられぬ、孔孟思想も何の役に立たぬ、そこに日本歴史から来た忠君愛国の思想、耶蘇教の思想、進化論の思想、功利主義の思想などがゴッチヤになつて、或は調和し、或は衝突し、予の頭の中には大混雑が生じて、常に不安の念を抱いて居た、其不安の間に社会主義の新しい響が幽かに聞えたので、渇者の飲を求むるが如くに直に之に赴いた、予が最初に読んだ本はイリー氏のフレンチ、エンド、ゼルマン、ソシアリズムであつて、此本に依て、予は仏蘭西革命の結果が其真の目的に副はなんだ、予は此に一道の光明を得た、予は此光明に依て予の頭の中に在る総ての思想を照して見た、それは終に大混雑の思想が整頓して、影もなく、暗も無く、もつれもなく、一理貫徹、先づは安心を得た積りである、予の社会主義は、其根底に於てはヤハリ自由民権説であり、ヤハリ儒教であると思ふ。

堺利彦は自身の社会主義の根底に自由民権説と儒教があると言っている。儒教のどのような部分に惹かれたのか。堺は『堺利彦伝』に次のように記している（『堺利彦全集第六巻』法律文化社、一九七〇年、一六四ページ）。

儒教には「身を立てる」と同時に「道を行なう」という理想があった。（略）君は多少の才気を持って生まれたと同時に、やや正直な素質を持って生まれていた。君には自由民権の思想を守り、儒教の精神を貫こうとする、かなり正直な心があった。

この文章では自身を「君」と二人称化しているが、社会主義者になる基礎は若き頃の儒教と自由民権とが大きな役割を負っていたのである。

幸徳秋水は「予は如何にして社会主義者となりし乎」に次のように書いている（週刊『平民新聞』第一〇号、一九〇四年一月一七日付）。

> 境遇と読書の二なり、境遇は土佐に生れて幼より自由平等説に心酔せし事、維新後一家親戚の家道衰ふるを見て同情に堪えざりし事自身の学資なきことの口惜しくて運命の不公《ママ》を感ぜし事、読書にては孟子、欧州の革命史、兆民先生の三酔人経綸問答、ヘンリージョーヂの『社会問題』及『進歩と貧窮』是れ予の熱心なる民主主義者となり且つ社会問題に対し深き興味を有するに至れる因縁なり左れど『予は社会主義者なり』と明白に断言し得たるは、今より六七年前初めてシヤフレの『社会主義神髄』を読みたる時なり。

幸徳秋水は「境遇と読書」の二点をあげている。読書の一つには孟子があり、儒教の影響を認めることができる。

第二章　書簡で見る社会主義者たちとの交流

一　幸徳秋水と岩崎革也との交流

はじめに

岩崎革也宛幸徳秋水書簡の最初は先述したように、一九〇三（明治三六）年一二月二一日付の封書で、革也が松茸を送ったことに対する礼状であった。また妻千代子の書簡も残されている。これらをもとに秋水と革也の交流を見ていくことにする。なお、両者の書簡は同志社大学人文科学研究所発行の『キリスト教社会問題研究』第五四号（二〇〇五年一二月）、同五五号（二〇〇六年一二月）に所載されている。岩崎家の当主岩崎長《ひさし》は二〇一三年に史資料類のすべてを南丹市立文化博物館に寄贈された。二〇一八～一九年に同館と京都丹波岩崎革也研究会が共同で書簡類の解読を進め発行された、『岩崎革也宛書簡集Ⅱ』（南丹市立文化博物館、二〇一九年三月）により、書簡を通じての秋水と革也の交流を見ていくことにする。

一九〇三（明治三六）年はロシアと日本の戦争の危機の年であった。糸屋壽夫は「日露戦争は、日清戦争と違って極めて明白な帝国主義戦争であった」とその性格を明確にしている（『幸徳秋水研究』青木書店、一九六七年）。日露戦争を前に国民の戦争熱を煽ったのは当時の政治家、軍部はもちろんであるが、ジャーナリズムの影響が大きくなっていったことも無視できない。非戦論の立場は黒岩周六の『萬朝報』と島田三郎の『東京毎日新聞』など少数であった。秋水や堺利彦は『萬朝報』の記者として非戦論の記事を書いていた。ところが、『萬朝報』は一〇月八日の夕刊で社長黒岩周六が開戦論の立場を明らかにしたのだ。その夜秋水と堺利彦は退社の意志を表明し、一二日の『萬朝報』紙上に「退社の辞」を掲げたのであった。

秋水と堺は非戦の新聞を発行することにし、協力者を求め準備にかかる。そして一一月一五日に週刊『平民新聞』第一号を発行したのであった。

1　平民社に二百円の支援

秋水は一九〇四（明治三七）年四月一六日付封書を革也宛に送った。その宛先は「但馬国城崎温泉まつや」であった。革也は若い頃から城崎温泉松屋旅館によく出かけていた。湯治であったり、遊興であったりしたが、今回は湯治であったようだ。秋水は冒頭で「御病中の御身にも関せず主義の為種々御懇篤の御教示感激に堪へませぬ」と書いているからである。革也が「種々御懇篤の御教示」を秋水に行ったというが、どのような「教示」をしたのか、その具体的内容は書いていない。革也の病名は不明だが、しばしば頭痛に見舞われていた。

さて、秋水は「本日控訴院にて宣告あり、幸に発行禁止は遁れました。堺氏の禁錮も一ケ月だけ減して二ケ月となりました」と書いている。三月二七日発行週刊『平民新聞』第二〇号に秋水の書いた「嗚呼増税」が発売禁止になった。新聞発行に関して秋水は自分が責任を負うとして編集発行の署名人に自分が、印刷人に堺を考えていたが、堺はその責任は自分が負うとして断乎として主張し、結局堺利彦がその任に就いたのだ。そのため「嗚呼増税」に関して堺が禁錮二カ月になったのであった（荒畑寒村『平民社時代』中央公論社、一九七三年、三六〜三七ページ）。秋水は書簡に「今後我党の士は続々入牢すべき時代が来るでしやう。是は改革者たり志士たる者の当然のことです」と記した。以後まさにその通りに『平民新聞』及び同志たちは数々の弾圧を受けることになる。

先の書簡に秋水は次のようにも記している。

平民新聞の会計は戦争以来随分苦痛で、是は「籠城の記」に書た通です。先月月給を二割減にし、本月は一同が無給でやつて見ることに決しました。先月も五十円位不足でしたが、今月もそんなものであらうと思ひます。斯く毎月不足といふのでは遂に殨れるのを待つやうなものですから、此際何とか方針を立ねばならず、消極の倹約のみでも追付きませぬゆへ、積極に紙数を増加し且つ書籍出版で償ふといふことにしたいと思ひますが、紙数の増加は広告とか遊説とか、又出版は社会主義の小冊子を続々出すといふことの外ありませんが、是も多少の資本を要するので此後或は相当の御助力を願はねばならぬかと思ひます。

『平民新聞』発行継続には経済的困難が襲った。実情の一端を先の書簡が明らかにしている。秋水は革也に「相当の御助力を願はねばならぬ」と記した。革也はその要請に後日応えることになる。さらに秋水は書簡末尾に「兎に角堺氏も入牢すれば、其留守中は何とかして支へて行く積りです。小生が倒れたら、あとは貴下等の御働きを願いたいと思ひます」と記している。革也に資金要請のみならず、新聞発行継続にわたる具体的な支援を依頼してもいる。

秋水は一九〇四（明治三七）年の五月一七日から三一日までの二週間に五通も革也宛に出している。五月一七日付葉書の宛先は「牛込区市ケ谷加賀町二丁目廿六　岩崎革也様」である。当時革也は同所の家を借り、長男平造の勉学の宿所としていたようだ。そのため、革也はしばしば上京し、同所に滞在することができた。この書簡を初めとする五通は革也に平民社への資金要請をする内容である。その必要性から短期間に連絡を取り合ったもので、それぞれをそのまま写すことにする。

五月一七日付葉書

先日は御枉駕奉謝候、其節は取紛れ失礼の段御わび申上候、来木曜日（十九日）午後御伺申上たく存候、御差支無御座候ハヽ、御在宅願上度候、猶御不都合ニ候ハヽ、適宜之日時御示教被下度奉願候、小生は木曜朝迄当社に宿泊致居候、不取敢右得貴意度奉候。頓首

五月二一日付葉書（宛先は前便に同じ）。

拝啓昨日は失礼致候、然者明廿二日午前小嶋龍太郎君貴宅へ御伺致度趣申参候、御差支なくば御在宅被下候ハヽ、幸甚に御坐候、若し御差支御坐候ハヽ、赤坂台町廿六小嶋君宛にて御一報奉願候、右得貴意度。草々頓首

五月二三日付封書（宛先は前便に同じ）。

拝啓仕候。今朝は参上長坐御妨致候。只今小嶋老人ニ面会致、昨日御話之委細承申候。月末支払之義ニ付又々御厄介相掛汗顔之至ニ候。御救助によりて社運維持出来可申と不堪欣喜候。御厚情之段深御礼申上候。猶小生は来木曜朝迄社に宿泊仕居候間、御出立之時日相定候はゞ、端書にても御一報被下候ハヽ、本懐に御坐候。不取敢右御礼申上度。草々頓首　猶御話之阿堵は社若くば拙宅いづれにても宜敷候へとも、若し拙宅に候ハヽ、豊多摩郡淀橋町大字柏木八十九番地に御座候。

為念申上置候。以上

五月二八日付葉書（宛先は京都市室町通高辻下ル吉岡方）。

御出発の際は御見送も不申失礼之段御詫申上候、新橋停車場よりの御手紙難有拝見仕候、一昨日枯川より手紙参り候、『貴下に拝顔を得ぬのは残念、宜敷伝言を乞ふ』と申参り候、不取敢右御挨拶のみ。草々頓首

五月三一日付封書（宛先は前便に同じ）。

阿堵物御投寄被下千感万謝の至ニ候。社中同人轍鮒の水を得るか如く大ニ愁眉を開き候。御一笑可被下候。新聞は二号前より売口百部程づゝ増加の模様あり、御安心下されたく候。平民社楼上電車の囂々を聞きながら西都の緑陰啼鴂を想望して不堪情。近来御病状如何。願くば自玉加餐焉。

一七日付と二一日付は秋水、小嶋龍太郎と革也の三人が小嶋宅で平民社の難局を打開すべき策を相談する日次及び場所の設定にかかわるものである。その結果二二日に小嶋宅で革也と小嶋が会談し、革也の阿賭物（金銭）提供がまとまった。二三日付の「月末支払之義ニ付又々御厄介相掛汗顔之至ニ候。御救助によりて社運維持出来可申と不堪欣喜候。御厚情之段深御礼申上候」と文面が語っている。平民社「月末支払」のため革也は約束を履行したことが三一日付で知ることができる。また秋水は、「阿堵物御投寄被下千感万謝の至ニ候。社中同人轍鮒の水を得るか如く大ニ愁眉を開き候」と書いて喜びと謝意を表したのである。

以上五通の書簡では革也提供金額がわからないが、同年七月二四日発行週刊『平民新聞』第三七号に次のように書かれている。

斯くの如き財政の困難が、五月頃には正に其絶頂に達して居たが、丁度五月の末に、関西の同志

某君が特に我々の窮を憐れんで、忽ち二百円の金を出して呉れたので、我々は茲に一時蘇生の思ひを為し、纔に此の一二ケ月を凌いで来たのである。

記事は氏名こそ明らかにしていないが、「同志某君」は革也のことである。革也の提供がなぜ二百円であったのか。同号は「平民社の財政」として「此の三ケ月の統計」をもとに収支を明らかにしている。収入から支出を引くと不足が二一〇円である。だが、出版書籍は月平均五一円であるので「結局百六十円の不足」となる。今月を乗り切るためには約二百円が必要なので、この金額を革也に要請したのであった。しかし、これでは『平民新聞』の継続発行や平民社活動費を維持することはできない。平民社社員は今後の方策として相談を重ね、同号に、

平民社維持金募集方法

募集送金額は二千円を以て目安と為す事　募集期限は向ひ一ケ年と為す事　一口の金額の多少を問はざる事　期限内数回或は毎月の払込は随意の事　現金受領済みの上は金額及び寄附者の住所氏名を本紙に記し受領証に代ふる事（後略、なお各項頭に▲あるも略）

などを読者に知らせたのである。

2　日刊『平民新聞』発行に向け、七百円を寄附

さて秋水からの書簡は五カ月半途絶え、同年一一月一七日付の葉書に、「社会主義協会も亦本日解散を命せられたり、咄々。予等の判決は来十九日也」とだけ書いてきた。

同年一二月二日付葉書は次のようなものである。

共産党宣言の件も愈々起訴となり明日公判開廷の筈です、今度は西川、堺、小生三人共に被告人

となりました、政府は一網打尽をやる積りと見えます、いろ〳〵御相談すべきこともありますが兎に角明日公判の模様と共に委細御報致します。十二月二日夜　控訴の方は来る十日開廷の筈です。

秋水は社会主義協会の解散を命ぜられたり、「共産党宣言の件」で起訴されたり当局の弾圧が相重なる現状を伝えた。『平民新聞』発行一年になろうかとする一一月六日第五二号は教育批判を主とする特集であった。石川三四郎の「小学教師に告ぐ」、西川光二郎の「社会主義者の教育観」、堺枯川（利彦）の「小学修身満評」、等を理由に発売禁止、朝憲紊乱罪で起訴された。同月一九日の判決は幸徳は禁錮五カ月と罰金五〇円、西川は禁錮七カ月と罰金五〇円、さらに印刷機を没収されることになったのである。

発行一年を期して一一月一三日発行第五三号はマルクスの「共産党宣言」を訳載したものであった。秋水が「今度は西川、堺、小生三人共に被告人」となったと革也宛に記した。一二月二〇日の判決は三人に対し罰金八〇円を言い渡した。

相次ぐ弾圧に対し、秋水は一二月四日付封書に次のように記した。新たな日刊新聞の発行に向けて革也がさらに千円の公債（時価七百円）を提供したことがわかるとともに、当時官憲の弾圧の状況を具体的に訴えているので長いが全文を引くことにする。

拝啓、今度は政府は是非共社会主義を撲滅せん考なるやにて予等に対しあらゆる陰険なる手段、無法なる方策を以て望むに立至り候。警官は平民新聞読者を嚇して、購読を廃せしめ、予等を聘して演説を開かんとするものあれば、其会主に対して種々予等を悪口して其計画を中止せしむるのみならず、今回別に新聞発行届を出せしも警視庁は条例を蹂躙して届書を受取ず候。斯れば若し控訴の公判にて発行禁止となればあとの新聞を発行すること出来ず、頗る当惑致候。但し京都か大坂か其他の地方にて、そつと発行届を出せば受理さるべきかとも考へ居候。共産党宣言事件は第一回公判を昨三日午前開廷致し候。今回は社会の秩序壊乱にて、朝憲紊乱ではないらしく候。いづれにしても堺、西川、小生三人共入獄するやうでは、あとの事をよく〳〵相談し置せねばならぬと存候。昨日公判は事実だけしらべて次回は来十三日開廷弁論する筈、控訴の方は十日開廷、編輯と裁判とで中々いそがしく候。裁判の方はいづれにするも上告までですれば、来年一月中頃まではは決定致ざ《ママ》すと存候。其間に万事後事を御相談致置たく候。控訴裁判決定の都合によりては或は一寸御上京を願ひ、貴下、木下諸兄の御相談を願ひ度かと存候。

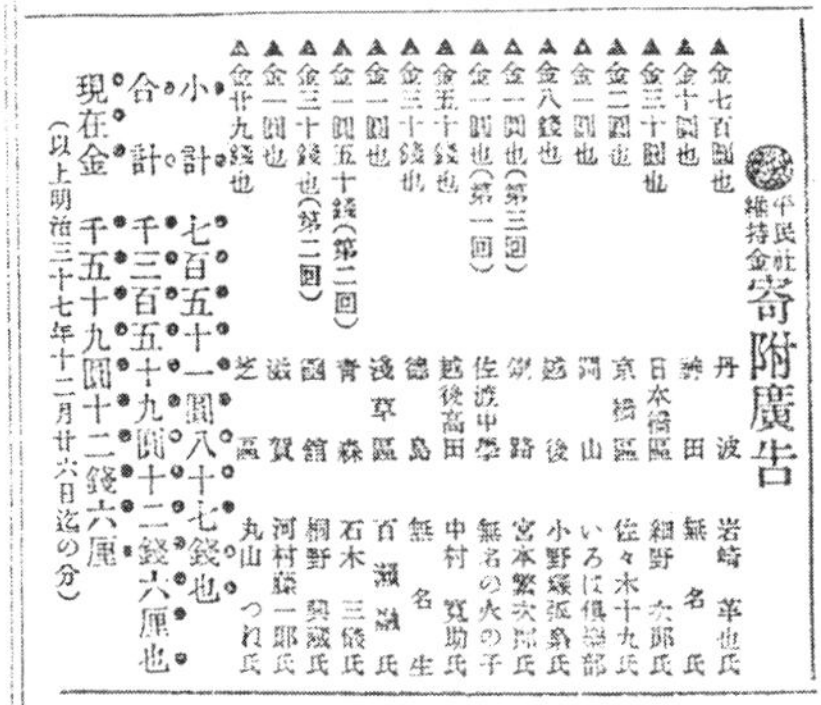
平民社維持金寄附廣告

▲金七百圓也　丹波　岩崎革也氏
▲金十圓也　神田　無名氏
▲金三十圓也　日本橋區　細野次郎氏
▲金二圓也　京橋區　佐々木十九氏
▲金一圓也　岡山　いろは倶樂部
▲金八錢也　越後　小野綠張鼻氏
▲金一圓也（第三回）　姫路　宮本繁次郎氏
▲金一圓也（第一回）　佐渡中學　無名の火の子
▲金五十錢也　越後高田　中村賢助氏
▲金三十錢也　德島　無名生
▲金一圓也　淺草區　百瀨晶氏
▲金一圓五十錢（第二回）　青森　石木三俵氏
▲金三十錢也（第二回）　函館　桐野與藏氏
▲金一圓也　滋賀　河村藤一郎氏
▲金廿九錢也　芝區　丸山つれ氏
●小計●七百五十一圓八十七錢也●
●合計●千三百五十九圓十二錢六厘也●
●現在金●千五十九圓十二錢六厘●
（以上明治三十七年十二月廿六日迄の分）

『平民新聞』60号（1905〈明治38〉年1月1日付）

貴兄御出立の際には日刊新聞の計画を直ちに発表し、夫と同時に御寄与の金円を其基本金として広告する筈なりしに、御出立後直ちに今日の迫害と相成候故、若し日刊の計画を発表すれば、政府は我等の意外に有力なるを信じて急に迫害の火の手を強くするの虞れあり、且つ、貴下の姓名を発表すれば必ず貴地の警察に訓令して、貴下を迫害中傷するなるべく、同時に予等が七八百乃至千円の金を処有することを知らば、警視庁は種々手段を以て予等に損害をかくるならんと存候故に、此裁判の決定迄一時、日刊の計画と此金員を秘し置くを以て得策とすべしとの説出で、今日迄其侭に相成候。而して御寄与の金銭は少しも手をつけず其侭保存致居候。

是等の点に就ても御意見承り度と存候。猶今後東京にて迫害つよくなり候はゞ関西へ行きて拡張するもよかるべし。兎に角控訴決定の模様にて委細御相談致すべく、右内情御報知まで。草々頓首

革也がいつ七百円の提供をしたかはわからない。すくなくともこの書簡以前のことである。当時「日刊新聞の計画」があったが、具体化しなかった。実際に日刊『平民新聞』が発行されたのは一九〇七（明治四〇）年一月一五日であったが、わずか三カ月後の四月一四日に廃刊となった。それゆえ、秋水書簡に出る日刊化の構想は当時としては実現できなかったのである。革也は同年一一月一三日付『平民新聞』第五三号に転居通知を載せたが、「共産党宣言」の訳載により、発売停止となった。革也は次号の第五四号に同通知を掲載した。新住所は今までの近くではあったが、番地が二六から三三に変わった。

轉居　牛込區加賀町二ノ三三　岩崎革也

『平民新聞』一九〇四（明治三七）年一一月一三日付、五三号広告。ただし「共産党宣言」掲載のため 発売禁止。次号の同年一一月二〇日付にも同広告。

西川光二郎らはかつて『東京評論』を出していた。その七号が一九〇〇（明治三三）年一〇月二日に発行された。その奥付にある東京評論社の発行所は「東京府豊多摩郡千駄ヶ谷村大字千駄ヶ谷九百二番地」であるが、「注意」欄がありそこには「本社への御通信は処務上の都合有之候に付総て左記へ御宛相成度候」として「加賀町二丁目三十三番地」の住所が記されている。また西川光二郎は一九〇一（明治三四）年一〇月に内外出版協会から『社会党』を発行している。その編輯兼発行者の住所

が革也新住所と同所なのである。明治三十三年ごろから同三十四年ごろは西川光二郎など社会主義者たちが同所の借家を借りていたことになる。だが、革也が転居広告を出すまで西川たちの借家であったかどうかははっきりしない。

一一月中頃革也は在京していた。それは一一月二〇日発行『平民新聞』第五四号に「同志諸君に告ぐ」と書いて京都市、丹波、丹後の平民新聞読者や社会主義者を歴訪すると書き、「一一月一六日在東京、岩崎革也」との日付を明記していたことからも確認できる。

革也の一一月在京中に、平民社は日刊新聞発行など新しい取り組みをするにあたって、秋水はじめ平民社幹部たちはその準備金として多額の提供を革也に持ちかけた。それを受け入れて額面千円（時価七百円）の公債を提出したのだ。一二月四日付革也宛書簡に秋水は「御寄与の金銭は少しも手をつけず其侭保存致居候」と述べていた。ところが次の書簡では事情が変わる。平民社の運営が立ちゆかなくなったためである。

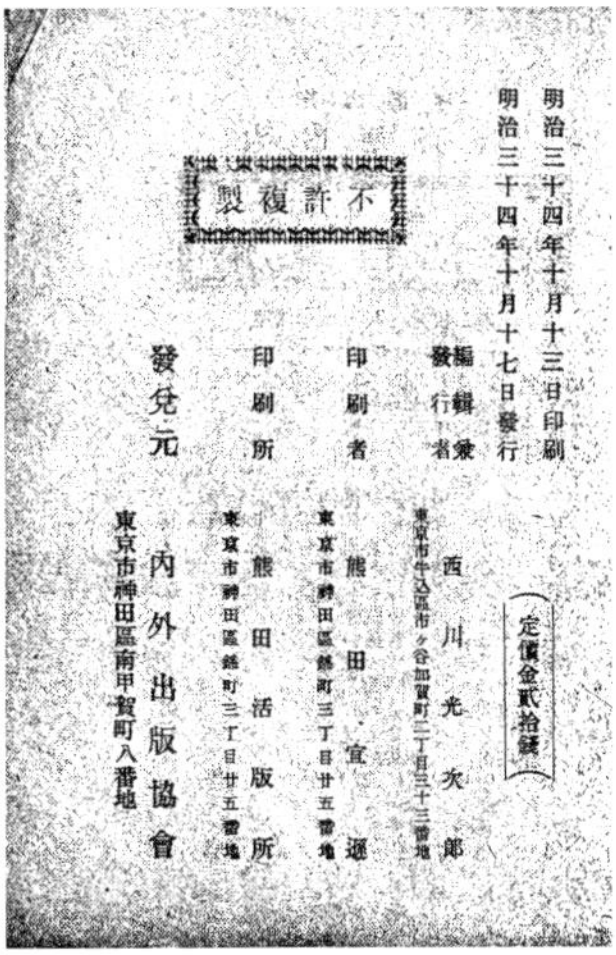
明治三十四年十月十三日印刷
明治三十四年十月十七日發行
（定價金貳拾錢）
不許複製
編輯兼發行者　西川光次郎　東京市牛込區市ヶ谷加賀町二丁目三十三番地
印刷者　熊田宣遜　東京市神田區鍛町三丁目廿五番地
印刷所　熊田活版所　東京市神田區鍛町三丁目廿五番地
發兌元　内外出版協會　東京市神田區南甲賀町八番地

西川光次郎『社会党』の発行者住所

同年一二月三〇日付秋水書簡は次のようなものである。

（前略）先頃申上ました如く御寄附の七百円は日刊の方へ差加へるつもりで発表を見合せて置ましたが、先月来諸種の入費で従来の維持金寄附にも大分手をつけ其方も余程少なくなりましたから已むを得ず貴兄の御寄附をも矢張維持金寄附の方へ加へて、来一月一日の紙上で発表することに致しました。一月一日紙上ですれば景気にもなり、他に対する奨励にもなること、思ひましたので、右御承諾を願ひます。（後略）

いる。秋水は革也寄附の七百円を「維持金寄附の方へ加へて、来一月一日の紙上で発表する」と記している。日刊新聞発行への革也の寄附は通常会計に加えられたため新聞の日刊化は立ち消えてしまった。寄附金は一九〇五（明治三八）年一月一日発行『平民新聞』第六〇号、「平民社維持金寄附広告」の冒頭に「金七百円也　丹波　岩崎革也氏」と出たのである。読者をはじめ社会主義者たちは目を見張ったにちがいない。これほどの高額を寄附した者は革也を除いてなかったからである。多くの同志たちが心強い思いを抱いたであろう。その一例は、丹後平民倶楽部の松田元治が一九〇五（明治三八）年二月一〇日付書簡を革也に送ったことで見ることができる。松田は「先般平民新聞紙上莫大の寄附金平民社にあり、誠に同社の為否主義の為一路の光明感服の到ニ候」と書いている。

秋水は前年一二月四日付書簡に、「控訴裁判決定の都合によりては或は一寸御上京を願ひ、貴下、木下諸兄の御相談を願ひ度かと存候」と記していた。秋水が革也を社会主義運動の有能な人物としてその資金力と行動力に期待していたからである。

この年最後になる一二月三〇日付書簡は、「第五十二号の控訴弁論は来一月六日開廷の筈ですから同八日か九日頃宣告があるだらうと思ひます」「いつ頃御上京ですか御知せ下さい。成べく入獄前におめにかゝりたいと存じます」と記した。入獄すればしばらく会えないため、それまでに是非会いたい思いがあったのである。革也にただ金銭的援助を得るだけではなく、今後の活動に関しても相談や援助を要請していたのである。秋水はこのころ革也を社会主義者の自覚を持った有為な人物として遇していたと思われる。

3 週刊『平民新聞』廃刊され『直言』発行

一九〇五（明治三八）年一月一四日付秋水葉書は次のようなものであった。

昨十一日控訴院で判決あり、前裁判の通西川は七ケ月小生五ケ月罰金各五十円、新聞禁止、器械没収といふ訳です、直く上告はしましたが到底だめでしやう。共産党宣言の控訴は来二十日開廷の筈です。善後の策はまだ極めません、いづれあとから御報知します。　幸徳秋水

控訴院の判決は秋水が書いているとおり、前年一一月一九日の第一審と同様であった。秋水は大審院に「直く上告」したが、二月二三日に破棄された。原判決が確定したのである。秋水と西川が下獄した日を堺利彦は革也に、「幸徳西川氏は去廿八日終に旅行致しました」と記して知らせた（三月四日着印）。このころ革也は京都府立病院に入院中であった。

ところで、週刊『平民新聞』は相次ぐ弾圧で、このままでは発刊できなくなることを見込んで廃刊することにした。その思いは最終号（第六四号、一月二九日発行）の英文欄に次のように書かれている。

FAREWELL OF THE HEIMIN SHINBUN.

This is the last issusue of the HEIMIN SHIMBUN! We have now preferred to stop intentionally the publication of our paper by this number rather than to be suppresed by the government, although the trial is still going on at the Supreme Court.

「平民新聞の告別」と題して書かれた一部を掲げたが、「吾人は今や、裁判はなお大審院において継続中であるが、政府によって禁止されんよりはむしろ自発的に、本号を以て吾人の新聞の発行を中止するに決した」と記されている（日本語訳は前掲荒畑寒村『平民社時代』一三二ページ）。

一月二二日付『平民新聞』第六三号二面の欄外に「次号に注意せよ　読者諸君、願はくば本紙次号

に注意せられよ、吾人は次号に於て、本紙の運命に関し、重大なる発表を為さんと欲す」と廃刊を予期させる知らせをした。

最終の六四号には冒頭に「終刊の辞」を、署名はないが秋水が書いた。「吾人は涙を揮ふて、茲に平民新聞の廃刊を宣言す」と書き出し、末尾に「嗚呼、我平民新聞、短かくして且つ多事なりし生涯よ、誰か創刊の当時に於て爾く多事にして爾く短かき生涯なるを思はんや、独座燭を剪て終刊の辞を艸すれば天寒く夜長くして、風気蕭索たり」と記した。

『平民新聞』廃刊は一月中頃に決めていたようだ。後継紙として加藤時次郎等の直行団の機関紙であった『直言』を、相談の上平民社の機関紙として二月五日に、体裁も従来の『平民新聞』と同様のものとして継続発行したのである。週刊『平民新聞』は『直言』に引き継がれた。

4　秋水二幅を革也に贈る

さて秋水は下獄前の一九〇五（明治三八）年二月一二日付葉書に次のように書いた。宛先は「京都府立療病院北室入患者　岩崎革也様」である。

御入院の趣御容態如何御案中上候。当地無事幸に御放心奉願候、先日悪筆二葉相認須知町宛にて送呈致置候、御笑納被下度候、折角御自愛専一奉存候、不取敢御見舞。草々頓首

「悪筆二葉」はそれぞれ「岩崎賢兄　秋水生」と為書されている。太田雅夫『岩崎革也年譜』の口絵写真三ページに「二葉」が収められている。岩崎家が京都縦貫道建設によって二〇一三年秋に撤去されるまでに何度も邸宅内で史資料調査を行ったが、「悪筆二葉」は見ることができなかった。

『幸徳秋水全集別巻二』（一九七三年一一月発行）の「編集後記」に、「岩崎家には（中略）秋水自筆

の書二幅が残されている」と記されている。この二幅が秋水書簡にあった「悪筆二葉」である。私が革也邸を初めて訪問したのは一九八八年八月末であった。岩崎家の岩崎長当主に事前にお願いして訪ねたところ、氏は大広間や壁に多くの遺墨類を並べたり、書幅を掛けて私の到来を待っておられた。もう三〇余年も前のことである。私は当主から革也に関する話を聞くことだけを目的にしており、遺墨を見せていただくことを全く予期していなかった。それゆえ写真機を持ち合わせておらずただ眺めるだけでメモすら十分に取らなかった。見せていただいた多くの遺墨の中に秋水の二幅があったと記憶している。

ところで、この「二葉」に関することだと思われるが、秋水の妻千代子の一九〇五（明治三八）年四月六日付書簡は「京都府立病院北室」の革也宛である。それには、秋水の「同双の染筆物御落手相成候や伺ひくれとの伝言」との言及がある。革也が京都府立病院に入院していたのは二月から四月ごろで長期にわたっている。病名は不明だが、千代子の革也宛書簡同年五月一四日付に「御地は山紫水明誠に緑したゝらんとする好時節とて、御頭の脳も少しは御快く候はんと御察し申上候」とあるので、頭痛であったと思われる。革也は一九〇〇（明治三三）年三月一日須知村会より推挙され村長となった。翌年町制が布

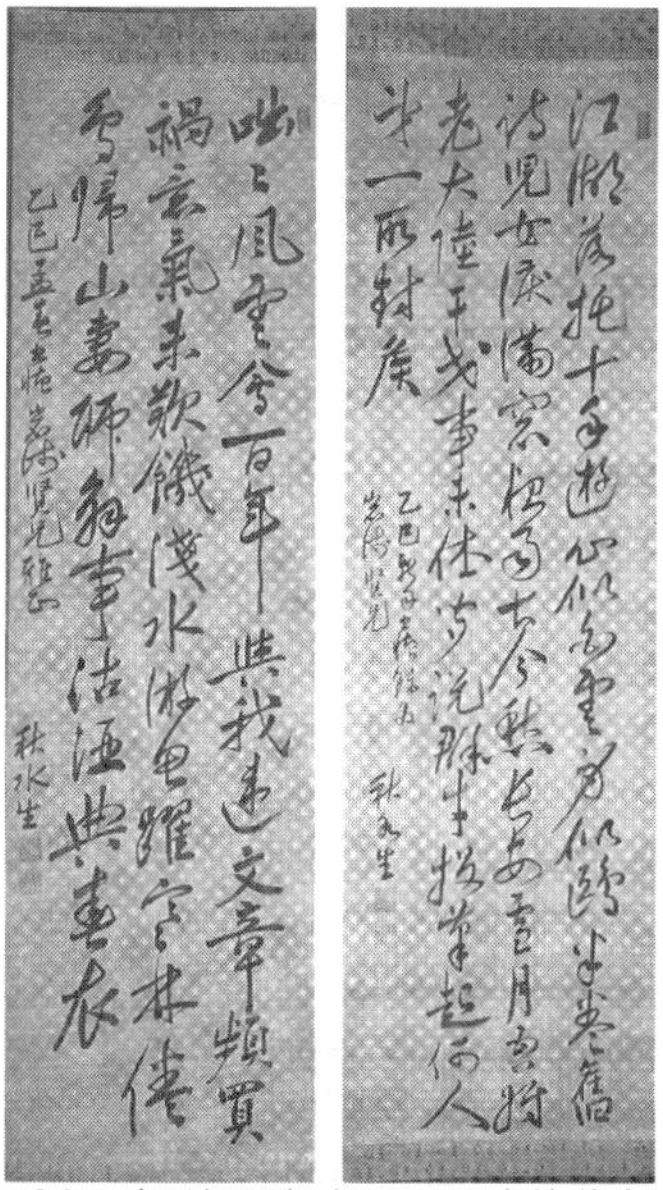

1905（明治38）年２月に幸徳秋水が革也に送付したものである（太田雅大『岩崎革也年譜』より）

かれ初代町長となる。だが、一九〇二（明治三五）年一二月一日に頭痛のため町長を辞任したことがあったので、今回も頭痛に関する病名であったのだろう。二月のいつごろ入院したかは不明であるが、秋水が革也宅に送った二幅を直接見ることができない入院中であったのである。そのため秋水に受領の旨礼状を出していなかったと思われる。

5　秋水入獄中、妻千代子が書簡送付

秋水の入獄中は千代子が革也宛に計七通の書簡を寄せている。出獄後に一通、計八通である。最初のものは一九〇五（明治三八）年四月三日付封書であり、これも府立病院に宛てたものである。

御尊名はかねて秋水より承り、いつか御目にかゝりて昨冬の御厚志の御礼を申上度心得居候へども折なくて今日に相成御詫かた〳〵一筆申上候。承り候へば当時は御入院遊ばし候よし御容体如何に候や。大分暖かに花も笑ふはかりに相成候故、かへつて御案じ申上候。昨冬も御心配相かけ御礼も申上ぬ内、又々不在についていろ〳〵御心配のあまり諸々の談話をさへ遊ばさるゝとは御厚情の程感涙にむせぶのみに御座候。しかし本人も病気には成申さず候故、先生も獄裡の秋水にうち勝るゝ御心にて御早く御全快の報遥に祈り居候。数ならぬ私どもは経費も身体も薬まで事かゝずらく〳〵と七月の廿八日朝をたのしみ居候間、御安心願上度、それに有志の御見舞にて淋しさを忘れ母も大よろこびいたし、たゞ無知の者此報出来ぬのみ恨みにぞんじ居候。誠にしつ礼の段重々御詫申上候。くれ〳〵も御全快の御報一日も早く秋水にきかせ度御願ひ申上候。御厚志は明日あたり面会に参り候故、承らせ候ハゞよろこふ事と楽しみ居候。先は右御見舞まて。かしこ　幸徳内

文面からは千代子は革也に会ったことがないようだ。秋水の入獄は二月二八日であった。千代子は「当時は御入院遊ばし候よし御容体如何に候也」と書いている。革也を「先生」と称し「先生も獄裡の秋水にうち勝る、御心にて御早く御全快の報遥に祈り居候」と書いた。秋水の出獄は七月二八日であることを知らせている。ちょうど五カ月が終了する日である。さらに革也が千代子に送った「御厚志」（獄中見舞）の礼状でもあった。千代子の初めての書簡は必要なことを簡潔に記し、心のこもった丁寧な書簡であった。千代子の人柄が想像される。

五月一四日付封書に千代子は秋水が病気になった原因を次のように書いている。

御尋ね戴き候秋水は共産党の公判に三月廿七日出廷の節非常に風寒く耐へかね候を例之衣服にて早朝より一里もあらん東京監獄まで足袋なしで徒歩、それより控訴院にて籠の様な処、蛍ほどの火光もなきに午後四時頃まで留置かれ又々東京監獄に一泊翌朝本宅に帰り、その結果として病気に相成り候。

「共産党の公判に三月廿七日出廷」とある。マルクスの『共産党宣言』和訳を週刊『平民新聞』に掲載した裁判のことである。これによって秋水が病気になったと千代子は知らせてきた。

同書簡で千代子は「天もあはれみ給ふらんか幸なるは主義者の至る処に隠見さるゝ一事にて、想像さるゝ程の苦はうけ申さず、枯川先生の御尽力にていろ〳〵手段も方法も講じ決して東洋のラサールには御心配なき様致居候間、御安心願上候」とも記している。ここに「東洋のラサール」と書いている。中江兆民に関して「東洋のルソー」との呼称は誰が言い出したかは知らないがよく知られている。だが、革也を「東洋のラサール」とは千代子のみが言ったことであろう。秋水は自著『社会民主党建設者ラサール』（一九〇四〈明治三七〉年九月一日平民社発行、定価一五銭、一三七ページ）の末尾に、次のように書いた。

今や我が国に於ても、社会主義の思想は鬱勃として起り立ち、民主主義の潮流は澎湃として寄せ来つて居るのは、争ふ可らざる事実である。人は時勢に抗することは決して出来ぬが、時勢は必ず人を作るのである、知らず第二のラサールたるべき血性の男児は果して誰か有るや。予は第二のラサール若くは第二のビスマルクを以て任ずる人に向つて能く前人の功過に鑑みんことを望む、乞ふ尋常売文の作を以て此書を見ること勿れ。

秋水はこの著作執筆中に千代子にラサールの説明をしたのであろう。千代子は革也がラサールに相当すると思っていたのかも知れない。偉大なしかも多くの人々に影響を与えたラサールは革也とは比較にならない人物であった。千代子は革也にずいぶん高い評価を与えていたものだ。

また、同書簡で、「帰宅の上は遊説かた〳〵御地に参上致させ度と今より楽しみ居候」と記した。次便（六月五日付封書）で「全快すれば参上致すかもしれません」と記した。秋水は出獄後は健康回復を兼ねて革也宅訪問の意志を持っていたのである。だが、その思いは実現しなかった。次便の六月一六日付葉書に千代子は「承れは御病気のよし、この細雨濛々たる時節いかに御脳《ママ》み給はれんかと病人ある身の一しほ心配に御座候」と書いている。

革也はまた病気になったことを知らせていたが、今回の病名はどんなものであったのだろうか。若い頃から病気がちで持病の頭痛があった革也だ。一九一七（大正六）年から死去する一九四三（昭和一八）年の間の革也日記が残されている。私の調査によると、この二七年間に病気関係記事の記載日数は八五七日にも及び、平均すると年に約三七日の多数になるのである。

七月一四日付葉書に千代子は次のように書いた。

いよ〳〵御暑く相成候御頭痛少しは御軽快に候や、御案じ申上候。かね〳〵御心配相かけ候秋水事御かげさまにてたゞ今面会いたして帰宅候処中々元気もよろしくかねての静養についての御心配下され候件は帰宅の上医師之指図にしたがひ候上にて御願ひ申上べく右よろしく申上てくれと申候。微笑を帯び中々嬉しそうに見うけられ候。何卒御安心願上候。折角御全快願上候。かしこ

千代子はここに「御頭痛」と記している。やはり今回革也の病気は持病ともいえる「頭痛」であったのだ。秋水の病気は「中々元気もよろしく」と記し、回復しつつあることを知らせた。

秋水は一九〇五（明治三八）年七月二八日に出獄し、次のような三〇日付葉書を革也に出した。

一昨日いよ〳〵自由の身となれり病気も漸次快方に赴く、乍憚御放念を乞ふ。貴兄御病気如何関心に堪へず御容態御報知を願ふ。今後の運動方針等に就き種々御相談申たきことあるも、今猶ほ臥床中にて往訪拝顔するを得ざるは残念なり、いづれ全癒次第拝趨仕るべし。時下不順、道の為め御自愛を祈る

秋水はやはり快方に趣くとはいえ、臥床中だという。そのため、革也宅訪問はできない状態であった。秋水は「全癒次第拝趨仕るべし」と記し、革也宅訪問の意志を述べた。

前便のちょうど一〇年後の一九一五（大正四）年八月七日付千代子葉書がある。

先達は御尊玉賜はりありがたく御礼申上候。いつもながらの御繁栄御祝ひ申上候。御暑さの御中にも夏知らぬ御邸のよし御羨しくぞんじ候。私事勝手な御願ひ申上候て御不在番《ママ》ならで反つていろ〳〵御厄介をかけ恐入候。猶この上とも万事よろしくねがひ上候。

千代子が「私事勝手な御願ひ」をしたため革也が「御尊玉」を提供したのだろう。当書簡が最後のものであった。千代子の書簡は最後の一通を除いて秋水獄中の様子を知らせようとの思いとともに革

也にいろいろ世話になっているとの思いからの書簡であった。

6　秋水米国行旅費を革也に要請

幸徳秋水は一九〇五（明治三八）年七月二八日に出獄したが、健康状態は回復しなかった。同年八月一六日付書簡に、「何分全体の衰弱がひどいので捗々しく参りません。併し此頃少しは快い方ですから、今一ケ月もすれば全癒するならんと楽しみ居ます」と記している。さらに、「兎も角小生は此際健康恢復次第、一先づ欧米へ漫遊」することを告げている。今まで秋水は外国へ出向くことを表明したことはなかった。「今後の大発展、大活動の准備に取かゝりたい」とのことであった。「其理由は」として次の四点を記している。

一、米欧の同志との連絡を堅くし、東西呼応し声援するの地をなすこと

一、出来得べくんば米国に我党の根拠地を作り、日本にて非常の迫害来れる時、運動の本部を彼地に移し得るの准備を為すこと

一、日本に於ける運動及日刊新聞の資金を募集する事
一、日本にて出版し得ざる議論著述等を彼地にて公けにし得る方法を講する事

旅費について「二三千円は要する」として革也に次のような要請を記した。

就ては貴兄にも御賛成下さるれば、どうか其一部を分担して御出金を願ふことは出来ぬでしやうか。額は元よりいくらと極まつた訳でもありません。度々御厄介を懸て居るので恐縮ではありますが、平生の高誼にあまへて御相談申すのです。

この旅費要請に革也は応じなかったようだ。革也宛九月一五日付書簡に、「先日枯川君への御手紙に

よれば市場にて多少御損耗之趣、嘸々御心配之御事と奉恐察候。乍併勝敗は兵家之常にて必しも失意落胆すべきに非すと奉存候」と記しているからである。どうやら堺利彦を通じて断ったのである。秋水は「枯川君への御手紙によれば」と書いていた。堺は革也に九月四日付書簡を送った。そこに「就ては秋水の外遊に御賛成を願ひたく、猶ほ此上ながらにて申上かねますが、彼れの旅費の一部御助け下さる事が出来ますなら、小生も共に深く感謝いたす次第であります」と記していた。秋水書簡にあったように革也は堺に「市場にて損耗」のため旅費を送付できないと返事を書いたのであろう。堺がその旨を秋水に伝えたため先の革也宛書簡になったのであった。なお、秋水は同書簡の末尾近くに、「小生外遊之準備には着手致居候へとも病気今猶快癒不致且荊妻も依然病臥致居候故、果して如何に成行可申哉相分不申、唯た自然の運命に安するの外無之とあきらめ居申候」と心境を述べていた。

秋水は外遊のため同志や協力者に旅費要請をしていたが、応じた者は七人にすぎなかった。そのことは秋水の「渡米日記」一九〇五（明治三八）年一一月一七日付に「予に遠遊の費用を与へられたる人々は左の如し」として七人の氏名と金額が列記されている。加藤時次郎は「金百七拾余円（船賃）」と記すとともに、「加藤君は今後滞米中毎月五十円づゝを送与さるゝの約あり」とかっこ書きをしているが、革也の名はない（塩田庄兵衛編『増補決定版 幸徳秋水の日記と書簡』未来社、一九九〇年、一三〇ページ）。

7　米国からの革也宛秋水書簡

秋水は一九〇五（明治三八）年九月二日付葉書を革也に送った。「小生去廿四日帰京、病気は次第に快気に赴きます」と記している。下獄後病気のため医師加藤時次郎の別荘で療養していた。加藤は一八五八年豊前国で生まれ、一九三〇年没であった。ドイツへ留学し学位を取得するが、この時社会主義思想に接した。幸徳や堺らの『平民新聞』創刊のための資金を援助した（『日本歴史大事典』）。その資金額を荒畑寒村は「堺と同郷の医師で京橋区出雲橋際の加藤病院長加藤時次郎は、新聞の創業費として金七百五十円を貸してやろうといってくれた」と記している（荒畑寒村『平民社時代』中央公論社、一九七三年、三四ページ）。秋水は先の九月二日付書簡に、「小生渡米の事は党の運動上格別の支障さへなければ四五ケ月間暇を貰って決行したいと思ひます。海上旅行で少し身体を丈夫にして来て大に働きたいと思つて居ます」と記していた。秋水は「四五ケ月間」と短い期間を予定していたのだ。この年（一九〇五）の一一月一四日に横浜を出港、一二月五日にサンフランシスコに到着、翌一九〇六年六月二三日に帰国した。

アメリカに着いた秋水は一二月一五日付の葉書を革也に送った。宛先は省略して全文を示すことにする。

貴下健康如何。小生十二月五日此地に着、健康大に恢復したり。目下日本人中の同志及び米人の社会党員と往復して運動の准備中也。此地の平民社は次第に勢力を得つゝあり、明年に入れば大に基礎を固むるを得べし。御安心を乞ふ。時下不順切に自愛加餐せられよ。

十二月十五日

桑港より　幸徳秋水

D.Kotoku　Heiminsha 680 Hayes st.　San Francisco

秋水は「健康大に恢復」、「運動の准備中」と書いているので意気盛んという印象である。大いに期するものがあるのであろう。

その二カ月後の一九〇六（明治三九）年二月一二日付書簡は次のようなものである。

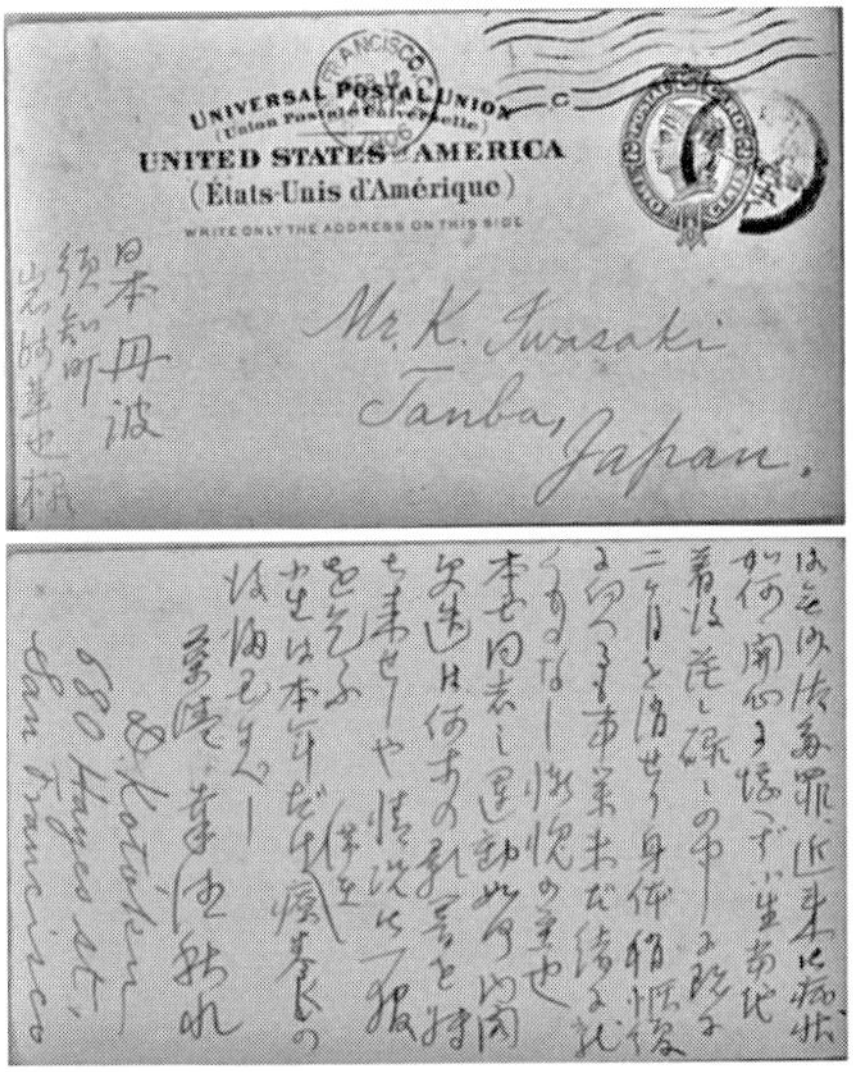

革也宛秋水書簡（1906年2月12日付）

> 御無沙汰多罪。近来御病状如何、関心に堪へず。小生当地着後。茫々碌々の中に既に二ケ月を消せり。身体梢恢復に向へるも事業未だ緒に就くものなし、慚愧の至也。本国同志之運動如何。内閣更迭は何等の影響を持ち来せしや、情況御一報を乞ふ。小生は本年だけ滞在療養の後帰国すべし

秋水は「事業未だ緒に就くものなし」と記している。見知らぬ外国に来てわずか二カ月のためやむをえないことだ。本国の同志の運動や内閣更迭に関心を寄せ、革也に「情況御一報を乞ふ」と書いている。革也がこれに応えて返書を送ったかはわからない。革也宛秋水書簡の次便は九カ月後の一九〇六（明治三九）年一一月一三日付である。これより先の五カ月前六月二三日に秋水はすでに帰国していた。

8　革也の病状を気にかける秋水書簡

秋水には革也の病状を気に掛ける書簡が多い。革也は一九〇五（明治三八）年二月から四月にかけて京都府立病院に入院していた。秋水や堺利彦が入院中の革也にいくつかの書簡を送って見舞や病状を気にする内容を書いている。退院後も続いたが、秋水は書簡ごとに関連する言葉を記している。自らも下獄に

よる病状悪化は出獄後も続いた。秋水の堺利彦宛書簡にも革也を気遣う文言が書かれている。それは同年五月三〇日付に「岩崎革也君病気如何。今猶病院に在りや。御序の節宜しく伝声を乞ふ」とある（前掲『増補決定版　幸徳秋水の日記と書簡』一五九ページ）。

以下に、一九〇五（明治三八）年と翌年の革也宛秋水書簡に記されている関連部分を抜き出してみる。

一九〇五（明治三八）年

二月一二日付、宛先は「京都府立療病院北室入患者　岩崎革也様」である。「御入院の趣御容態如何御案申上候」

七月三〇日付「貴兄御病気如何関心に堪へず御容態御報知を願ふ」

八月一六日付「其後御容態は如何ですか。気候が甚しく不順なので嘸ぞ御悩みのこと丶御察申ます」

九月二日付「時候甚不順ですが御様態は如何ですか。関心に堪ませぬ」

九月一五日付「其後御容態如何に御座候哉、御気遣申上候」

一二月一五日付「貴下健康如何」（米国からの便―引用者）

一九〇六（明治三九）年

二月一二日付「近来の御病状如何、関心に堪へず」（米国からの便―引用者）

一一月一三日付「意外之御無沙汰申訳無之御詫申上候。其後御病気御容態如何に候哉。益御快方之御事と奉察候」

秋水の革也病状を気に掛けるこれらの言葉は、革也が従来から病弱であることを知っており、また秋水自身も過労と投獄等で病態であったからである。他人の病状を常に気に掛ける秋水の心配りを見ることができる。

9　秋水ら日刊『平民新聞』を発刊

秋水はアメリカから帰国後、革也に最初に送った書簡は先に一部を引いた一九〇六年一一月一三日付であった。秋水はアメリカで健康回復を期していたが、「小生依然健康不良近来は全く外出を禁せられ閉戸養生中ニ御坐候。病症は獄中ゟ之引続き慢性になりたるものにて、左したることも無之御放心被下度候」と書いている。完全に回復してはいなかったのだ。この便で秋水は革也に次のような拠金を願い出ている。

然は最早「光」紙上にて御承知之事なるべきも今回同志間にて新聞発行之計画致、創立資本は八千円ばかりにて竹内兼七氏之を支出し、既に器械家屋等買入候へども創立後数ケ月間の維持費不足にて是は遍ねく同志間に募集之事と相成、一口百円とし小生等も皆一口づゝ出資致し目下既に七八百円之出資申込有之候。維持費はどうしても三千円位ひは調達せねば相成らず候間、乍毎度貴下にも出資者之一人に御加はり幾口にても御負担被下訳には参らすや御相談申上候。尤も右払込は本年中に半額払込之事に内定致居候。外ならぬ場合故何分御助力奉願候。且予算之都合も有之可成至急御返事相煩度、不取敢右得貴意度。余は譲後報申候。草々頓首

秋水は「『光』紙上にて御承知之事」と書いているように、一〇月二五日発行の『光』第二五号に、「同志諸君に告ぐ　日刊平民新聞の発行に就いて」と予告の記事が出た。そこには、「吾人は茲に同志諸君に対して一個の好音を齎すの光栄を有す、吾人は、明治四十年一月中旬を期し、日刊平民新聞第

一号を発行せんとす、是に就き、吾人は平民社を組織し、其の約束を定むること左の如し」と記した。「平民社の約束」という定めは八項目あるが略す。最後に次のような出資を求めている。

只此上に望む所は、発刊後の準備金として、広く同志諸君の中より、数千円（一口百円以上）の出資を得たきの一事なり、是に就ては御照会次第、私信を以て猶詳細の説明を為すべし、有力なる諸君の援助を仰ぐ

この出資要請は秋水が革也に求めた文面と同内容である。「私信を以て猶詳細の説明を為すべし」とあるが、先の秋水一一月一三日付書簡はこれに相当するものであった。なお、「創立人」は、石川三四郎、西川光次郎、竹内兼七、幸徳伝次郎、堺利彦の五人であった。

秋水たちの日刊『平民新聞』は一九〇七（明治四〇）年一月一五日に第一号が発行されたが、わずか三カ月後の四月一四日付第七五号が最終号であった。短い日刊新聞で終わってしまったのであった。

興味深いのは特約寄稿家六十余名の中に「岩崎革也」の名を見出すことができることだ。しかも記念すべき第一号に「同情語録」として「明治の四旬に不敏革也なるもの此地上に存在する先づ年首を祝ふ」と寄せたのである。秋水が前年一一月一三日付書簡で革也に出資依頼をしたが、革也が応じたか両者ともに書いていない。出資依頼に続く書簡は同年十二月八日付である。秋水はその冒頭に「先日は早速御返事委細領承仕候」と記している。寄書家の一人として寄稿もした革也はおそらく多額ではなかったが、人並み以上に秋水の求めに応じたと思われる。

ところで、同書簡で秋水は自身の病状に次のように言及している。

小生病気よくなつたり悪くなつたり天気次第でいろ〳〵に変り候て困入候。尤も左して悪くはなり不申、気永く養生すれば二三ケ月中には快癒可致ト存候。兎に角目下一切外出を禁し引籠居候。

秋水の病状はまだ養生が必要であり全力を挙げて諸運動に取り組むことができない状態であることがわかる。末尾に、

戦後の社会状態は諸種の変化を生ずへく我々の運動も此変化に応すべき准備必要に御坐候。此頃地方之人心及景気は如何之模様に御座候哉。折々御報知被下度奉願候。明年春暖之候にも相成候ハ、関西地方に保養旁出掛申度と存居候。其せつは相訪会談之機を得可申相楽申候。

とも書いている。だが、秋水は生涯にわたって丹波須知の革也宅を訪ねることはなかった。

10　革也の結婚を祝福する

秋水は同年（明治四〇）の五月三〇日付書簡に、「先日は御上京之趣福田氏よりあとにて承り候」、「御結婚之由欣賀之至に候。益々御幸福之家庭を御作り被成候半事を祈申候」と書いている。「福田氏」は福田英子のことである。

革也は一八八七（明治二〇）年二月九日に船井郡野条村松本ふさと結婚入籍した。二人とも一八歳という若さであった。一八九九（明治三二）年四月一五日に城崎の松屋で働いていた安達みねとの間に男子出生、認知した。その一カ月後の五月一五日に妻ふさと協議離婚をしている。革也三〇歳であった。その八年後の一九〇七（明治四〇）年四月に革也は再婚したが、入籍はしていない。妻は登美子三五歳で初婚であった（太田雅夫『岩崎革也年譜』一九九三年、二九ページ）。この結婚生活は短かったようだ。いつ別れたかははっきりしない。

革也が再婚した半年後の一〇月ごろ、福田英子が革也宅を訪問して登美子の印象などを記した。福田英子は自ら主宰して『世界婦人』を一九〇七（明治四〇）年一月一日に創刊した。その第二〇号

（同年一二月一五日）に、「旅行中の色々（二）ひで」として旅行記の一端を書いた。同年九月二八日に「京都、丹波経由で岡山の姉の家へ静養に行く」、一〇月二五日「帰京」した（村田静子他編『福田英子集』年譜、六六五ページ）。福田英子は一〇月初旬革也宅を訪問した際、革也為書きのある田中正造の書を持参している。革也宅訪問時の印象を次のように書いている。

（前略）丹波の同志岩崎革也氏の新婚を賀すべく且つ其新夫人と交るべく同家に数日滞在、非常の優遇を辱ふし、小春日和の暖かさに夫人登美子女史と野菊や、犬蓼や、蘭草（サフランの如き花なり、原注）以て充塞されたる、程遠からぬ原野に遊びて自然の美に打たれ、ア、仙境とは斯の如きの云ひならん吾れ此趣味を解せず再三再四の蹉跌を尚ほ懲りずまに熱閙煩雑の境に奮闘的生活を継続せんとする馬鹿らしさよと、嘲けつて大いに詩人を気取つても見たり、亦翻つて、咄、徒らに文学の人となり、冥想の人となり、己れを潔ふして独りを楽しみ、他を顧みざる我利主義こそ、吾が敵なれ、見よ現代は此天賦の仙境をも或一部の占有に帰せしめ衆庶の観覧遊楽を許さゞるとは何たる偏頗の処置なる乎と、亦しても固有の不平はムク〳〵と持ち上り、登美子夫人と談数刻に及べりし。同女史は京都市高等女学校に十七年間勤続せられし名誉ある教諭なりしも今春岩崎家に入嫁せられ、三十六歳の初婚は特に両君の間をして鴛鴦夢暖かに膠漆啻ならざらしむ、謹んで友白髪の万々歳を祝し申さん。岩崎家を辞して大阪なる友人の家に遇す（後略）

なお、堺利彦は一九〇八（明治四一）年の賀状に「新年の御祝詞申し上げます『世界婦人』によって新家庭の御様子承知しました」と記した。堺は福田の先の旅行記を読んで賀状を送ったのであった。

秋水は先の、一九〇八（明治四〇）年五月三〇日付書簡の末尾に、「日刊新聞一敗後小生は当分隠居にて候。片山、西川之両君新年にて週刊発行之事に相成候。堺も暫く引込居候。其中西遊得貴意可申、不取敢御無沙汰御わび迄。頓首」と記していた。

11　革也宛最後の秋水書簡

革也宛秋水書簡は全部で二五通残されていた。それらは封書一二通、葉書一三通であった。二四通目は一九〇八（明治四一）年一月一日付の葉書による年賀状（印刷文）であった。

謹賀新年　千九百八年　土佐中村町　幸徳伝次郎

戊申新春書懐

初日射窓戸、一声鶯語長、春痕椒酒酔、暖意玉梅香、計拙貧難療、心閒疾足忘、故人如問我、零落在家郷

秋水甫艸

この賀状は革也にのみ送付されたものではなかった。塩田庄兵衛編『増補決定版 幸徳秋水の日記と書簡』（未来社、一九九〇年）に竹内善朔、渡辺芳之助、江渡幸三郎、笹原定治郎の四人に全く同文同内容のものがある。竹内は同志として多くの活動をした人物であり、他の書簡も多数収められている。それぞれに宛てた収載書簡数は竹内（三〇通）、笹原（一六通）、渡辺（一通）、江渡（一通）である。もっと多くの同志たちに同賀状は送られたであろう。

書簡の最後は明治四一年一二月二〇日付の封書である。だが、書簡文はなく、「『麺麭の略取予約出版に就いて』」、「日本平民新聞合本広告」、「郵便振込用紙」で、すべて印刷物であった。

革也宛書簡をもとに秋水との交流を見てきた。

二　堺利彦と岩崎革也との交流

岩崎革也宛堺利彦書簡は『キリスト教社会問題研究』（五六号、同志社大学人文科学研究所、二〇〇八年二月）にその一部（一八通）が掲載されている。その一八通目の日付は一九〇六（明治三九）年三月一五日の封書である。『岩崎革也年譜』の「岩崎革也宛社会主義者等書簡一覧」には、堺書簡が一一九通岩崎家に所蔵されており、その発信年月日が記されている。二〇一七年以前は一九通目以降はまだごく一部しか活字になっていないようだ。ここでは、二〇一八年に京都府南丹市立文化博物館が発行した『南丹市立文化博物館収蔵資料目録第四集　岩崎革也宛書簡集（堺利彦・為子書簡）』を参照した。なお、この『書簡集』翻刻にあたって京都丹波岩崎革也研究会（筆者も会員）も当館の学芸員と共同であたった。

1　平民社を支援

革也宛堺利彦書簡の最初は一九〇四（明治三七）年一月一日の葉書による年賀状であった。そこには「謹賀新年　明治卅七年元旦」とだけある。二通目は同年二月一日の封書で、革也が『平民新聞』に広告掲載を依頼したが、間に合わず第一三号に掲載した旨と「為念、是迄の分計算表申上候」とし、第八号の広告料、八号から一二号までの各百部の紙代や第一三号の広告料など「総計弐拾四円〇五銭也　差引金九拾五銭御預り」と記している。「百部」というのは革也が知り合い等に購読を勧める見本紙として買い取った料金である。なお、平民社は幸徳秋水や堺利彦らによって一九〇三（明治三六）年一〇月二七日に設立され、一一月一五日に週刊『平民新聞』創刊号が発行された。
堺は革也に平民社を支援するための要請をしばしば行うことになる。一九〇四（明治三七）年三月頃革也は病気治療のため京都市の吉岡絹方にいた。堺は「平民社同人」として同所の革也に書簡を送り、京都市における『平民新聞』購読の現状を知らせるとともに、助勢を頼んでいる。三月二一日付書簡に、

お手紙拝見致候。御病気御療養中のよし、折角御注意専一に存候。目《ママ》京都市には、六名の直接購読者有之。別に便利堂と申す書店には、毎号六十部ばかり大売捌より参居由に候。若し便利堂にて御聞合せ下さらば、委細相分り可申候。便利堂は我々に対し、幾らか同情を持居候者に御坐候。今ハ多忙中、右要用のみ御返事申上候。猶此上にも御助勢願上候。

同年七月一〇日付『平民新聞』によると京都在住の直接購読者二五名、全国総計は一四〇三名である。それにしても京都における固定読者が極めて少ないことがわかる。それゆえ、革也は同紙を百部五回分購入し、読者拡大に努めた。革也以外も同様の活動をしたと思われるが、読者数はすぐには増大しなかったようだ。三月には京都市で六名なので革也のような固定読者が少ないことがわかる。それでも当時は便利堂が大売捌店として「六十部」を扱っていたことがわかる堺の書簡であった。
同年三月二七日付『平民新聞』第二〇号の社説「嗚呼増税！」が新聞紙条例違反で告発された。革也は堺に激励の書簡と見舞金を送った。堺は四月五日付葉書に次のように記している。

御厚情の御手紙拝見、御封入の金十円正に落手致候。然るに今日、東京地方裁判所に於て宣告有之。平民新聞は発行禁止となり、発行人は軽禁錮三ケ月を申渡され候。尤も直ちに控訴致置候間、左様御承知置被下度候。然しいづれは処刑を受けねばならず、其時には題名を換へて発行致すべ

き考に御坐候。匆々頓首

続けて堺は革也に同月九日付葉書で「電報多謝々々。再挙継続につき相談中。此上ながら御声援を乞ふ　平民社同人」と記している。革也は『平民新聞』発行継続に関する激励を電報で行ったのだ。弁護団らの奮闘で刑期が減じられて軽禁錮二カ月の判決になり、四月二一日に巣鴨監獄に入獄、六月二〇日に出獄した。出獄の四日後に封書を革也に送った。堺は「毎々御慰問に預り恐縮に存じます」「秋水より承れば、平民社の財政につき一方ならず御配慮下されたるよし、お蔭にて苦しき所を一凌ぎ致しました」と記している。堺入獄中、革也が平民社の財政危機のため二百円を支援したことは革也宛秋水書簡で先述した。『平民新聞』には七月二四日付第三七号に「丁度五月の末に、関西の同志某君が特に我々の窮を憐れんで、忽ち二百円の金を出して呉れた」と記していた。

一九〇五（明治三八）年二月一二日の堺書簡は宛先が「京都府立療病院北室」で、「又々京都に御滞在、御健康如何にや、折角御摂養を乞ふ」との一文がある。三月三日、三月三一日も同所宛であり、四月二三日のそれは「京都室町高辻下ル吉岡方」とあって、「此頃は御軽快、御退院のよし、此上ながら猶々御静養願ひあげます」と記している。革也は病気で入院していた。病気は頭痛での長期入院であった。

堺は同年一〇月一九日の葉書で次のような平民社解散の知らせ（印刷文）を革也に送付した。

平民社は戒厳令の束縛と発行停止の抑圧に堪へずして自ら解散を断行せり。然れども噴泉は遂に塞ぎ得べきに非ず。直言は解停の日更に之を継続せんことを期す。敢て同志諸君に告ぐ。

明治卅八年十月　　平民社同人

2　電車賃値上反対凶徒聚集事件

凶徒聚集事件は一九〇六（明治三九）年三月一五日に起こった。この年の一月二八日に結成された日本社会党が最初に取り組んだのは、電車賃の三銭から五銭への値上げ反対運動であった。三月一一日に値上げ反対東京市民大会が行われた。その四日後の一五日に第二回大会が行われたとき、集会後鉄道会社や市庁舎に投石などをしたため大勢が拘束された。第二回大会の会主は堺利彦であったが、「病に依りて出席せざりき」であったという。このことが西川光二郎の社会主義運動から離脱していく動機になったという見方がある（田中英夫『ある離脱明治社会主義者西川光二郎』風媒社、一九八〇年、七二ページ）。この凶徒聚集事件は七名の社会党員と一一名の市民が拘引されたのであった（同著『西川光二郎小伝』みすず書房、一九九〇年、二二六ページ）。

同年三月三〇日堺書簡は革也に次のように書いている。

お目にかゝらず残念いたしました、電車事件は目的を達して愉快の至ですが、然し十人まで引張られたのはアマリ犠牲が多すぎて閉口します、小生は留守居役で多忙を極めて居ります　社会主義研究一部須知町へ送つて置きましたが御落手されましたか

冒頭に「お目にかゝらず」とあるが、前便（三月二二日）に革也が堺宅を訪問した際、堺が留守であったことを記している。このころ革也宛住所は「牛込区市谷加賀町士官学校裏」とあることから当所に家を借りていたようだ。堺は「電車事件は目的を達して」と記している。電車賃を三銭から五銭に値上げする方針であったが、強い反対運動によって四銭になったことを意味している。「小生は留守居役」とあるのは大会に欠席したため、拘引されなかったからである。『社会主義研究』は同年三月一五日に深尾韶とともに創刊した研究雑誌で、「社会主義の理論、歴史、運動等につき、稍々精細

深遠なる知識を供給せんとする」を目的としていた。創刊号には堺と幸徳秋水による初の全訳「共産党宣言」を掲載した。だが、同年八月一日の第五号で廃刊になった。理由は社会党の実務をすること、『社会主義研究』の財政難、さらに西川光二郎が中心になっていた機関紙『光』の編集を堺がしなければならないからであった。この『社会主義研究』創刊号を堺は須知の革也に送ったのであった。だが、同書は革也蔵書には存在しない。そもそも雑誌類は革也が処分していたと思われる。

凶徒聚集事件によって堺は多忙に陥るとともに、拘禁されている同志たちの支援のため財政的苦労をしなければならなかった。

堺は同年六月一二日の葉書に、「幸徳秋水、急に帰国の事になりました、多分本月廿二三日頃着浜の事と存じます、御報知まで　匆々」と書いている。幸徳の帰国は堺が書いていたように六月二三日であった。サンフランシスコを発ったのは同月五日であった。幸徳は以後も滞在の予定であったが、四月一八日にサンフランシスコ大地震が襲ったためである。「大地震のために予定を短縮せざるをえなくなり、また秋水の健康回復にも役立たなかった」(塩田庄兵衛『幸徳秋水』新日本新書、一九九三年、九七ページ)ため帰国を余儀なくされたのである。堺は幸徳秋水の動向も革也に知らせていたことがわかる。

堺は同年一一月二三日付の葉書を送った。それは印刷文であり、差出人は平民社創立人として石川三四郎、西川光次郎、竹内兼七、幸徳伝次郎、堺利彦の五人である。文面は次のようなものであった。

　小生等今回平民社を興し明年一月中旬より日刊平民新聞を発行し一般社会問題即ち労働問題、婦人問題、貧民問題、都市問題、農民問題等に就ては殊に注意して記述致すべき筈につき特約寄書家として貴下の御助力を得たく社中一同の希望する所であります　何卒御承諾願上げます先述したが、平民社は一九〇三（明治三六）年一〇月二七日に幸徳秋水、堺利彦らによって結成され一一月一五日に週刊『平民新聞』が創刊された。翌年一月二九日に第六四号を発行して廃刊となった。その一週間後の二月五日に『直言』が引き継いで発行されたが、九月一〇日の第三二号が無期限発行停止処分になり、同年一〇月九日に平民社は解散した。一九〇六年一〇月二五日に日刊『平民新聞』発行と平民社の組織化を予告し社員募集した。寄稿家は六〇余人に達した。その時平民社創立人の五人が連名で先のはがきを送り、革也に「特別寄書家」を依頼したのである。翌年一月一五日に日刊『平民新聞』第一号が創刊された。その一号に革也は創刊の寄書に「同情語録」として「明治の四旬に不憫革也なるもの此地上に存在する先づ年首を祝ふ」と書いている。だが、わずか三カ月後の四月一四日相次ぐ弾圧で廃刊せざるを得なかった。

3　堺の大逆事件遺族歴訪と革也

一九一一（明治四四）年一月二四日に大逆事件による一一人が、管野スガだけは二五日に刑死した（計一二人）。革也は刑死者の遺家族慰問を計画し堺に実行を求めたようだ。革也の行動は官憲の「視察」の対象であり、かなり正確に捕捉されていた。革也は三月の下旬、堺の遺家族慰問計画に深く携わっていたことがわかる。

京都府在住岩崎革也明治四十四年三月二十二日上京　同月二十八日帰国ノ途ニ就キシカ滞京中本派ノ者ト往来セリ其ノ状況左ニ
（イ）二十三日午前岩崎ハ堺利彦ヲ訪問シ同日午後堺ハ岩崎ヲ訪問ス
（ロ）二十六日堺利彦ハ大杉栄ト共ニ岩崎ヲ訪問ス

（ハ）二十八日堺ハ岩崎ヲ訪問セシニ同人ハ帰国スヘク旅宿ヲ出テタル後ナリシヲ以テ堺ハ直ニ新橋駅ニ馳付ケタルモ既ニ出発後ニ係リ目的ヲ達セスシテ帰宅ス

と書かれている（『続現代史資料1　社会主義沿革（1）』みすず書房、一九八四年、二二一ページ）。これら官憲の「視察」は堺の書簡で一部確かめることができる。

革也は三月二二日に上京し、堺らといろいろ相談したのだ。三月二五日の葉書の宛先は「芝、桜田本郷町　雲来館　岩崎革也様」である。革也はここに宿泊していた。「昨夜は誠に残念でした、お話の事はほゞ決心いたしました、明朝参上委細御話し可申上候　廿五日朝　とし彦」とある。官憲も二四日を空欄にしており、この日は相談できなかったようだが、「お話の事はほゞ決心」したと堺は書いている。慰問の旅に出るにはかなりの日数が必要である。多忙な堺にとっては決心しかねることがあったのだろう。とすると、革也が堺の決心を促したことになる。

このことに関して田中伸尚『大逆事件　死と生の群像』（岩波書店、二〇一〇年）に次のように記されている（一三五ページ）。

「大逆事件」に巻き込まれた刑死者や獄中に囚われている被害者の遺家族慰問の旅の計画を提案し、その費用三〇〇円を出したのは岩崎である。（略）事件の直接の被害者に対する慰問旅行の企画とそれへの費用負担は、岩崎の剛毅な人柄を伝えている。

「提案」は革也であったのだ。当時の社会情勢からすればまさに革也の「剛毅な人柄」をよく表している。

三月二七日の封書の宛名は前便と同じ雲来館である。堺は「三十日出発はチト六《ママ》かしきかと存ず、都合に依りては卅一日に御延ばしを願ふかも知れず　廿七日朝　とし彦　秋月老兄」と記している。

三一日の出発日を延期せざるを得ない事情が堺にはあったとみえる。しかし、革也側の事情もあって二八日には帰宅しなければならなかったに違いない。堺が革也の宿舎雲来館を訪ねた時はすでに革也は出発した後であった。三月二八日葉書が示している。宛先は「丹波、須知町」である。

今日六時過雲来館に参りたるに、モハヤ御出立との事、若しや新橋辺にて御食事の事もやと存じ、直ぐに新橋停車場に参り、七時十五分まで空しく待ち、遂に失望して帰宅、兎にかく卅一日には京都まで参る積り、其上にて又御打合せ可申上候也　廿八日夜　とし彦

この葉書は官憲の視察報告と一致している。革也や堺はこのように視察されていた事実を知ることができる。

さて、堺は三月二九日午後四時に革也に次の電報を打った。「三一ニチタツヤドシラセ」（三月三一日発つ宿知らせ）。四月一日午前一〇時四〇分に堺は京都烏丸局から「ケサツイタ」と電報を打った。堺は夜行列車で京都駅まで来たのだ。

四月四日の封書には、

先刻お別れいたしてより直ちに東山に参り知恩院清水など見物しました、清水では僧月照の昔をしのび併せて愚童和尚の事など思ひ浮べました。昼食後郵便事務と記した封書が参りましたのでツイ開封しましたれば貴兄宛の送金為替でありました、是は其儘宿の主人に預けて置きました、小生は明日午後大坂に参り、船の都合を聞合せて道順を決する積りです、匆々　四日午後一時

とし彦　秋月兄

とある。革也からの「送金為替」が届いたのだ。堺は革也が提供した金額を書いていない。だが、官憲の「視察」は革也が慰問旅行から帰京後の五月八日「大杉栄など七名に対して行った報告」で、堺

は「余ガ今回ノ旅行ニ付テハ殆ンド三百金ヲ費セルモ其ノ効果ハ極メテ大ナルモノト思フ而テ此ノ旅費ハ岩崎革也ヨリ恵マレタルモノナレバ同氏ニ対シテハ大ニ感謝セザルヲ得ズ」と述べたと記している（『社会主義沿革（1）』二二三、二二四ページ）。

堺は四月六日の夜行列車で京都を発った。四月六日の葉書に、

東京よりの返事を待ち居りて遂に只今まで滞在しました、いよ〳〵今夜八時四十五分の汽車で立ちます、明朝岡山県笠岡に下車し、森近氏遺族を訪問します、それより先づ九州に向ひ、帰りに土佐を見舞ふつもりです、十五日頃には須知の貴邸に参上の心得也、昨夜は京極に『滑稽劇』を見ました、存外進歩してゐるのに感心しました　四月六日夕　とし彦

と書いている。「森近氏遺族」を訪問したが革也宛書簡にはそのことを記していない。

堺書簡に書かれていない訪問先は官憲の視察記録（前掲書、二二二〜二二四ページ）から部分的に月日と訪問先を抜き出すことにする。「四月七日岡山県著翌八日同地出発」、「四月十一日熊本県著同月十三日同出発　松尾卯一太、佐々木道元」と続く（『沿革』）。

四月一三日堺書簡「四月十三日午前豊前小倉にて、彼是手間どり今日やうやく故山に入る、丁度、二、三日中に祭礼があるよし、それもチヨト見て昔をしのびたいと思つて居ます、是より海上土佐を経て大坂に向ふ積り」

四月一四日堺書簡「福岡熊本にて存外手間取り、やうやく昨日比地（豊前豊津―引用者）に参りました、叔父の病も存外軽く、今日は久しぶり懐かしき故郷の山水に親しんで居ります、所で東京より原稿の催促急なるに依り猶両三日中此山水の間に淹留して執筆するつもりです、されば比地より海路土佐を経て大坂に上陸するは多分廿二日頃になる事と思はれます、大坂も久しぶりにて親戚友人に会

する事ゆゑ如何に成行くか予測いたし難けれども、大抵二三宿の上、尊宅に伺ふ都合に相成る事と考へて居ります。何卒其御心組に願上げます　諸事拝面の上、申上げます　十四日午前」

四月二〇日堺書簡「（差出）豊後別府温泉にて」「比地を只見て過ぎるも余り残念に思ひツイ一宿しました、明日土佐に向ふつもり、（略）二十朝」

「四月二十二日高知県著同月二十七日同地出発」（『沿革』）。

四月二三日堺書簡（「中村裁判所」絵葉書）「今朝秋水の墓に参りました、墓は此裁判所の裏手に在り、此裁判所の敷地、元は寺院なりしよし、墓の上には桜の老木枝をかはし、後の山には老鶯頻りに鳴き、情趣深き初夏の光景でした、明朝当地出発、高知を経て大坂に着筈、廿三日　中村にて」

四月二五日堺書簡「（差出）土佐中村より」「風浪に阻てられて今日猶比地に在り　廿五日　とし彦」

四月二五日堺書簡「（差出）土佐中村町にてとし彦」「今日は揮毫を所望されて大いに拙筆を揮ひました、行春の青葉の桜に鶯の啼きしきる処君が墓立つ　行春の緑の底に生残る　など口ずさみました、尾行の刑事君からも所望されたので　たゝずめは藪蚊のいづる若葉蔭　と書いてやツた、明日はいよ〳〵出発します　廿五日夕」

堺は幸徳秋水の墓参りをした後、秋水の義兄幸徳駒太郎ほか秋水の縁者に出会う。二七日には岡林寅松の実妹の嫁ぎ先を訪ねる（『沿革』）。

四月二八日堺書簡「只今此地に上陸、明日は参堂拝眉の心得です。廿八日午前七時神戸にて　とし彦」と書いている。「参堂拝眉」とあるが革也邸を訪れる意である。訪問の具体的日時を堺は書簡に記していない。ところが、『沿革』は「四月二十八日兵庫県著直ニ小松丑治の留守宅訪問出発」、「同日大阪府著翌二十九日武田九平の実弟伝次郎ヲ訪問」、「三浦安太郎ノ家族ヲ訪問ス」（『沿革』）。「同日（二十九日、原注）京都府著三十日岩崎革也方ニ到リ一泊ノ上翌五月一日出発」と記している（二二三ページ）。

堺は革也宛四月六日の葉書に「十五日頃には須知の貴邸に参上の心得なり」と書いていたが、あちこちで予定通り進まず半月後れて四月三〇日に革也宅に到着したのであった。革也と堺は積もる話に時間の過ぎるのを忘れて話し込んだに違いない。

堺は革也宅で短冊に、「明治四十四年四月三十日　丹波須知町岩崎秋月兄の家に於て」として、「幸徳秋水獄中最後の語」を揮毫した。それは太田雅夫『岩崎革也年譜』の巻頭図版中に収録されている。「一塵一毫の生滅も無意義に非ず」とある。秋水は刑死を前に人の命は実にはかないものだと達観していたのであろう。堺は革也のために、「髪つめは胡麻塩おつる寒さかな　枯川」、「かしこにて死なん身かなと思ひてわれは夏の病鴬の窓　とし彦」、「獄中より新婚の友におくる　雪投を夫婦見てゐる炬燵かな　枯川」、などを書き残した。また、『平民新聞』合本表紙裏に「君家似吾家　明治四十四年春岩崎兄の家に宿して之を題す」とも揮毫した。

ところで『平民新聞』合本は革也宅にあったものに堺が揮毫したのであった。秋水は合本の購入を一九〇八（明治四一）年一二月二〇日付革也宛書簡で呼びかけた。広く呼びかけるために印刷物として同封していた。そこには「日本平民新聞合本　価郵税共金壱円也」と記して、説明文及び森近運平と平民社の住所、振込口座が記してあった。革也はさっそく購入していたのだ。邸宅が解体されるまで岩崎家で保存されていた。堺は革也邸で一夜を過ごした五月一日に、今度は熊野に向けて慰問旅行に出かけた。

五月二日の絵葉書（「伊勢二見浦立石」の写真）に、堺は「是より巡航船にて鳥羽に参り鳥羽よりホントの汽船に乗る筈。好天気、好風景　二日正午　二見浦にて　とし彦」と記した。

五月三日の絵葉書（「瀞八丁滑り岩」の写真）には、「今日、緑亭君の墓に詣でました、丁度百ケ日のよし、三日夕　新宮にてとし彦」とある。

熊野での堺の行動は書簡に記していないので『沿革』で見ることにする（二二三ページ）。

> 五月三日和歌山県著同月五日同地出発迄ノ動静。
> 三日大石誠之助ノ妻（略）ヲ訪ヒ弔辞ヲ述ヘ爾来同家ニ滞在シ（略）誠之助ノ墓ヲ拝シ、高木顕明内縁ノ妻（略）及大石誠之助ノ実兄玉置酉久ト訪問ヲ交換シ、（略）峯尾節堂ノ母（略）及玉置酉久方ヲ訪問（略）右ノ外滞在中（三日）途上ニ於テ西村伊作ニ出会シ又成石平四郎及成石勘三郎ノ遺家族ヘ宛（連名）「慰問詞ヲ述ヘ、都合上立寄ラサルニ付容赦アリ度意味」ノ書面ヲ発送ス（四日）、
> 五月五日三重県ニ入リ崎久保誓一家族ヲ慰籍シ、五月六日同県木本港ヨリ乗船翌七日鳥羽港ニ著其レヨリ内宮ニ参拝シ同日出発帰京ノ途ニ就ク

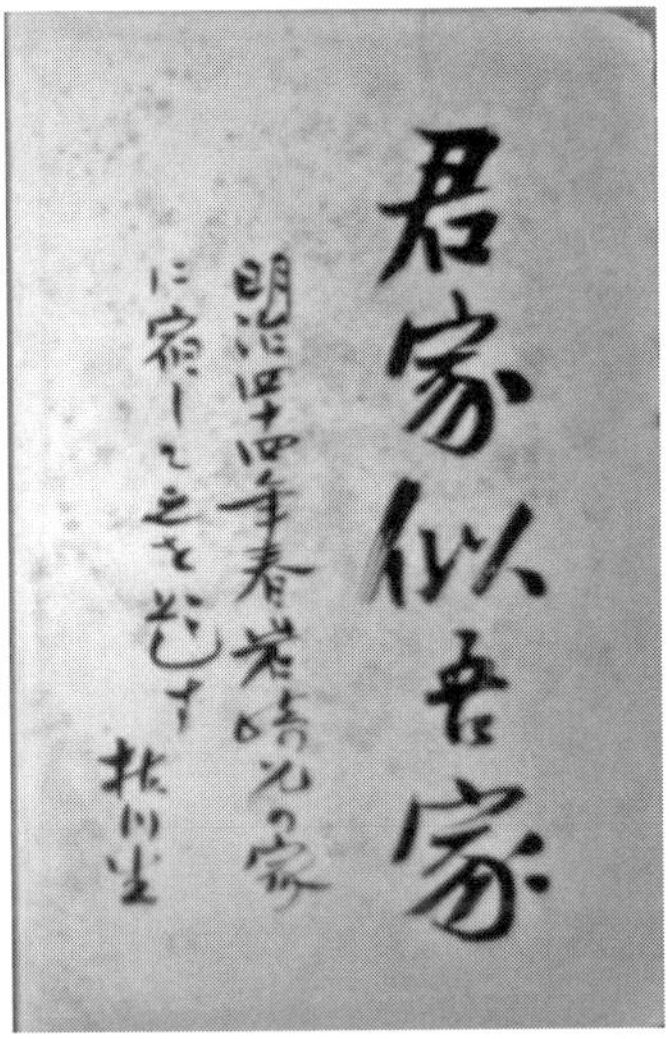

1911（明治44）年4月30日堺利彦が革也宅訪問時に、『平民新聞』合本に揮毫したものである。

堺は五月三日から五日まで実に多くの遺家族を慰問し、六日に新宮を出発したのであった。五月七日の書簡に堺は帰宅したことを革也に次のように伝えた。

今朝やうやく帰宅、紀州の海で少々あらされ、今に於てまだ飯の味なし、いづれ其中又　五月七日　渋六

堺は三月三一日に東京を発ち、五月七日に帰京した。実に四〇日近い遺家族慰問旅行であった。堺もたいそうくたびれたことであっただろう。しかし、秋水の墓に詣でて「行春の青葉の底に生残る」と句作した堺は、この仕事は自分がしなければならないと決意し使命感をもって成し遂げたものであった。堺は大逆事件犠牲者計二六名全員の家族を歴訪することはしていない。訪問した人物を□で示せば次のようになる。なお、各自の本籍を（　）で示す（氏名・本籍は西尾陽太郎『幸徳秋水』吉川弘文館、一九八七年、二九二〜二九八ページによる）。

死刑判決二六名のうち刑死した者一二名

幸徳秋水（高知）、森近運平（岡山）、宮下太吉（山梨）、新村忠雄（長野）、古河力作（福井）、
奥宮健之（東京）、大石誠之助（和歌山）、成石平四郎（和歌山）、松尾卯一太（熊本）、
新美卯一郎（熊本）、内山愚童（神奈川）、管野スガ（京都）

死刑判決のうち特赦無期刑でその後獄死した者五名

高木顕明（和歌山）、峯尾節堂（和歌山）、岡本穎一郎（山口）、三浦安太郎（大阪）、
佐々木道元（熊本）、

その後仮出獄できた者七名

坂本清馬（高知）、成石勘三郎（和歌山）、崎久保誓一（三重）、武田九平（香川）、
飛松与次郎（熊本）、岡林寅松（高知）、小松丑治（高知）

有期刑二名

新田融（北海道）、新村善兵衛（長野）

堺は計一七名の関係者宅を訪問した。地域的には中部地方以北は訪問していない。全国に散在しているので全員を対象にすることはできなかった。革也宛書簡に訪問者名を挙げているのは幸徳秋水と森近運平、禄亭（大石誠之助の号）のわずか三名である。堺は革也と親しい交流があったので、この三名については話題にすることがあったからである。遺族歴訪に対して革也が大金を拠出したことに、堺は訪問の様子をたびたび通信して応えた。

堺は「帰京当日直ニ四、五名ノ同志ニ対シ地方漫遊ノ状況ヲ談話シタキニ来会セヨ」と通知したところ、同夜「大杉栄、堀「ヤス」《かっこはママ》、岡野辰之助」、「田島「梅子」《同ママ》、斎藤兼次郎、吉川守国、藤田四郎ノ七名」が集まった。堺は「漫遊地方ニ於ケル所謂大逆事件処刑者ノ遺家族ハ坂本清馬、飛松与次郎を除ク外ハ悉ク訪問セシ」と述べたという（『沿革』一二三ページ）。堺の訪問先は官権把握と同様であった。堺の行先や訪問内容を的確に把握していたことを知ることができる。

4　「ルソー誕生二百年記念講演会」を支援

堺は「売文社時代」（一九三一〈昭和六〉年三月『中央公論』）に、一九一二（明治四五）年の「六月二八日夕刻、前記のとおり、三宅雪嶺先生から命ぜられた『ルソウ誕生二〇〇年記念』の会が、わたしと高島米峰君との発起で（略）開催された」と記した（『堺利彦全集』第六巻、二二七ページ）。その中で堺は「この会の費用は友人某氏（実は丹波須知町の旧同志岩崎革也君―原注）が近親の法事を営むのを廃して之に寄附した」と記している（前掲書）。堺は革也に支援を働きかけ実現した経過を書いているが、「旧同志岩崎革也君」と記しているのが注目される。一九三一年当時は堺や社会主義者たちにとって革也は「旧同志」であったのだ。

ところで、堺は革也が近親の法事を取りやめて「ルソウ誕生二〇〇年記念会」開催に寄付したと記していた。「近親の法事」というのは、「六月九日は父藤三郎の一七回忌、六月二五日は母くまの七回忌、さらに祖父儀左エ門の三七回忌にあたる」（太田雅夫『岩崎革也年譜』一二ページ）。その金額は一三〇円であったことが六月一二日付堺書簡で判明する。堺はこのことを「記念会」で参加者に明らかにしていた。堺が革也宛に送った、同年六月二九日付『読売新聞』の一面四段目に「ルソー二百年記念」のタイトルの記事がある。

この会の費用は枯川氏の近しい人が法事をする代わりに呉れたのであると。二百年の後に日本人の法事の費用で自分の記念会が催されるとは定めてルソーも思ひ及ばなかつた事であらう。

このことに先立つ一九一二（明治四五）年六月一二日の堺の封書は、宛先が「丹後久美浜谷口方岩崎革也様　至急」とある。時々丹後の久美浜に出かけることがあった。「谷口方」とあるが、一九二七（昭和二）年六月六日の日記に「久美浜滞在　古谷屋主人谷口利一氏云々」とある。古谷屋は現在も存在しており、町一番の料亭として名が知られている。革也はここに滞在していた時、堺は書簡を出したのである。しかも宛名の下に「急」とあるので急を要することであったのだ。その文面はルソー記念会について具体的でやや長いが全文は以下のようなものであった（六月一二日付）。

モハヤ幽寂の地に御起居の事と察しあぐ、例の紀念会の事、名士招待と肖像配布との事に略決定、人数は五十人として飲食費約七十五円、肖像は引延し写真にして一枚一円あまりの見込、合計百三十円ばかりにて事足るかと思はれます、其他に小冊子約一千部配布の計画あれど、其の費用は他に出所がある見込です、就ては右百三十円丈御寄贈下されば大幸に存じます、用事のみ匆々

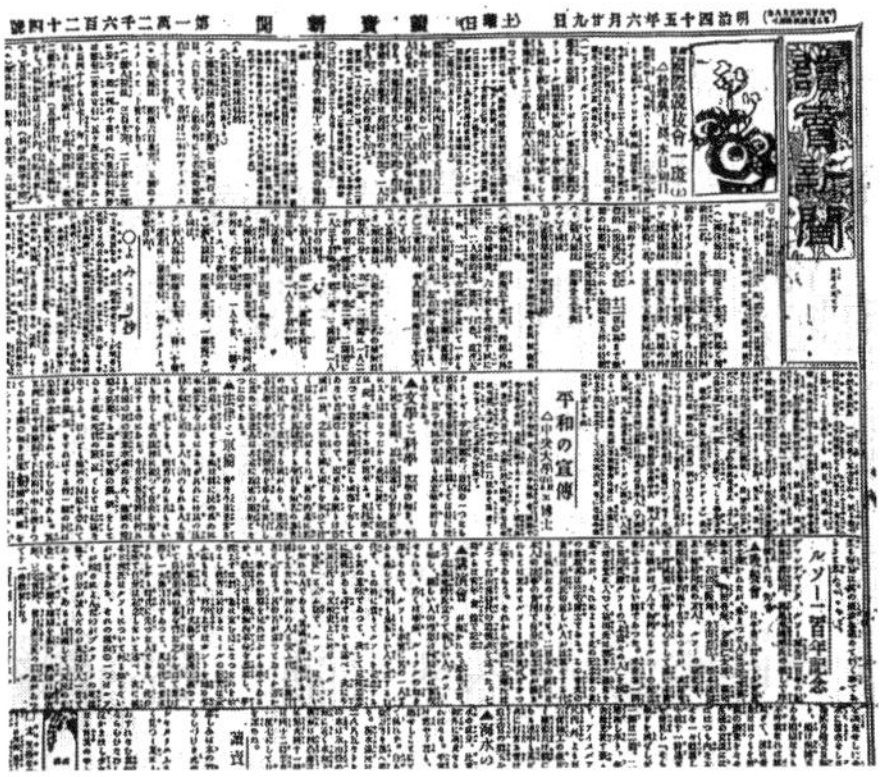
『読売新聞』1912（明治45）年6月29日付

一二日　とし彦　秋月老兄

革也は堺の要請にすぐには送金していない。堺は六月二〇日付須知革也宛の封書に、「御葉書拝見、何卒廿七日（圏点原文のママ）迄に届くやう願上升　昨日雪嶺先生を訪ひ貴兄の噂など致しました　廿日　とし彦　秋月兄」とごく短く請求している。堺のその翌日の二一日付封書の宛先は「丹後国久美浜町谷口方」で、「（前略）貴兄も何とか御都合なされて廿八日までに御上京ありては如何、廿一日午前　とし彦　秋月老兄」とある。革也は欠席の返事をしていたようだが、出席を再度要請されている。また印刷文（新聞切り抜き）を同封している。それは「ルソー誕生二百年記念」の案内記事（新聞名不詳、一段一〇行分）である。

さらに六月二六日に今度は「丹後《ママ》、城崎町松屋にて　岩崎革也様」宛として、滞在の革也宛に印刷文『ルソー誕生二百年記念』のパンフレットのみ封入していた。

さらに堺は末尾に「廿六日夕」とする前便と宛先は同様の封書を送った。文面冒頭にあるように、革也からの書留郵便が届いたため、さっそく同日に二通目を送ったのである。

書留郵便正に落手いたしました、講演会は別紙チラシにて御想察を乞ふ、紀念会は別に神田淡路町多賀羅亭（西洋料理）に開き、四十五名ばかり来会の筈、旧自由党の名士連などは大抵断りです、引のばし写真の大肖像はヤメに致し、『赤裸之人』を特別覧本として、それに肖像（別封小冊子のと同じもの）を入れて、それを来賓に一部づゝ贈呈する事にしました。費用は不足なく間に合ふ積りです、御安心を乞ふ、只明日警視庁特別高等課より出頭すべき旨申し参つて居りますが、まさか講演会の禁止でもあるまい、多分政談としての届出をせよ位の事であらうと思つて居る、御病気面白からざるよし、御静養を祈る、猶会後委細御報申上升　六月廿六日夕　とし彦　秋月老兄

同封物として「ルソー誕生二百年紀《ママ》年講演会」（講演者一覧一枚　印刷物）が同封されている。「別封小冊子」は前便のパンフレットのことであろう。

記念講演会の翌日六月二九日に城崎町松屋住所宛葉書に、「昨夜盛会、無事終了、余は後便、電報ありがたく落手、廿九日朝　とし彦」とだけ書いている。革也が送った「電報」の内容は不明である。堺は「ルソー生誕紀念講演会」に関する多くの革也宛書簡を送ったが、その最後のものは六月三〇日のやはり城崎松屋宛であった。

一昨夜の景況は別封新聞記事にて御想察を乞ふ、政府も大奮発にて寛大の態度を示し、警官の臨席もなく、表面は至極無事に閉会した、然し暗潮の流れは随分急なものがあつたらしい、猶拝面委細　匆々　六月卅日

「別封新聞記事」は岩崎家に保存されていた同年六月二八日付の『萬朝報』である。その一面右上の余白に革也は「堺氏より送来」と赤インクで記している。

ルソー記念会は表面上は無事であったが、「暗潮の怖れは随分急なもの」があったと記している。二八日付の『萬朝報』は次のように記している。

婁騒二百年祭　二十八日は思想界の先覚婁騒誕生二百年に相当すれば堺枯川、高島米華両氏主

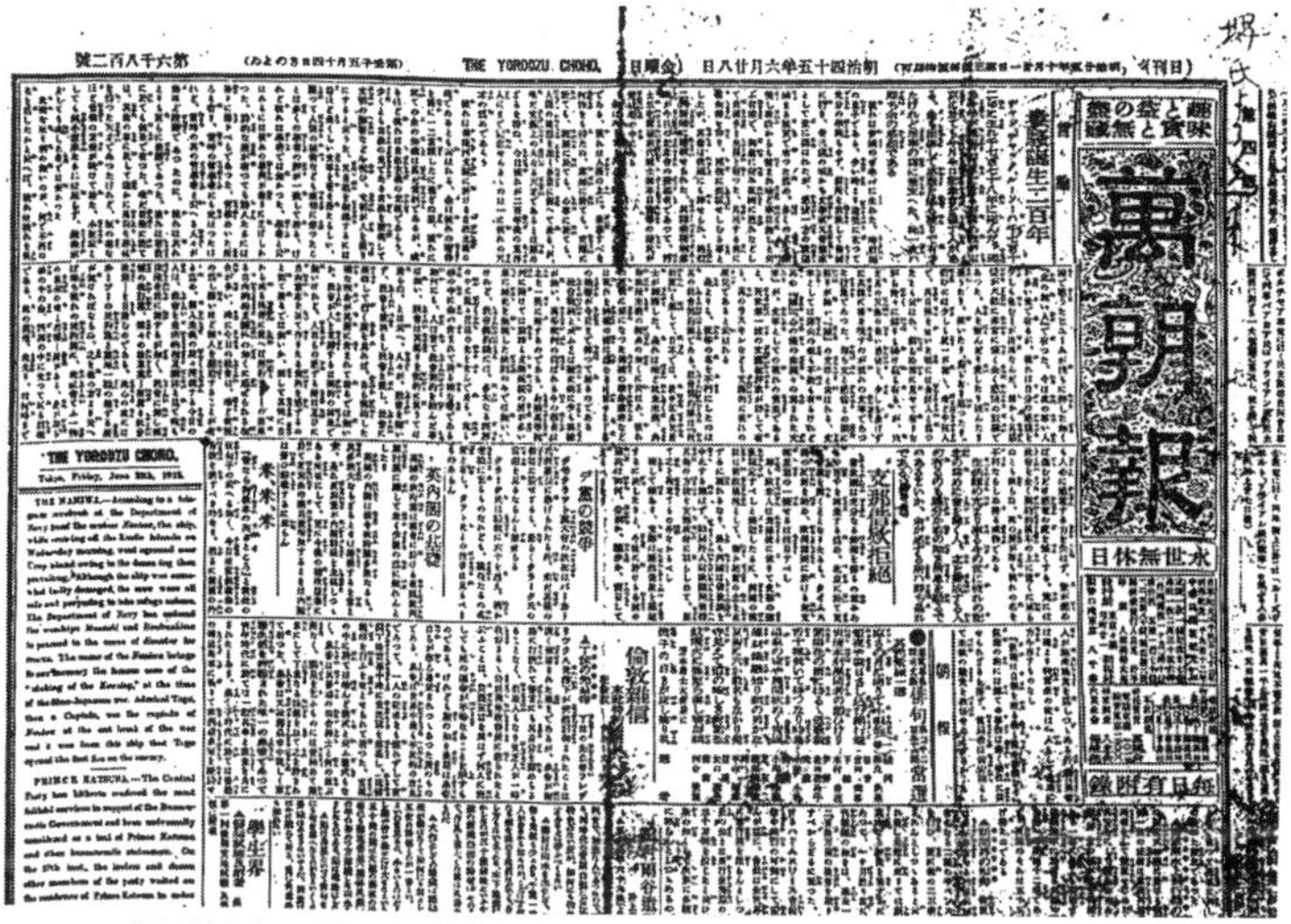
萬朝報

堺が革也に贈った『萬朝報』1912（明治45）年6月28日付

> 催となり午後六時より神田多賀羅亭にて記念宴会を催ほしたり、三宅博士福本日南伊藤痴遊福田英子外三十余名来会、堺氏の挨拶伊藤氏の所感あり終つて一同青年会館の記念演会に臨み前記諸氏の演説ありたるが日南氏は「婁騒は神が人間に権利を付与せりと唱へた最初の人で中江兆民が初めて日本に紹介し、民権論が唱へられ自由党となり、立憲政体の創めをなしたのである。然るに其の二百年祭に危険視されるを怖れて当年の自由党の面々が此席へ見えないには何事である」と痛罵したり、聴衆二千、十時半閉会す

堺は主催者として心配したが、無事終わってほっとしたことであろう。

『社会・労働運動大年表Ⅰ』（労働旬報社、一九八六年）の「ルソー生誕２００年記念会」はその「解説」に、「処刑された幸徳秋水の記念と天皇制強権支配批判の意図をこめたものであった」と記している（一四六ページ）。多くの社会主義者たちが参加した新たな旗揚げの運動であったともいえるものだった。

記念会が終わってから堺の革也宛書簡は間をおいて九月二九日の葉書がある。宛先は「東京牛込区若松町138」と読める。それは茶話会の案内で、

時　十月一日午後六時より　処　四谷左門町十三売文社　費　金五銭　久しぶりでもあり新出獄者もある事ゆゑ成るべく御繰合せの上御来会を乞ふ　世話人　堺利彦　藤田四郎

とある。革也の東京住所として確認できるのは今までのところ、一九一二（明治四五）年五月までの牛込区市ヶ谷薬王寺前町七一番地であった。その後堺が宛てた若松町一三八番地に転居したのであろう。もしそうなら革也の東京住所は六カ所目になるが、疑問があるので第三章の「三　岩崎革也の東京住所」でふれることにする。

さて、当書簡に堺は「新出獄者もある事ゆゑ」と革也の上京を促している。出獄者が誰であるかを書いていないが、たぶん片山潜であろう。前年（一九一一）一二月三一日に「東京市電従業員、市へ移管の際の解散手当分配金不満からスト。'12.1.15 片山潜らスト教唆容疑で逮捕」された（前掲『大年表』）。一九一二年の九月二六日に「恩赦令・大赦令公布」によって出獄したと思われる。この片山潜の激励を兼ねての「茶話会」開催を堺は呼びかけたのであった。また一〇月一日は大杉栄、荒畑寒村らによる月刊『近代思想』発刊の日であった。この祝賀会も兼ねた「茶話会」であったのであろう。革也がその会に出席したかどうかはわからないが、革也へは直前の通知であったのでおそらく出席はしていないであろう。堺も革也が出席したか欠席したかの関係書簡を出していない。

5　堺は売文活動で雌伏

堺利彦は『社会主義運動史話』の「二　売文社時代」の冒頭に、

わたしの生涯に、こうした名をもって呼ぶべき一時代がある。「大逆事件」の後における、雌伏、無為、沈滞、鬱屈、自嘲、放任の数年間である、これをわたしの、本誌上（『中央公論』昭和六年三月―引用者）における「社会主義運動史話」の第二とする。

と記している（『堺利彦全集』第六巻、二二一ページ）。

一九〇八（明治四一）年六月二二日、山口孤剣の出獄歓迎会の帰途、一部の者が赤旗を掲げてデモをしたため堺らは逮捕され（赤旗事件）、八月に重禁錮二年の刑を受けた。また『大阪平民新聞』の筆禍でも禁錮二カ月の刑を受け、九月に千葉監獄に入った。堺の入獄中に大逆事件による社会主義者の一斉検挙が行われる。厳しい弾圧下におかれた社会主義者たちは目立った運動を進めることができなかった。堺は一九一〇（明治四三）年九月二二日に出獄。出獄の前に堺は「いろいろと考えた末、ついに『売文社』ということを思いつい」て次のような広告案文を書きつけてみたのだ。

小生はやや上手に文章を書きうる男なり、いずれ文を売って口を糊するにまた何のはばかるところあらん。今回断然奮発して左の営業を開始す。既知未知の諸君よ、続々ご用命あらんことを希望す。

朝日新聞に広告を出したところ「売文社は一月一日からお客があった」という（前掲『社会主義運動史話』）。こうして堺は「雌伏、無為、沈滞、鬱屈、自嘲、放任」の数年間を送ることになった。売文社を立ち上げて二年後の、一九一三（大正二）年五月一二日革也宛書簡（葉書）に堺は次のように書いた。

湯嶋細工御恵贈小供が大よろこび致居候、此次の御上京相待居候　売文社はお蔭にて先々好況に有之候　五月十二日　とし彦

革也が「恵贈」したという「湯嶋細工」がどのようなものかわからないが、娘の真柄が「大よろこび」したとほほえましいことを書いている。革也が上京した折り湯島天神に行き、細工品を購入して真柄へのお土産にしたのであろう。堺利彦の娘真柄は一九〇三（明治三六）年一月に誕生しているので、この時ちょうど一〇歳であった。真柄が喜ぶような細工が行われていたものであろう。売文社は「先々好況に有之候」とも記している。

一九一四（大正三）年一月一日葉書の年賀状に次のように記した。

又々ペンとパンとの新年を迎へ申候、それも早やグズ〳〵の中に一日を費し申候　一日夜　堺利彦

この賀状は革也だけに宛てたものではなかった。『堺利彦全集』第四巻の中ほどに挿入された四ページにわたるアルバムの一葉に同文の賀状が出ている。行数と字配りは同じだが、最後の「堺利彦」名はない。『全集』編者は「ある人にあてた堺の年賀状、売文社時代のもの（大正三年）」と説明している。

同年一月二日付『読売新聞』に堺利彦の「売文社々長」名で「パンとペン」の一文が掲載されている（黒岩比佐子『パンとペン』講談社文庫、二〇一三年、一一ページ）。そこに次のように、ペンとパンの関係を明らかにした。

（前略）世にはペンとパンとの関係を秘密にする者がある。或は之を曖昧にする者がある。或は之を強弁する者がある。そして彼等のペンは、其実パンの為に汚されて居る。僕等はペンを以てパンを求める事を明言する。然し僕等には又、別にパンを求めざるのペンがある。売文社のペン

はパンを求むるのペンである。僕等個々人のペンは僕等の思ひを書現はすペンである。つまり僕等は二種のペンを持つて居るのである。それでペンとパンとの関係が極はめて明瞭になつて居るのである。

堺利彦は同年一月二七日に、売文社機関誌『へちまの花』第一号を発行した。

堺は六月二一日に、宛先「小石川茗荷谷45張原方岩崎革也様」として

昨日は御高来の処折あしく不在失礼　其中拝趨の心得御坐候　匆々　六月廿一日夜

の葉書を出した。革也は長女きぬと小野吉勝との結婚に関して打ち合わせのため上京していたのである。福田英子の媒酌によるものであった。

堺は片山潜が「欧米漫遊の途」に上るので、別意の志として金額の送付依頼を革也に行った。一九一四（大正三）年七月一九日の封書に次のように記している。

白梅園高会の翌日は福田女史御同行御西下の事と存候　扨今回片山潜氏、墺国井ンナに於ける万国社会党大会参列旁々欧米漫遊の途に上られ候に付、送別会にても相催し度と存候処暑中の事にもあり、且つは同君出発期日切迫の事にもあり、便宜上、友人中より相応の金員を醵出して仝君に贈呈し、聊か別意を表し度と存候、就ては老兄に於かれても御志しの金額小生まで御送附下され度、さすれば小生より目録を附して同君の笑覧に供し申すべく候、猶片山氏出発期日は八月四五日頃かと存じられ候間今月中に御送附方願上候　七月十九日　堺利彦　秋月老兄

書簡冒頭に「福田女史御同行御西下」と書いている。革也と福田英子は東京から丹波の須知に同行したのだ。小野吉勝と長女きぬの結婚式を翌月にひかえその段取りも出来たのであった。

片山潜の旅立ちは当初八月四五日頃であったが、約一カ月後れることになる。九月六日に京橋区築

地二丁目青柳亭で堺利彦、荒畑寒村ら二四人が片山潜の送別会を開いた。九日に片山潜は横浜から佐渡丸で出港した。この送別会費用として堺は革也に拠金を依頼したが、革也が応じたかどうかは書簡からは読み取れない。堺は大逆事件後、「雌伏、無為、沈滞」の時期にあったが、片山潜が万国社会党大会参列者として出国するにあたって送別会を開き、二四名の同志たちを集めてもいる。厳しい状況下であろうともなんとか運動の火を掲げようとの思いが伝わってくる。

堺は革也に長女きぬと吉勝の結婚を祝福する書簡を同年八月七日に次のような文面で出した。

暑中御勇健の段大賀たてまつり候　今回は福田女史の御媒酌にて御婚儀めでたく御挙行のよし何よりの御事に存候　吉勝氏には久しく拝面も致さず候へば宜しく御伝へ願上候　其中御上京御待中居候　匆々頓首　八月七日　堺利彦　岩崎革也様

堺は『へちまの花』に「鬼ころばし」を書いている（大正三年一〇月一日発行、第九号）。そこに「忙中閑あり、九月の中旬を三、四日丹波の山の中で過ごした」とある。いうまでもなく「丹波の山の中」は革也の居住地である。さらに、「須知町の岩崎秋月君に連れられて美女山という山のふもとの小さい料理屋で酒を飲んだ。その晩できた歌」として七首あげている。それらは革也宅に保存されていた。

既に四年白髪ぬきつゝ文を売る十二の骨を葬りしより後

堺の心には常にこの思いがあった。大逆事件で刑死した「十二人の骨を葬」ってから既に四年になる。その間売文を主に「雌伏」してきた自身を自嘲的に詠んだのである。堺は同年九月二一日付の革也宛書簡に、「先日偶成の歌、秋水遺物の詩箋に認め別封にて御笑覧に供し候」とあり、その一枚に先の歌が記されている。

同じ詩箋の一枚に、次のものがある。

松茸も栗もまだ出ず早稲の穂のわづかに黄ばむ丹波の初秋

丹波は松茸の名産地で知られている。革也が一九〇三（明治三六）年一〇月、または一一月に平民社に贈ったことは幸徳秋水の革也宛書簡に関してすでにふれた。

鬼ころばし、丹波の酒の強きに堪へず朝日ビールの淡きを選ぶ

「鬼ころばし」は「鬼転」と書く。革也の次男耕作（森本姓）が酒造業をしていたが、その銘柄であった。革也日記から「鬼転」を拾ってみると、一九三〇（昭和五）年六月一九日「土木道路主事のN氏（原文では名字のみ実名記載―引用者）へ鬼転酒三瓶を送る」、一九三二（昭和七）年一一月六日「鬼転（森本耕作酒売場京都市東山区縄手三条下ル木山穣氏ニて開店」、翌年三月一九日「桑船酒造品評会園部ニて開催　森本鬼転銘酒は（一等賞となる）」、同年八月二四日「午前中桧山ニ至る　森本耕作とともに鬼転酒の支店地を見分す（元須知銀行支店跡）」などがある。

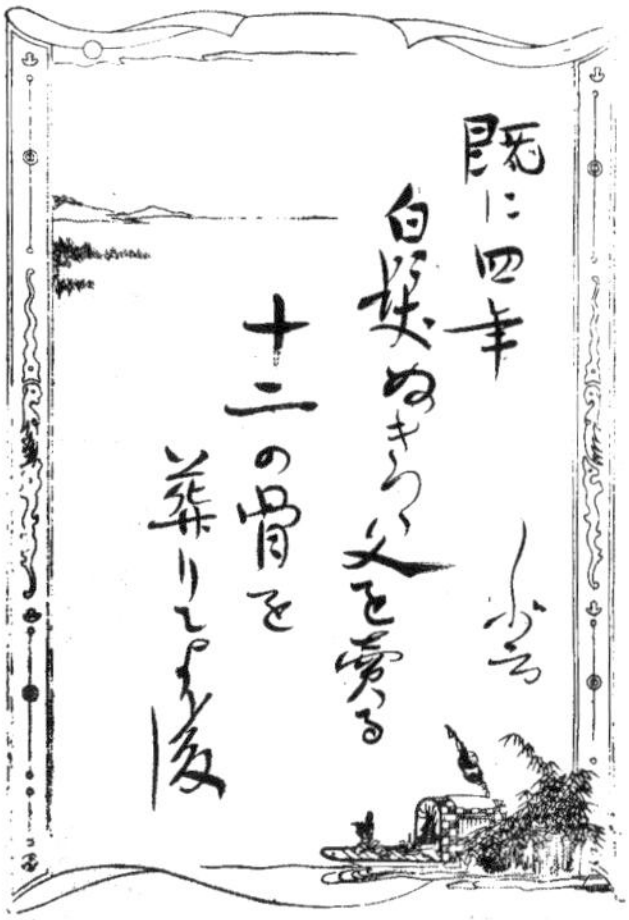

1914（大正３）年９月に堺利彦が革也宅訪問時の秋水詩箋に記した１枚

耕作の銘酒「鬼転」は大正時代に存在しており昭和に入ってよく売れたが、その後は破産したようだ。堺は「鬼転」を「丹波の酒の強きに堪へず」と評した。堺は酒飲みで少々の酒では酔うことがなかったと思われるが、「鬼転」は強い酒であったようだ。堺が歌に「鬼転」を記していたことで、この時の酒が森本耕作の銘柄で

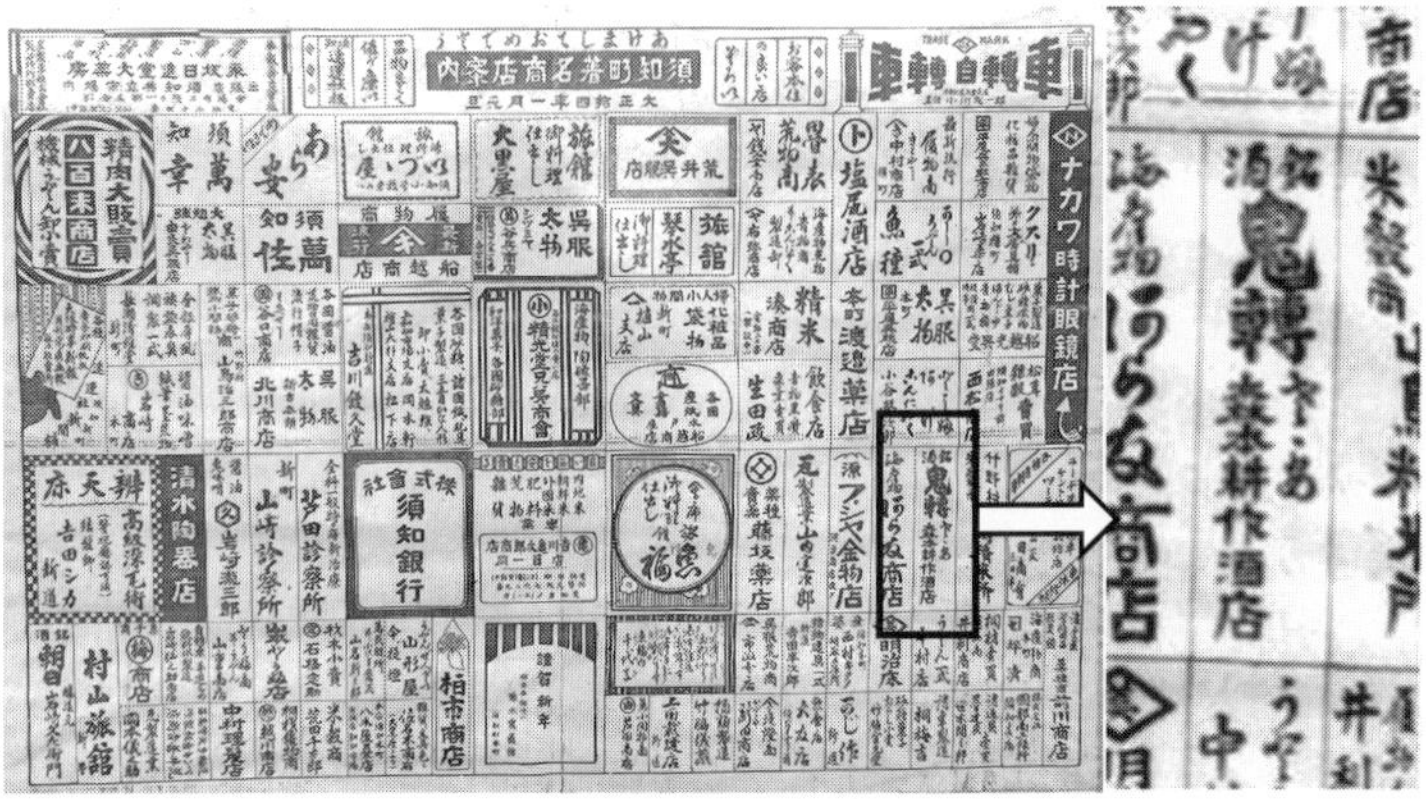

1925（大正 15）年の「須知町著名商店案内」（大黒屋提供）

あったことを知ることができる。

> 雑樹密生の庭、洞然として物なき室その真中にころがつて、昼寝をすればおこす人もなし

「雑樹密生の庭」とあるので革也邸の広い庭園を思い浮かべることになる。この歌は「美女山という山のふもとの小さい料理屋」でできたものではなく、革也邸に三、四日過ごしたある昼下がりに思いついた「歌」であったのではなかろうか。私には革也邸の調査で何度も邸内に入った印象と重なるのだ。

数日革也宅で過ごした堺は同月一四日の封書に、「お蔭にて旅費大いに豊富なるに依り一廉の紳士気取で沢文旅館に投宿」と記している。革也から「旅費」名目でかなりの寄金を得た堺は「紳士気取」に宿泊したのだ。

東京に帰った堺は九月二一日に革也に次の書簡を送った。

> （前略）一昨夜吉勝氏及絹子氏来遊、いろ〳〵丹波の話などいたし候　同日福田英子氏も来遊、悲喜取交ぜたるお話有之候（略）此頃毎朝きぬや味噌を味ひ居候、荊妻などは久しぶり関西風のシルをたべると申し大いに喜び居候（後略）

（原田久提供）

堺は「きぬや味噌」と書いている。『京都府議会歴代議員録』（一九六一年）に、岩崎家は「代々酒造業を営み「絹屋」と号した」（八五五ページ）とある。岩崎家は二〇一三年一〇月に撤去された。京都丹波岩崎革也研究会の会員原田久は取り壊し中を道路から撮影したが、その一枚に「絹屋酒店」と書かれたものがある。一八九八（明治三一）年「銀行業に専念するため酒造業を廃止」したため（太田雅夫『岩崎革也年譜』二四ページ）、酒造業としての「絹屋」はなくなったが、屋号としては残っていたのであろう。堺が革也からもらった味噌は岩崎家で造った味噌であったので、「きぬや味噌」と称したのではないかと思われる。

６　「主義の運動は下燃の策」で

一九一四（大正三）年一〇月二五日の葉書に、堺は「小生相変らず売文多忙、御憫笑被下度候」と書いている。堺は売文に多忙であってもそれに満足していないことがわかる。折りを見て社会主義者としての運動を展開したい思いが根強く存在していた。そのことは、同年一二月一〇日の堺書簡によく表れている。

細々とのお手紙拝見致候、如何にも大不景気の折柄何事にもあれ新規の目論見には好時期とも考へられず、殊に貴家御手元の御都合此際彼是御多事の段は万々承知致居候、即ち貴命の通り前便の計画は一先づ中止致候、然し余り長々の無為生活に倦み居候事故、小生の力限りにて何か極小規模の事でも思立つべきかなど考へ居候、いづれ来春拝眉万端可申述候、頓首　十二月十日夜

とし彦　秋月老兄

「小生の力限りにて何か極小規模の事でも思立つべきか」と記している。革也の送った書簡の返事であったであろう。「いづれ来春拝眉万端相申述候」とも書いている。堺は「思立つべき」ことをもくろんでおり、革也に資金要請をしたが、それに応じられない事情を革也は「細々と」書いていたのであろう。

一二月二五日付書簡に堺は次のように書いた。

歳末御多忙遙察致し候、売文生活も矢張り相応に多忙の事共有之、齷齪いたし居候。（略）今日は議会決戦の筈、いづれになりたりとて痛痒は感せず候へども、兎にかく政界の混濁腐敗、今更ながら呆るゝの外無之候、万朝の態度など殊に恐入りたるものに候　匆々　とし彦　岩崎革也様

十二月廿五日

ここでも売文生活は多忙で齷齪していると記している。「売文生活」がうまく進展している様子がうかがえる一方、堺は「議会決戦の筈」とも記している。同年一二月七日に大隈内閣は議会に二個師団増設案と軍艦建造案を提出した。二五日の衆議院は二個師団増設案を否決し、軍艦建造案は可決した。ところが、貴族院は衆議院が可決した軍艦建造案を否決したのである。このようなことは議会開設以来初めてのことであった（坂野潤治『日本近代史』ちくま新書、二〇一二年、および今井清一『日本の歴史二三』中央公論社、一九八四年）。堺は議会の結果が明らかになるまでに、「政界の混濁腐敗、今更ながら呆るゝの外無之候」と認め革也に送ったのであった。重大な政治情勢下、売文生活に甘んじているわけにはいかないと強く思っていたのだ。

翌一九一五（大正四）年一月二二日に堺は長い書簡を送った。最初に「小生相変らずグズ〳〵、売

文社は不景気ながら先づどうやらやつて居升」と書き、生活の心配はたいしたことがないと知らせた。堺は今まで社会主義者として具体的な運動を展開する時期を待っていたが、いよいよ到来しつつあるという認識を示す興味深い書簡なので、以下に引いておく。

（前略）今度馬場孤蝶氏（故辰猪氏の弟）候補の名乗を挙げかけて居るので、東京社会主義者有志よりも推薦の広告をちよつとやつて見ました、固より勝負を眼中に置く訳ではないのですが、こんな事で幾らか人の耳目を引いて置くも一策かと存じての事です、孤蝶氏はまだ純粋の主義者と云ふ訳でもありませんが、欧州近代文学の研究上自然その道に達して居る人です、若しこんな事が機会になつて、我々の演説会を開いたり、チラシを配つたりする事が許される事になると、それも大きに便利だと思つてゐます　大杉氏等の平民新聞も今度は禁止になりませんでした、別封にて一部御送り致し升、是も政府の手心の程度を幾らか探りあてた様で大きに便利でした　馬場氏推薦の広告は多分明廿三日の紙上に載ります、御一笑を乞ふ　来廿四日の晩には小生等の茶話会兼講演会を日本橋に開き、馬場氏も来て一場の講話をやる事になつて居ます、何のかのと云ふ中、多少の気運が動いて来ます　廿五日には例年の通り、同志数人と共に逆徒の墓を巡拝して歩く積りです　福田女史も毎度来遊、いつも御噂をして居升、匆々　二《ママ》月廿二日　とし彦　秋月老兄

同年二月一五日の書簡も馬場孤蝶にふれている。「馬場勝弥氏はいよ〳〵運動に着手され、小生等も内々援助いたし居候、近々友人中にて文集一巻を発行いたし、その収入を以て右運動費に充つべき計画など致居候、勿論当選は覚束なく存ぜられ候へども時に取つての一興と存し居候」とある。

馬場の選挙結果は三月三〇日付堺書簡に「馬場氏は僅かに二十票ばかり余りの不成績に一笑いたし

候」と書いている。当初からこの程度であろうとの予測であったのであろうが、「今回選挙の番狂はせ」とも記しているのでもう少し多数の得票を想像していたとも思われる。同書簡には「何分にも吾党の運動は、今後数年間、おもむろに下燃の策を講ずるより外之なくと存候」との感想が記されている。

同書簡はかなりの長文である。その冒頭と末尾に革也の長男平造の結婚に関することを次のように書いている。冒頭「春暖漸く相催し候、貴家御慶事も、いよ〳〵御と丶のひの御様子、千万御めで度存上候、英子君折角御奔走の事と遙察いたし居候」。末尾「御結婚式は東京にて御挙行の様にも承り候が果して如何にや」。なお、四月二日の葉書に「御婚儀いよ〳〵近くに御挙行のよし、千万おめで度存上候」とある。他の堺書簡からも婚礼日がいつであったかはわからない。太田雅夫は二人の結婚について次のように記している（『岩崎革也年譜』）。

5―頃　福田英子の媒酌により長男平造、藤井轄爾（岡山黌中学校長―原注）の長女和子と結婚。（略）革也出席せず「平和の結婚を祝す」（平造の平と和子の和の結合で平和―原注）と打電。

五月福田英子の媒酌で東京の岩崎吉勝宅で挙行されたが、革也は出席しなかったとある。堺は平造の十代のころから面識があった。

7　革也、『新社会』発行に援助したか

先に引いた堺の一九一五（大正四）年三月三〇日の長文書簡には、「扨小生等雑誌の計画もいよ〳〵此際を以て着手いたし候、来五月の臨時議会以前に於いて初号発刊の運びに至らせ度ものと存じ、目下色々考案いたし居候、それにつき昨年来の御厚志に甘え、改めて茲に御相談申上候」とあっ

た。堺は新たな雑誌の発行に向けて準備を進めていたのだ。堺が発行を続けていた『へちまの花』の新聞形式を同年六月号から雑誌形式に変えた。同年八月の一九号に「『へちまの花』は本号を以て最終」とし、次号から『新社会』に改題するとの広告を出した。

この雑誌計画を実現するには「保証金」が必要だ。堺は同書簡（三月三〇日付）に「成るべくは東京を発行地といたし度、さすれば千円の保証金入用と相成候、老台に於いて若し此際右金子御調達成下され候ハヾ、一も二もなく直ちに其分にして準備に着手いたし申すべく候」と書いている。革也に千円の保証金調達を願い出た。「万々一、債券類にて御貸与下され候事共相叶ひ申す間敷哉、さすれば運動資金の百や二百は小生の工夫にて何とも相成申すべく、諸事困難なく進行いたすべくと存居候」とも記した。また、予定の保証金ができなければ横浜または川崎を発行地にすれば保証金が五百円ですむと言いつつも、それであれば東京からの交通費をはじめ諸費を要するのでやはり東京で発行したいとも言っている。「猶五月初旬発行とすれば、其の二週日前、即ち四月十五日迄には保証金納付の必要有之候間それも御承知置下され度候」と書いているので、『新社会』の初号を五月に発行する予定にしていたのだ。

革也は堺の雑誌発行保証金要請に応えたか。堺はこの書簡の二日後、四月二日付葉書を送った。そこには「園部よりの貴書拝誦折角御心寄の段、感謝の外無之、猶切に御雄飛の時を翹望いたし居候」とある。革也は堺の要望に応えなかったのだ。革也は経済状態その他の理由を挙げて断ったと思われる。七月三〇日の葉書で堺は、「雑誌の改題や何かで此暑中を最も忙がしく過して居ります」と多忙をきわめている様子を革也に知らせた。

堺は同年八月七日の封書で再び寄付依頼をする。

啓上　いよ〳〵「新社会」の件、発表いたし目下彼是準備中に有之候　然るに例の保証金の件、種々工夫の上、大抵相まとまり、一週日中に納入の手筈に致居候処、矢張どうしても二百円だけ不足いたし、茲に止むを得ず重ねて吾兄に急訴する次第に候、毎度ねだりがましく申上憮々御うるさき事とは存候へとも、右の事情御諒察の上、此際右額だけ御恵投下され候ハゞ真に大幸に存候。先般御申聞の次第も有之、今度は如何様にもして小生の手限りにて都合いたし、吾兄には改めて他日の御援助を仰ぐべくと堅く決心いたし居候処矢張り斯様の次第と相成、何共汗顔の至に存候、御憫笑被下度候　何分にもよろしく願上候　折返し貴答切望いたし候　頓首　八月七日

とし彦　秋月老兄

革也が保証金を断ったため堺は他に要請をしたが、「二百円だけ不足」なので「御恵投下されたく」と願い出たのだ。

八月一五日の堺書簡は二百円の要請にも革也が応えなかったことが記されている。

御懇篤なる貴書拝見、毎度心なき事申上、恐縮の至、保証金の件、今日まで未だ決定に至らず、こゝ両三日中の形勢に依り、止むなくんば横浜を発行地に致すかも知れません、然し多分は何とか東京発行に漕ぎつけたきものと、大いに工夫画策をこらして居ります、いづれにしても兎にかく発行には差支へません、御放心をいのる、吾兄の大いに捲土重来せんことを翹望しつゝ　八月十五日　とし彦　秋月老兄

堺は革也に「御放心をいのる」と寄付依頼を諦めたことを述べたが、なんとか発行できる算段が堺にはあったのだ。当初千円を、これが駄目だったので二百円になり、最後には依頼そのものを撤回したのであった。革也は自家の経済状態を説明し堺はやむをえないと判断したのであろう。この年革也

には家督相続事件があった。太田雅夫は「（大正四年）初夏『情往興来帖』に江木衷（冷灰）の書あり、江木来宅。江木に家督相続事件の弁護士を依頼す」と記している（『岩崎革也年譜』三四ページ）。家督相続事件なるものがどのようなものかわからないが、弁護士を依頼し解決にあたらなければならなかったようだ。金銭的に解決することもあるなら多額になり、堺の『新社会』発行の保証金を拠金することができなかったのであろう。江木衷は一八五八（安政五）年生まれ、一九二五（大正一四）年死去の法学者であり、弁護士であった。外務省参事官や内務大臣秘書官など政府要人としても活躍した。日本で最初に弁護士になった一人でもあるという。

革也は堺の保証金要請を結局断ったが、二度断りの葉書を出していたことが、次のような堺の八月一二日葉書で知ることができる。

両度の御葉書拝見、ご親切の御処置ありがたく御礼申上升　大人には毎度勝手の難題ばかり持ちかけ、弥々恐縮に存して居ります、お序でもあらば宜しく御執成願上升　匆々頓首

翌年一九一六（大正五）年六月九日の封書は次のようなものである。

久しく御無沙汰、多罪々々高畠氏への貴書拝誦、新社会六月号は禁止になりましたが、其前に発送したので御落手下された事と信じて居りました、今日更にヒミツに発送いたします、（略）先達て福田女史より伝承する所によれば、訴訟事件再起のよし、其後如何の後始末にや、無事解決の事とは察して居りますが、　匆々　六月九日　とし彦　秋月老兄

革也の家督相続事件はまだ解決していなかったことがわかる。複雑な問題を持っていたのであろう。この件につき革也は多額の金銭を失ったのでないだろうか。確かに経済的に余裕がない頃ではあったが、堺の度重なる支援要請に応えることができなかった事情があったのであろう。堺もその事情がわ

かり、やむを得ないと判断したのであった。

だが、『特別要視察人状勢一斑第六』（内務省警保局発行『社会主義沿革1』みすず書房、一九八四年、四五五ページ）には、

岩崎革也ハ表面注意ヲ要スル言動ナキモ在京堺利彦ト親交ヲ結ヒ同人ニ対シ時々運動資金ヲ供給シ居ルモノニシテ同人カ大正四年九月一日ヨリ従来発行セル雑誌「へちまの花」ヲ「月刊新社会」ト改題発行スルニ当リ之カ保証金ノ幾分ヲ貸与セリ

と書かれている。どの程度の「保証金ノ幾分」を貸与したのかは官憲も内偵できなかったようだ。これが事実かどうか確認できない。提供があったとすれば堺は必ずその礼を書簡に記したであろう。革也も堺も提供事実を何も書いていない。『特別要視察人状勢一斑第六』の「凡例」によると「本編ハ大正五年五月一日迄」を叙述対象にしている。革也日記はその翌年の一九一七（大正六）年から遺されていたため、『月刊新社会』発行時の記載がないのも当然である。

ところで、先の堺書簡は『新社会』六月号が発行禁止になったとある。『特別要視察人状勢一斑第七』は堺らの『新社会』の「性質」を、「堺ノ機関ニシテ頒布区域全国及海外ニ亘リ伝道並同主義者ノ連絡ヲ目的トセルモノニシテ記事ハ極メテ遠慮シテ禁止ノ厄ヲ免レンコトニ苦心シツ、アルモ此ノ種類ノ雑誌中最モ注意スヘキ同志者ノ中心機関タリ」とその特徴を述べている（四八二・三ページ）。同『一斑第七』は『月刊新社会』に関して、「雑誌ノ内容ハ依然山川、高畠等ト共ニ毎号主義的記事ヲ掲載シ又広ク同志ノ寄稿及消息ヲモ掲ケテ主義ノ宣伝及連絡上ノ機関ニ供シ大正五年六月一日発行第十一号、同九月一日発行第三巻第一号（以下四号分あるが略――引用者）何レモ発売頒布ヲ禁止セラレタリ（同前書、四八八ページ）。

六月九日の堺書簡にあったように、また『一斑第七』に書かれていたように、「新社会六月号は禁止」になったのである。発禁になる前に革也に送ったが、「今日更にヒミツに発送」するとも書いていた。革也が秘密に落手する方法があったのであろうか。『一斑第七』には全国の中心的な社会主義者として六二人の個人名が列挙されている（在米主義者を除く）。続けて「前記ノ外注意ヲ要スルモノ」として三七人を挙げているが、その一人に「京都岩崎革也」とある。官憲が視察対象者としていた革也には書簡の開封や尾行がつけられていたため、「ヒミツに発送」しても確実に手にすることができたかは疑問だ。

大正五（一九一六）年七月一二日付堺書簡は妻が吉勝夫婦を訪ねたことを記している。

（前略）数日前、愚妻、吉勝氏の宅を御訪問いたし、絹子夫人とゆる〳〵お話いたしたる由、赤ン坊も頗る御成長にて可愛らしざかりと承り候、一度、老兄にも初孫の顔見に御上京ありては如何に候哉、小生も久しぶり拝顔を得たく、色々ご教示を仰ぎたき事共も有之候　園部辺の御風流は近来如何の御消息にや、先年参上の節、麗姿に接するを得ざりしを深く遺憾に存居候、呵々

七月十二日　とし彦　秋月老兄

革也の初孫（一雄）は前年九月六日に誕生した。生後一〇カ月が経過しているが、革也は東京ではまだ対面していなかったようだ。しばしば上京することの多かった革也の足も遠のいていたのであろう。堺が革也宅に「先年参上」したのは二年前の九月中頃であった。その折りは「須知町の岩崎秋月君に連れられて美女山という山のふもとの小さい料理やで酒を飲んだ」（前引堺のことば）のであったが、「麗姿に接するを得」なかったのだ。今度参上したら園部あたりで是非との思いが表出されていて堺の一面を表している。

同年一〇月二二日の書簡に、堺は「事件落着のよし慶賀候」と記している。革也の家督相続事件のことが「落着」したというが、そもそもこの「事件」の具体的な内容は不明といわざるをえない。

8 『新社会』発行と堺の衆議院選挙立候補

すでに述べたように、堺は『へちまの花』を改題して、一九一五(大正四)年九月に『新社会』初号を発行した。堺は巻頭に自分たちの立場を、「先は落人の一群が山奥の洞穴に立籠つて、容易に敵の近づけぬ断崖を恃みにして、蕨葛の根に餓を凌ぎ、持久の策を講ずると云ふ、みぢめではあるが、且は聊か遠大の志しを存する、義軍の態度であります」と述べている。だが、大逆事件後の困難な時代であったが、「持久の策を講ずる」態度に飽き足らない青年たちもいた。

山川均は『新社会』発行数号後、その編集に携わることになる。堺利彦に身近に接することになった山川は、

大杉君の周囲には、少数ではあるが、新しい無政府主義的傾向の青年たちが集まっていた。しかし運動の主流はといえば、やはり『新社会』によって受けつがれた。というのも『新社会』に発表される意見が多くの同志の支持をうけたということよりも、運動の生みの親として、またどのような苦難の時期にも我々の陣営を見すてなかったただ一人の大先輩としての、堺さんへの信頼のためだった。

と記している(『山川均自伝』岩波書店、一九六一年、三五九ページ)。堺に対する信頼が厚かった。

ところで、堺利彦は一九一七(大正六)年一月に衆議院総選挙に立候補を表明し、運動を展開した。『特別要視察人状勢一斑第七』に次のように記されている(四八八ページ)。

堺は第三十八回帝国議会（注略）カ大正六年一月二十五日ニ至リ衆議院ノ解散トナルヤ直ニ東京市選出立候補ヲ発表シ翌二十六日ヨリ数種ノ新聞ニ「日本社会党有志」（注略）ナル名義ヲ以テ堺ニ対スル推薦広告ヲ出シ（注略）山崎今朝弥、吉川守国、高畠素之、渡辺政太郎、和田久太郎（注略）等ノ同志ヲ運動員トナシ市内及地方在住ノ重ナル同志ニ運動費補助方等ノ依頼状ヲ差出シ一面市内ニ於テハ二月二日「社会党　選挙運動の檄」ト題シ富豪資本家ノ権勢隆々タルヲ説キ現在政党ハ富豪資本家ノ政党ナルヲ述ヘ真ノ自由民権ノ主張サル、ハ衆議院ニ社会党議員ノ現ハレタル後ナルコト等ヲ掲載セル印刷物（注略）及「社会党宣言」ト題シ（略）配布シタルヲ始メトシ（後略）。

官憲が記録した堺の選挙運動中の「社会党選挙運動の檄」の現物が堺の革也宛書簡中に存在する。それは一九一七（大正六）年二月一日付の封書中にあった。そのビラ（「月刊新社会　号外　社会党選挙運動の檄」）の左端に「右之通り第一戦開始、よろしく御声援を乞ふ　秋月様」と堺は書いている。その封書直前の葉書（同年一月二九日付）に「宣言書数万部を市中に配布する筈、只軍費の欠乏を憾む、若し吾兄の援助を得ば幸甚」と記していた。だが、革也は堺の選挙運動資金を拠出しなかったようだ。革也の『日記』は保存されていたものとしてはこの年（大正六年）からのものである。堺が立候補したことについては記載がない。関連記事としては「一月廿五日　帝国議会は国民党外二党ヨリ不信任内閣ノ提出案ヲ上提セシタメ解散トナレリ」とある。

革也は国民党の党員であったが、いつ入党したのかは不明である。国民党に所属していた犬養毅は革也宅を二度訪問している。一度目は一九一〇（明治四三）年春であった。二度目は一九一三（大正二）年の秋であった。交通不便な丹波の須知を二度にわたって訪問する犬養は革也に政治的にも思想

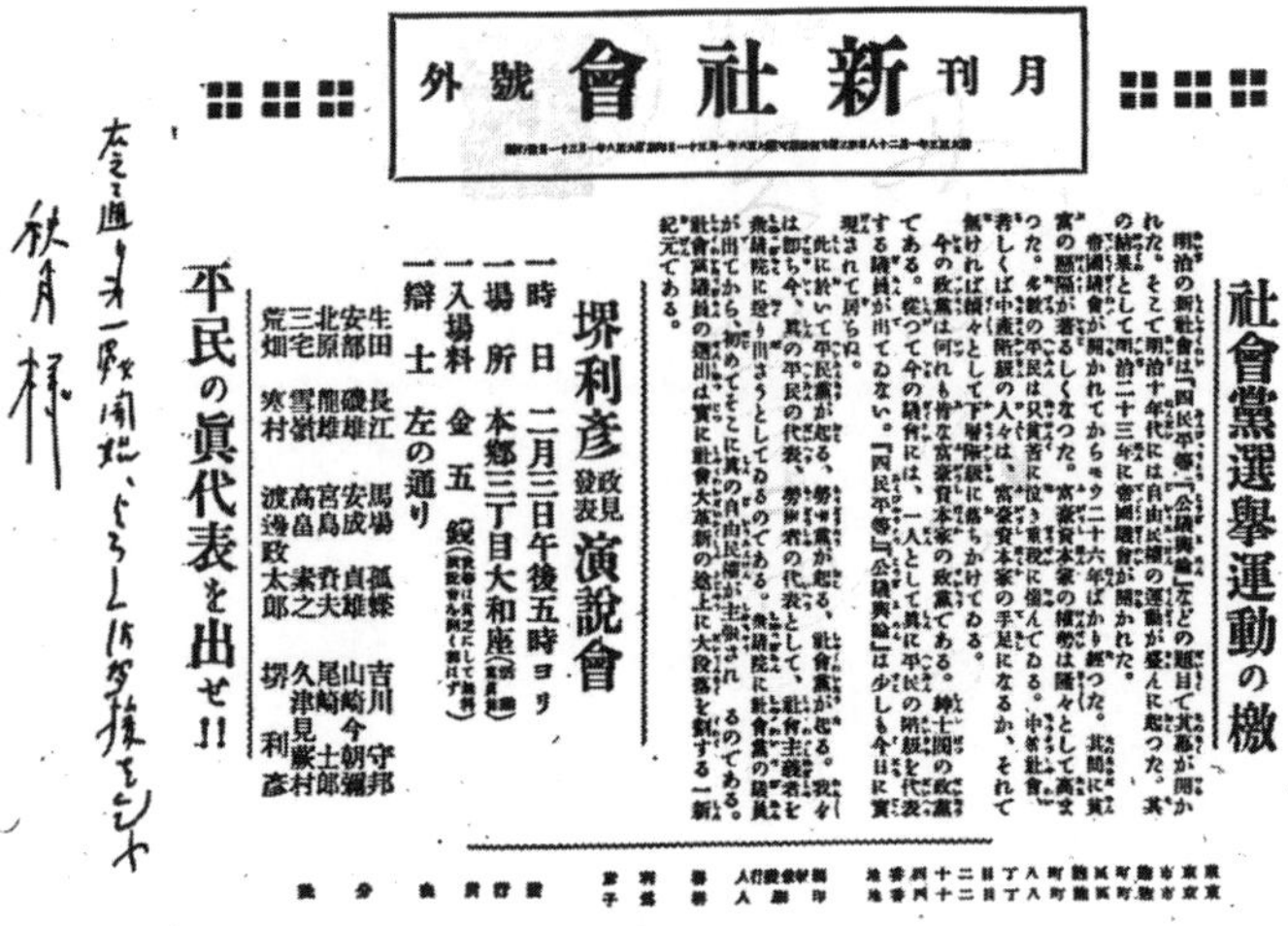
月刊 新社會 號外

社會黨選擧運動の檄

明治の新社會は「四民平等」「公議輿論」などの題目で其幕が開かれた。そこで明治十年代には自由民權の運動が盛んに起つた。其の結果として明治二十三年に帝國議會が開かれた。

帝國議會が開かれてから今や二十六年ばかり經つた。其間に貧富の懸隔が著るしくなつた。富豪資本家の權勢は隆々として高まつた。多數の平民は只貧苦に泣き重税に惱んでゐる。中等社會若しくは中產階級の人々は、富豪資本家の手足になるか、それで無ければ續々として下層階級に落ちかけてゐる。

今の政黨は何れも皆な富豪資本家の政黨である。紳士閥の政黨である。從つて今の議會には、一人として眞に平民の階級を代表する議員が出てゐない。「四民平等」「公議輿論」は少しも今日に實現されて居らぬ。

此に於いて平民黨が起る、勞働黨が起る、社會黨が起る。我々は即ち今、眞の平民の代表、勞働者の代表として、社會主義者を衆議院に送り出さうとしてゐるのである。衆議院に社會黨の議員が出てから、初めてそこに眞の自由民權が主張されるのである。社會黨議員の選出は實に社會大革新の途上に大段落を劃する一新紀元である。

堺利彦 政見發表 演說會

一時日 二月三日午後五時ヨリ
一場所 本鄕三丁目大和座
一入場料 金五錢
一辯士 左の通り

生田長江 馬場孤蝶 吉川守邦
安部磯雄 安成貞雄 山崎今朝彌
北原龍雄 宮島資夫 尾崎士郎
三宅雪嶺 高畠素之 久津見蕨村
荒畑寒村 渡邊政太郎 堺利彦

平民の眞代表を出せ!!

秋月様

堺利彦衆議院総選挙立候補『新社会』号外。1917（大正6）年2月1日付革也宛堺書簡に同封されていた。左端に秋月様とある。

的にも親近感を抱いていたと思われる。二人の交流がいつ生じたのかはわからない。犬養毅は社会主義弾圧に対して批判的で、一九〇八（明治四一）年に次のように述べていた。

「社会主義と云ふと、今の当局者は無暗に恐わがって、この主義に向って有ゆる手段を尽して非常に峻厳なる検束を加へる。然し今日日本の所謂社会主義なる者が、果してそれだけ恐るべきものであるか如何か、これは大に考物ではあるまいか」、「今の当局者は、社会主義とさへ云へば糞も味噌も一つに見て、所謂一網打尽にして了ふ傾があるが、之は実に宜しくない遣り方だ」と批判をしていた。また、「社会の経済組織の変動に連れて、下層細民の生活は、益々困難になる。実に悲惨極まる話で、何とか之に対しては救済の方法を講じて遣らねばならぬと思ふ」とも述べている。そして、現在の日本はその救済策が立てられていないと批判を加えている（川崎克編『木堂政論集』、鷲尾義直編『犬養

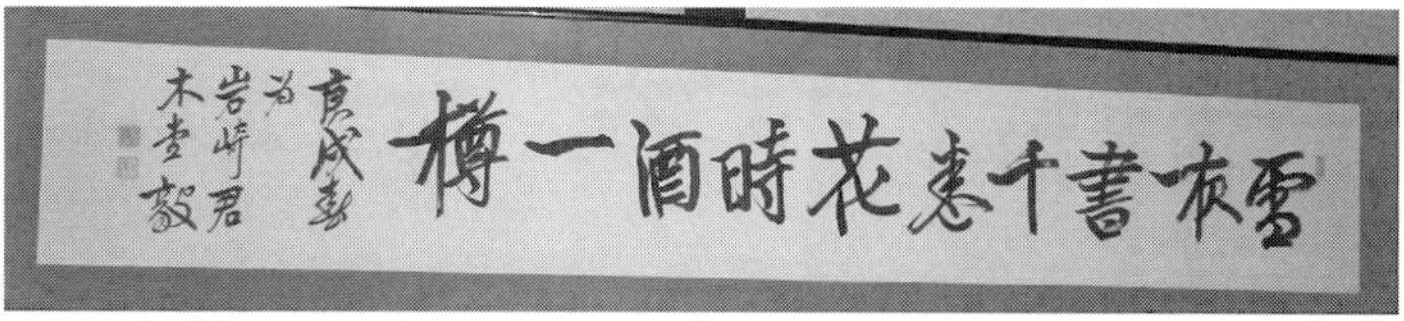

犬養毅 1910（明治 43）年春「雪夜書千巻花時酒一樽」と揮毫

木堂伝』所収、東洋経済新報社、一九三八年、復刻版原書房、一九六八年、八二七～八三二ページ）。

犬養のこれらの発言は、社会主義に対する政府の弾圧を非難し、零細民の生じている現状から社会主義的政策を採らざるを得ない側面がありながら、それをしない政府への批判がうかがえる。犬養には社会主義者の一面を持った革也に相通じるものがあったのである。岩崎革也は日本の政治に直接大きな影響力を持っていた犬養に親密さを感じるとともに、犬養も革也に親近感を抱いたのであろう。だから、犬養はわざわざ片田舎の須知に二度まで足を運んだのであった。岩崎邸で犬養は二度とも揮毫しているが、一度目は一九一〇（明治四三）年の春来宅したときで、揮毫は「雪夜書千巻花時酒一樽」であった。二人で「酒一樽」を飲む間柄であった。革也はその犬養との交流を通じて入党したのかもしれない。

だが、革也はその国民党を脱党する。一九一七（大正六）年三月二九日の『日記』に、「三月廿六日付ヲ以テ国民党籍ヲ退党セシ届書ヲ支部長石原半右衛門氏迄提出ス」と記載した。石原は現南丹市で出生。一八九〇（明治二三）年以後一九〇二（明治三五）年まで五期にわたって衆議院議員であった。

さて、この年（一九一七年）四月に総選挙が闘われたが、革也は木戸豊吉候補の応援をしていた。「四月十六日亀岡町ニテ木戸候補推選演説会出席」、「（四月）十八日北桑田郡周山へ推撰演説会ニ出席一泊の上十九日午后三時帰宅ス前川善吉氏同行」、「廿日愈撰挙当日」、「廿二日夕刻判明　木戸次点二、五六〇」「75点差木戸落撰」と記している。総選挙に深い関心を示すとともに運動にも参加していたことを知ることができる。しかし、堺利彦の選挙に関しての記述は見られない。

堺利彦の総選挙得票はわずか二五票に過ぎなかった。官憲の前掲書は「開票ノ結果ハ単ニ二十五ノ得票アリタルニ過キサリキ」と記している（『状勢一斑』四八九ページ）。惨敗であったのだ。革也は今までの堺との交流から見れば感想の一言もないのは疑問とせざるを得ない。後にふれるが一九二九（昭和四）年に行われた東京市会議員選挙に堺が立候補した際は、運動費を拠金しているのでその思いが強い。

堺は一九一七（大正六）年六月二五日に売文社に関して、「弊社こと、今回業務拡張のため組織を改めて合名会社」としたことを知らせる印刷葉書を革也に送っている。それには移転先等を記し、社長堺利彦、理事高畠素之、理事山川均とある。一二種類の営業科目も記してある。

堺は同年七月二九日付葉書に、「酷暑の下、猶ほ衣食の前に労働す、然しながら亦々、晩来少酌の余裕なきにも非ず、幸ひに御放神をいのる、其中、久しぶり御東遊の意なきや如何　七月廿九日夕」と記し革也を安心させている。革也が堺の経済状態を心配する書簡でも送っていたのかも知れない。

9　兆民の絶筆 入手できず

『特別要視察人状勢一斑第七』にある兆民絶筆に関する内偵内容は、革也と幸徳駒太郎の両者についての記述箇所に次のようにある。まず「第四　各地ニ於ケル要視察人最近ノ言動」の「(イ)内地在住者」の「(4)京都」と「(13)高知」の二カ所に同様の記事がある。

(4)京都　岩崎革也ハ大正五年三月中高知在住幸徳駒太郎ヘ宛電報為替ヲ以テ金百円ヲ送リ同人ノ保存セル故中江兆民カ幸徳伝次郎ニ与ヘシ「経国大要普及政事　贈幸徳秋水、兆民浪人」ト書シアル軸物ヲ購求シタル外時ニ同志ノ訪問ヲ受ケ（以下略、なおカッコ内注を略した。同前書、四九六ページ）。

(13)高知　幸徳駒太郎（薬種商、新聞発行人、陰謀事件刑死者幸徳伝次郎ノ義甥—原注）ハ大正五年三月中京都在住岩崎革也ヨリ電報為替ヲ以テ金百円ノ送付ヲ受ケ自己ノ保存セル故中江兆民カ幸徳伝次郎ニ与ヘシ「経国大要普及政事、贈幸徳秋水、兆民浪人」ト書シアル軸物ヲ同人ニ売渡シタリ（カッコ内注を略した部分あり。同前書、四九九ページ）。

二つとも同一内容である。まず、官憲の兆民絶筆の揮毫内容は、正しくは「原文、文章経国大業不朽盛事、為幸徳秋水兄、兆民老人」と『一斑第七』編者である松尾尊兊は注している。

本稿で取り上げる「駒太郎」は幸徳家系図に同名がある。大原慧著『幸徳秋水の思想と大逆事件』（青木書店、一九七七年）に次のように記されている。関連部分のみを引く。

富治は「明治二十四年九月十六日生」。大正二年八月二十六日、駒太郎死去（八月十九日）にともない駒太郎を襲名。同年九月十三日「幡多郡中村町大字中村町九百六十三番地、戸主幸徳幸衛従弟分家ニ因リ戸主」となった。大正三年一月二十二日「幡多郡入野村千谷則智・益ノ二女菊美」と婚姻、一子三春（大正三年一月十六日生）をもうけたが、翌大正四年四月十三日「協議離婚」。大正十四年四月、駒太郎名をふたたび富治と変更。昭和四十二年五月二十三日没（傍点ママ、六六・六七ページ）。

このことから、幸徳駒太郎本人死去後の「駒太郎」は「富治」であり、それは一九二五（大正一四）年四月まで継続したのであった。革也宛幸徳駒太郎書簡のうち最初の挨拶状を除き、すべて富治のものであったことになる。以下に記す駒太郎は富治のことである。

さて、幸徳駒太郎は革也宛書簡一九一五（大正四）年七月二〇日付に次のような「絶筆」であったと書いている。秋水の表書きもある。なお、岩崎革也宛幸徳駒太郎書簡は全二一通である。当書簡を南丹市立文化博物館と京都丹波岩崎革也研究会とが共同で解読作業を行ったものにもとづいている（『岩崎革也宛書簡集Ⅱ』二〇一九年三月、同館発行）。

幸徳駒太郎が所有していた兆民自筆の絶筆を革也が求め、百円を電報為替で送ったが結局革也の手に入ることはなかった。その事情を官憲は詳細には把握していなかったのである。

幸徳駒太郎は革也に兆民絶筆を持ちかけ百円を手に入れた。駒太郎はさらに金を得ようと間なく次の話を持ちかけたのである。同年八月二日の駒太郎書簡は末筆部分に次の取引を述べている。

（前略）小生としては新聞社創立の一分子として参百円の責任を有し居り候間、目下小生の有する秋水の大軸及ビ続一年有半の原稿等も送附致すべく候間、何卒〳〵小生の窮状御推察の上御援助相願ひ度叩頭百拝、貴下の御仁侠に甘へ申す次第に候。甚だ申し上げかね候へ共、右宜しく願上候。匆々多拝　八月二日　土佐中村　幸徳駒太郎　岩崎革也様　机下

中江兆民は一九〇一（明治三四）年四月に喉頭癌のため、医師に余命一年半と言われた。兆民は医師の言を自身の著に『一年有半』として病床で執筆した。幸徳秋水はこれを九月に出版した。さらに兆民は苦しい病床ながら九月一三日から一〇日ほどで『続一年有半』を書き上げた。これも秋水は一〇月に出版した。兆民は病床苦しむ中で二著を書き上げたのであった。極めて強い意志がなければできないことだ。

革也の蔵書には兆民の両著がともに蔵されていた。革也は一九二二（大正一一）年四月一九日の『日記』に、「読（兆民先生）追懐秋水君す」と記した。『兆民先生』は幸徳秋水が一九〇二（明治三五）年五月に執筆し、博文館から五月二八日に発行された。わずか二一ページで定価二〇銭であった。秋水著に革也は触発されたのであろう、間なく『一年有半』を読み終えた。翌二〇日に「哲学書研究に耽る」と記す。『続一年有半』はまさに哲学書であって読み流すことはできず「研究に耽」ったのである。幸徳秋水は同著の「引」に「続一年有半、一名 無神無霊魂は、兆民先生が、其哲理的所見の一斑を説示せられたものである」と記していた。革也は続いて二一日にも「続一年有半を哲読す」と記している。革也がそれ以前にそれら兆民著を読んだかはわからない。

ところで、革也は幸徳駒太郎から兆民著『続一年有半』の原稿購入を勧められて結局注文した。先に兆民が秋水に書き与えた絶筆取得のため百円を送金したのに入手できなかった。今度の兆民著書原稿も同様の結果になるのではないかとの疑問が革也にあったであろう。革也の妻がおそらく革也の意を受けて、駒太郎を非難する書簡を送ったと思われる書簡がある。先の書簡の一〇日後の八月一三日に革也宛に送った駒太郎葉書が次のものである。

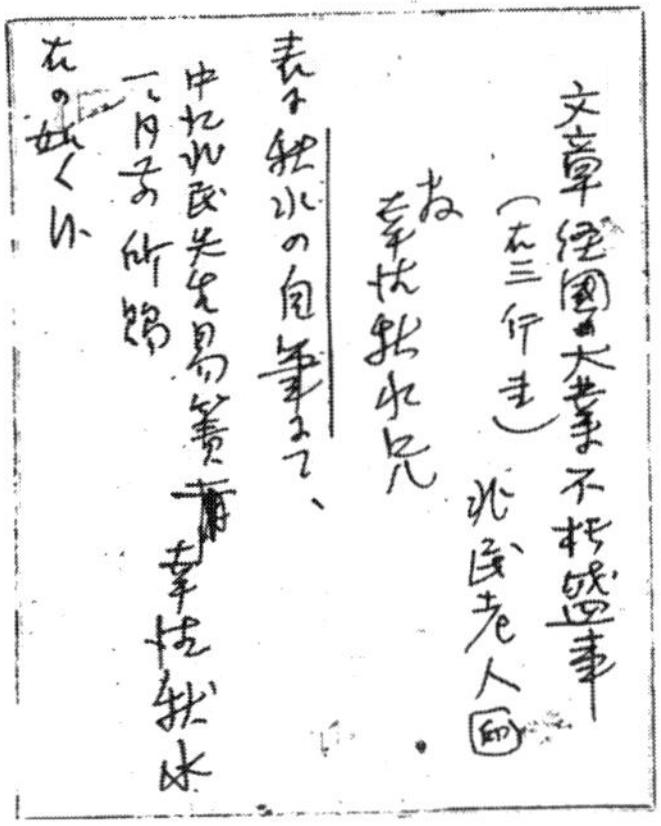
文章経国之大業不朽盛事
兆民老人
為 幸徳秋水兄

1915（大正4）年7月20日付
革也宛幸徳駒太郎書簡

> 省冠　御家内様よりの御端書に接し遂に于生の嘆願は水沫に消へ去りしを承知致し鶏肋の感に不堪候。如何程にても貴下に御落掌相願へは幸甚此上なかりしに万事意の不如は人生の例に候。啻万腔

の誠意を以而御配慮の儀多謝奉り候。怱々

翌年の一九一六（大正五）年二月一八日の駒太郎書簡は、革也が兆民筆入手の注文したことが記されている。関連部分のみ引く。

（前略）御芳墨拝受多謝候。（略）御申越の兆民先生の筆、早速承知仕り候。先生の遺墨の貴下の手中に入らるゝは是に小生の希望耳ならず故秋水も満足の事と存じ候。（略）右御返事申上候猶、兆民先生の小形（ハがき類）筆跡数枚有之候間、一枚だけ別に添附可致候。怱々（後略）

革也は駒太郎から兆民絶筆購入を持ちかけられ百円を送ったが現物は届かない。ところが、またしても革也は兆民の原稿を勧められて注文したのだ。よほど兆民の遺物を入手したかったことがわかる。同年二月二六日の書簡に駒太郎は「半金丈前金に願ひますれば私の方は好都合です」と記している。革也が百円送ったことは駒太郎の三月五日書簡に、「只今金壱百円正に拝受致し候」と記している。だが、現物は届かず駒太郎があれこれと言い訳をするばかりであった。言い訳の一つは堺利彦にかかわっている。

一九一八（大正七）年六月四日の駒太郎書簡は長文である。その追而書に、「堺さんからの手紙を封入致します。一寸読むと野依から軸物をかへして呉れぬ様ですが、夫うではない証拠があります」と記し、堺の同年二月一三日の富治（駒太郎のこと—引用者）宛書簡を封入していた。堺書簡は一九一八年二月一三日付で、封筒宛名は「土佐、ハタ郡中村町　幸徳富治様　親展」、差出は「東京麹町八ノ廿四　堺利彦」とある。本文はやや長い。

毎度、頂戴ばかりしてゐて恐縮の至りに存じます、数日前、普通選挙運動でチヨツト一騒ぎやつたが、警察の方がウワ手で滅茶々々に潰されて了つた。それから忘れてはゐないが、ツイ折がなくて御無沙汰に打過ぎてゐた一件がある、外でもない例の軸物の事、あれは買主がヤハリどうしても返して呉れない、そこで甚だ相済まぬが代金の五十円を御返送するより外はない事になつてゐる、所が実を云ふと、其の五十円が今は手元にない、売文社財政困難の折、ツイ其方に融通した所、中々社のケイザイがそれを返済する程の余裕を生じないので、ツイ〳〵其儘になつてゐる、然し其中必ず都合をつけて御返済しますから今しばらくの所、何卒御猶予を願ひます。

（一枚目の余白に駒太郎による次の追而書がある──引用者）

此の手紙に依ると買主が戻さぬとありますが、最初戻すから金を送れと云ふて来たから貴下に相談して前金を願ふた次第です　比外に戻すと云ふ野依のハガキもありますが、私の方に必要ですから之れ丈御目にかけます　二月十三日夜　とし彦　幸徳富治様

兆民絶筆は幸徳駒太郎の手をはなれ野依秀一が持ったままであったと太田雅夫『岩崎革也年譜』がその経過も含め次のように記している（三四ページ）。

（一九一六〈大正五〉年三月五日──引用者）、幸徳駒太郎に兆民絶筆の書購求のため、電報為替で前金一〇〇円を送金する。しかし、駒太郎は創業費の一部として、堺を通じて「実業之世界社」野依秀一より五〇円借入し、兆民の書は野依の手中にあり、革也の前金より五〇円を堺に送金したがなかなか返却せず、堺もその五〇円を経営難の『新社会』に借用した。結局、兆民の書は革也には渡らず、野依がもったままになる。

幸徳駒太郎は革也に約束を果たせない理由を堺書簡を同封することで示そうとしたが、堺が関係していなくても同様の結果になったのでないかと思われる。

駒太郎は革也に先述したように、第二回目の取引を持ち込み、革也は応じた。だが、その取引でも

革也はまたしても百円を失う結果であったのだ。革也宛駒太郎書簡は全二一通であったが、その最後は一九一九（大正八）年六月一五日の葉書であった。「差出」は「東京市外淀橋町字柏木三百五十三番地　月桂堂易断所　細木之伴方（略）十五日朝」とある。末筆に「兆民先生の書について先生に此際受取れるやう相談いたしました。イサイ後文　幸徳生」とある。だが、「イサイ後文」は一通も送付されず当葉書が革也宛書簡としては最後となった。

結局、革也は二回にわたって計二百円を送金しながら、兆民絶筆をはじめ『続一年有半』の原稿等一切受け取ることはできなかったのだ。

ところで、駒太郎が堺に初めて会ったのは堺が大逆事件刑死者遺族の慰問に訪れた時であった。それは一九一一（明治四四）年四月二二日であった。『特別要視察人状勢一斑第三』に、「二二日幡多郡中村町ナル幸徳伝次郎ノ義兄幸徳駒太郎方ニ投宿爾来同家ニ滞在」と記されている（前掲書、二二二ページ）。再会したのは駒太郎の葉書にあるようにあれから九年目であった。直接堺に会い例の兆民絶筆に関する請求を強く行ったのだ。堺がその後駒太郎の求めに応じたかどうかは不明である。しかし、本来駒太郎にわたるべき五〇円を返却しないまま長期間（四年目）が過ぎたわけなので、野依とともに堺に大きな責任があった。駒太郎はその経過や対応などを事細かに書簡で何回も革也に知らせていた。革也は直接堺にその件でふれることはなかったが、内心当惑していたのではなかろうか。だが、革也と堺の交流は途絶えることなく続いた。

一九一九（大正八）年一二月二五日の堺から革也への封書は次のようなものだった。

廿五日　連続葉書四葉拝誦、年末の雑務やうやく片づき、今二、三日にて当分は用事のない体になります、新年匆々或は高居を驚かすやも知れず、今度は従者（圏点原文のママ）を連れず、微

行のつもり、御近処にも御話しなきやう願ふ、委曲は拝眉の上、切に御静養をいのる

堺は珍しくこの書簡表書には「親拆」と書いている。官憲には気付かれないように革也宅を訪問するつもりであった。革也の『日記』一九二〇（大正九）年の一月二日と三日に、

一月二日　東京堺枯川君漂然として来訪セラル一泊　多年山海の物語す　前夜園部某旅宿ニて泊り今朝早来

一月三日　早朝但馬城崎へ同遊旅行セリ　松屋ニ滞宿して浴沂、快酌す　枯川子六日出発大阪を経て七日帰東す　私は三日より十五日迄城崎ニ滞在す（略）入湯中、東京より猪俣勲、佐藤藤太来訪して松屋ニ三泊の上帰東セリ（後略）

と記している。堺は同年一月八日の革也宛葉書に、「七日夜帰宅。大坂で寒村子等と落ちあひ、帰途三保の松原に遊んだ事などは、尾行君遂にしらず。呵々」と記している。堺にとって久しぶりに羽を伸ばす旅であったのだ。革也とつもる話を「快酌」しながら二日から六日までの五日間という長い時を共にしたのであった。例の兆民絶筆の件は堺の口からふれることはあったかもしれないが、革也はあの金は堺に与えたものと思い問題にはしなかったであろう。

10　大正後期から昭和初年の交友

堺は外遊に期待していた時期がある。一九二〇（大正九）年二月四日の書簡に、「僕外遊の件其後まだ形勢定まらず、然し近々何とか見当のつく事と楽しみ且つ危ぶんでゐる」と記している。外遊先はアメリカを希望していた。同年四月二七日の書簡には、「僕外遊の件、いつまで立《ママ》つても要領を得ず、余り馬鹿々々しいので、モウこちらからヤメにしました。いずれ其中委細申上げますが、取敢え

ず右御報告のみ」とある。

さらに六月四日の封書には、

（前略）僕外遊の件、不得要領のまゝ中止になり、折角楽しみにしてゐた腰を折られ、不愉快此上なし、と云つてヤケを起す若さでもなし、矢張ジット我慢するより外ありません。然しそれにしても何か少しくらゐ新たな仕事でも始めて静かに力を養ひたいと考へてゐます。差当り英語の塾の様のものを拵へて見たいとも考へて居ります。雑誌も少しは発展させ、出版の様な事も少しはやりたい。マアそんな事で当分自分を慰める積りです。就いては、毎度ながら、洋行の餞別のおつもりで、何程か御助力を願へますまいか。今月中に金がまとまれば来月から準備にかゝり、九月には発表したいのです。又一度遊びかた〴〵お尋ねしようかとも考へてゐるが、中々ヒマがないので困つてゐます。（後略）

堺はかなり外遊に期待をかけていたが結局中止になってしまった。それは旅券が下付されなかったためであった。中止にはなったが堺は革也に「洋行の餞別」のつもりで助力を求めている。堺は金銭的な要求を今までからたびたび行ってきたが、それは未だに断ち切れないのだ。

同年八月一〇日の封書に「別紙御覧を乞ふ、今度は大分面白い発展をしそうです、何分御援助をいのる」と書き、別紙印刷文を同封している。一枚は「日本社会主義同盟」についての説明、発起人名（二五人）、創立事務所住所、電話番号、及びもう一枚には「日本社会主義同盟規約草案」が記されているが、本文等は省略する。

この書簡から次の書簡には五年に近い空白がある。その間一切堺からの来信がなかったわけではない。革也の『日記』によると少なくとも二度の来信があった。一九二四（大正一三）年六月五日「堺利彦兄より恵送の野外劇の一幕（圏点ママ）を一読して面白く軽妙筆致に陶酔せらる」とあり、もう一つは翌年五月二七日「来信　堺利彦氏」とある。まだほかにも来簡はあったと思われるが、革也は二件以外は記していない。

なお、『日記』にはこの間ほかに堺関係記事が三件記されている。一つは一九二一（大正一一）年一二月一五日「十五日午後五時頃東京堺利彦氏暴漢ニ刺さる　軽傷」、二つはその翌年六月七日「不在中東京の主義者徳田球一氏堺利彦の名刺紹介ニて来訪せしも直ちに外還せし由」、三つは同年一二月一八日「東京堺為子女史　昨日丹波宅江来訪の上本日午後当宿へ来京す　登美子須知より来京す」、翌一九日「府会出席　八阪病院視察　堺為子へ金百円震災見舞として送与す　午後七時半上列車ニて東京へ帰途す」と記している。これらを見ると、書簡のやりとりは数少なかったかもしれないが、両者の関係は継続していたことを確認することができる。

この五年間の堺に関する事項を黒岩比佐子『パンとペン』（講談社文庫、二〇一三年）の「堺利彦略年譜」から主なものだけを抜いてみる。一九二〇（大正九）年「六月、アナ・ボル各派の同志と共に日本社会主義同盟を組織」、一九二二（大正一一）年「七月、日本共産党の創立に参加」、一九二三年「六月五日、第一次共産党事件で一斉検挙、九月一日市谷刑務所の未決監に拘留中、関東大震災に遭う、一二月末、保釈出所」などであった。

一九二五（大正一四）年五月二三日に兵庫県但馬地方を襲った大地震は豊岡、城崎に大きな被害を与えた。革也が常宿にしていた城崎の松屋旅館は全壊した。先の書簡はその見舞であった。『日記』には被害の状況などが記されている。二、三拾ってみる。

五月二三日「午前十一時弐十分激震あり　壱分間未曾有の振動　十二時再小動す　但馬城崎、豊岡、丹後久美浜、方面の大被害を告ぐ」
同二四日「但馬大震害　昨二十三日午前十一時十余分　豊岡町三分の二倒壊と大火災死傷百以上
城崎町無残全滅（以下続くが略）」
同三十日「城崎の多年定泊とせし松屋守口九左衛門方の内室は圧倒焼死せし凶報をもたらせり　噫
同情に堪へず」
但馬地震は甚大な被害をもたらした。城崎の常宿としていた松屋旅館は全滅。「内室」も死亡した
というので、相当の衝撃を受けたのであった。
地震直後の五月二五日の堺書簡は但馬地震に関しての封書であった。堺は地震の影響を心配して
さっそく革也に書簡を送ったのである。
爾後久闊多罪、このごろ少し御不快の様に伝聞しましたが、如何ですか、先達て来、ちょい〳〵
大坂まで行きましたので、そのついでにお尋ねいたしたいと存じながらツイ〳〵その機会を逸し
居りました、それに今回は又、御地方に大地震あり、曾遊の城崎も全滅のよし、貴宅にはおさわ
りもなからしかと案じて居ります、御内方へ宜しく御伝へを願ひます、家内よりも宜しくと申上
候　とし彦
さて同年一〇月二九日の堺書簡は次のようなものであった。大逆事件で刑死した大石誠之助家族の
事情もわかるものなので長いが引くことにする。
久しく御無沙汰して居ります。御清適の御事と察しあげます。扨、又一つ御面倒な事をお聞かせ
します。大石誠之助氏の遺族が未亡人と子供が二人とで暮して居ますが、それにつき少々助力を
してやつて戴けないものでせうか。実は沖野岩三郎、与謝野寛、同晶子、及び小生等でその事の

相談会を開いてゐるのですが、どうもまだ十分の方法が立たないで困つて居ります。（略）どうもまだ不足だと云ふ事です。それでヨサノ、沖野諸君からも、是非貴兄へ御頼みしてくれと小生に話されるので、不躾ながら此手紙をした丶めます。貴兄の御心持次第で何等かの方法御考へ下さ（れ脱カ）ば幸甚に存じます。自分の事なり、他人の事なり、何かと云へば御無心ばかり、申訳もない次第ですが、あしからず御聞置のほど祈りあげます。京都あたり、追々松葉《ママ》（茸カ）の時節、老兄の酒味近来如何。小生も晩酌一合ばかりづ丶楽しんで居ります。四、五日前、福田女史来遊、老兄のお噂など致しました。　十月廿九日　とし彦　秋月老兄

革也が与謝野鉄幹夫妻や新宮の沖野岩三郎らにも知られており、大石家に「助力」を願う書簡であった。革也が要請に応えたかどうかは不明である。堺のその後の書簡及び日記にも関係記事はない。堺の多くの書簡は種々の金銭的支援を要請しているが、自身以外の者にも及んでいたのである。

革也宛書簡中に大石誠之助書簡が一通のみ存在する。もっとあったのかも知れないが蔵されていたのは一通であった。『キリスト教社会問題研究』（第五四号――二〇〇五年一二月、同志社人文科学研究所）に翻刻されたものによることにする。長文なので部分を引く。書簡は一九〇八（明治四一）年一月一八日付封書、宛先「丹波国須知郵便局内　岩崎革也様　親展」、差出「紀伊国新宮町　大石誠之助一月一八日」である。

謹啓　旧『週刊平民』の時分から兼て芳名を承り、一度音信を通じたいと存じ乍ら。其ま丶に日を送って居た処。旧冬大坂へ参り候節、森近方にて尊兄の御葉書に接し忝う拝見致しました（略）今後運動の実手段は如何なる形をとって行くものだらうか、特に我等地方にある同志は何事を為して主義の為めに尽すべきであるか、是れ目下小弟等が迷うて居る次第であります。尤も

小弟一己としては彼の普通選挙請願にもあんまり気のりがせず、ストライキと云った処がこんな田舎で何事も出来ず、目下止を得ず田舎新聞への投書や小集会などを以て中等以上の教育ある人を導いて居る事ですが、これには多少の効能が見えても単に地方的の事でもう少し何かやって見たいと絶えず苦心して居るのであります。これは敢て大なる仕事をしたいと云ふにもあらす中央の舞台へ乗出して旗上げをせんと云ふにもあらず、たとへ田舎に居てもより広き範囲の社会を動かす仕事が出来さうなものぢやとの意味に御座候これにつき尊兄等は常に如何なる御考を抱かるゝや又今後如何なる事に手をつけるが適当なりと思召るゝや（略）我等地方にある同志は何事を為して主義の為めに尽すべきであるか、是れ目下小弟等が迷うて居る次第であります。（後略）

大石は訪ねた森近宅で革也の森近宛書簡を読んで、革也に親しみを感じ所感を述べたもののようである。新宮に住んでいた大石は丹波の片田舎の革也に現状や今後の運動に関して意見を述べている。大石の問題意識は革也にも共通するものがあったのではないかと思われる。先ほど引いた堺の革也宛書簡（一〇月二九日付大石遺族への金銭的援助）を読んだ革也は、何ほどかの資金援助をしたのでないかと思われるが、その後の堺書簡にはそれを裏付けるものは見当たらない。

ところで、一九二八（昭和三）年九月一四日の葉書の宛先は「但馬、城の崎温泉、松屋方　岩崎革也様」である。革也は同年九月一〇日から九月二七日までの一八日間城崎の松屋旅館に滞在していた。そのことを堺は承知していて一冊の自著を送ったことを書いている。

残暑を佳き処へ御避けのよし、僕は無産大衆党の応援として今晩から大坂辺に出かけます、「東京朝日」の「その頃を語る」を御送りして置きましたが、御一瞥を乞ふ　とし彦

堺が書いているように東京朝日新聞政治部編『その頃を語る』（東京朝日新聞発行所、一九二八年一

○月三〇日発行）は、七六人がそれぞれ執筆したもので堺もその一人であった。四五二ページの書物である。発行日からすると、九月一四日送付したのは原稿の写しか、校正用でないかと思われる。一一月二一日の『日記』に「其頃を語る（東京朝日新聞発刊）製本到来」とあるからである。なお、岩崎革也蔵書には二冊あるが、一冊は堺の贈呈本であったと思われる。堺は同書に「非戦論の平民社時代日露戦争に反抗して解散をみるまで」の題名で記している。堺の文章はわずか六ページだが、つぎのような直接革也に関する部分がある。

（前略）平民社はいよ〳〵烈しい迫害の下に戦闘した。三月二十七日発行の平民新聞第二十号は『嗚呼増税』と題する論文の為めに起訴され、発行兼編輯人なる堺が軽禁錮二個月に処せられた。これが社会主義者入獄の皮切だつた。私の入獄以後、平民社は『籠城』の覚悟を定め、社内に寄宿する者は一種の『小共産社会』を作つた。寄附金が続々として集まつた。丹波須知町の岩崎革也君は、特に金一千円を寄附して呉れた。（二一四ページ）

同年八月二二日付堺の葉書には、

小生に文功章を授与される事は確定だと申す事です。小生も以て瞑すべしであります。書屋御営みのよし、嘸かし風流の作りと察しあげます。その中又一度丹波の土を踏みたきものと考へて居ります。別封無産大衆党の書類、お目にかけます。　とし彦

と書かれている。だが、「別封無産大衆党の書類」は別便封筒（同年八月二二日付）に入れられていた。堺は自身がどのような活動をしているかを常に革也に知らせていたのである。

なお、堺は先の書簡に「書屋御営みのよし」と記している。同年三月二一日の『日記』に「秋月書屋大成、職人連夕食待遇」とあり、二日後の二三日「秋月庵の新室に畳敷く」とある。書屋は母屋を

改造し、秋月庵は茶室として庭園に新たに建築したものである。岩崎家の旧邸宅は一八八二（明治一五）年八月に上棟され建築されたものであった。二〇一三年一〇月に完全撤去されるまで一三一年間、その威容を保持していたのだ。革也は昭和の初めに母屋の建て増しと茶室を作った。それらがほぼできあがったことを先の『日記』で知ることができる。書屋にはいくつもの本箱と書棚など千冊余が保存されていた。邸内調査で私たちは何度も入ったが、今日では入手できない書物が数多くあり、それらに接し心のときめきを覚えたものだ。

11　堺　東京市会議員選挙立候補　最高位当選

堺は東京市会議員選挙の候補者として立候補するが、その事情を革也宛に、一九二九（昭和四）年二月一五日に送った。経緯がわかるものなので長いが引くことにする。

其の後御無沙汰いたしました。小生はまだ全快と申す処までは参りませぬが、そろ〳〵世間に引張り出される程度までは回復して居ります。従つて今回、東京市会議員選挙につき、是非牛込区から候補に立てと申す事で、党内の事情上、ことわるわけに参らず、兎にかくその事に決定いたしました。結果は固より予想を許しませぬが、何も一興だと御見物を願ひます。所で、それにつき、毎度々々厚かましき御願ひですが、又一つ御助力をいたゞけますまいか。選挙費用は法定額が二千円弱で、それだけを殆んど総て友人の寄附に依頼するといふ、ずいぶん虫のよい方策です。寄附していたゞかうといふ金額を当方から申上げるのはおかしなわけですけれど、申上げた方が却つて御面倒が少ないかとも存じますので率直に申上げますが、金壱百円を御恵与下さる事は出来ますまいか。実は百円口を七ツ八ツ考へてその一つを老兄に振り当てたわけで御坐います。御

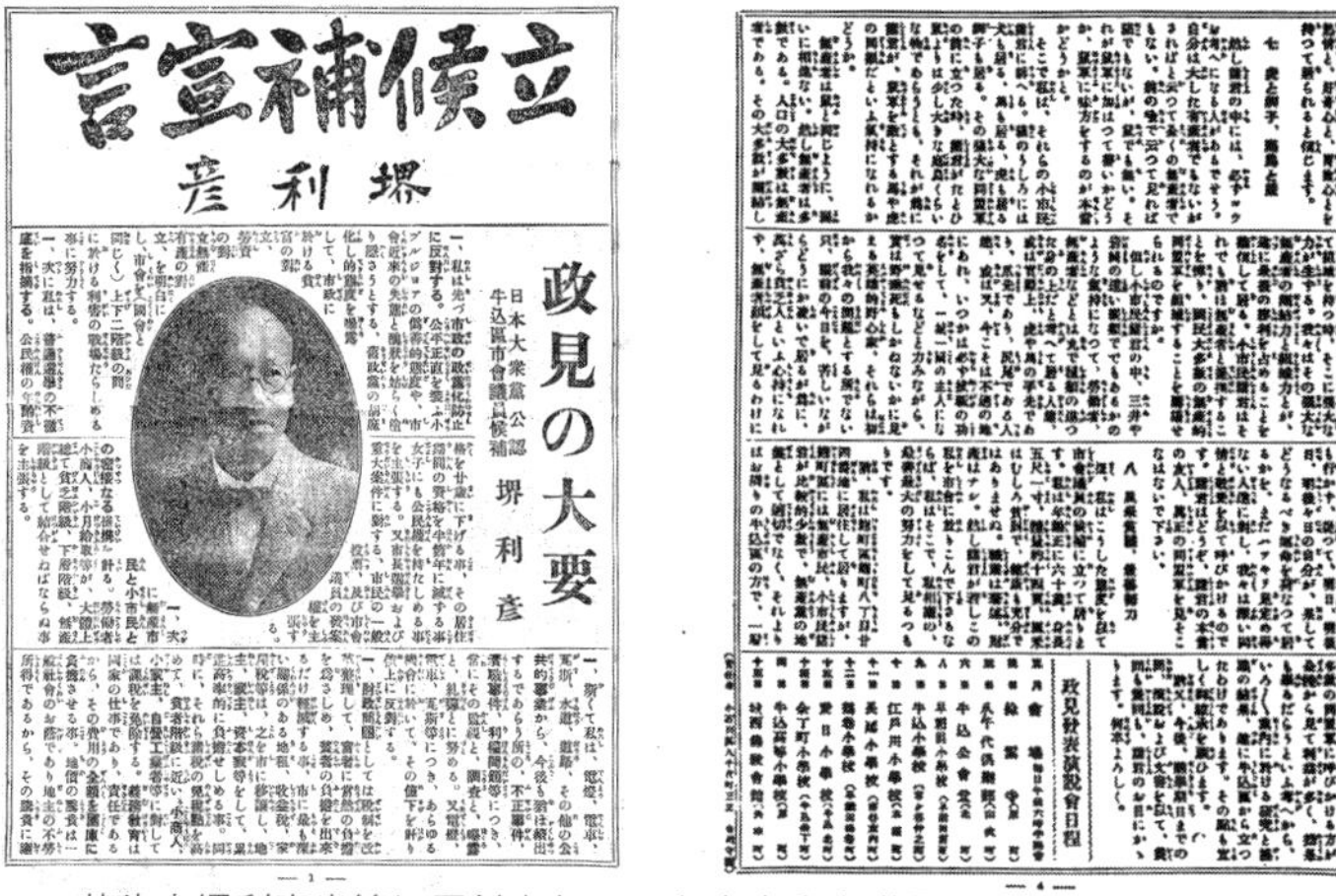
立候補宣言
堺利彦
政見の大要
日本大衆党公認
牛込区市会議員候補　堺利彦
政見発表演説会日程

革也宛堺利彦書簡に同封されていた東京市会議員選挙「立候補宣言」

一笑下さる《ママ》ば幸甚に存じます。　一《ママ》月十五日夜
とし彦　秋月老兄
（追而書）先日労農の維持金の印刷物を係りの者から頼まれて差出しましたが、あれは彼是御面倒とも察しあげますので、御棄置下されて少しも構ひませぬ。

同書簡に同封印刷物として次のものがある。「立候補宣言」、「無産市民と小市民に訴へる」、「無産者・小市民の本当の代表」、「市会議員選挙問答・牛込と私との因縁」、「堺氏を推薦いたします」など。なお「大阪毎日新聞号外山本代議士殺さる」（一九二九年三月五日付）が同封されているが、書簡内容と時期が違い、さらに『大阪毎日新聞』は当時革也が購読していたものであることから、後日同封したものと思われる。

堺は病気をしていたが、経過もよくなってきた段階で立候補要請に応じた。当選できるか「予想を許しませぬ」状態とは見ている。結果は牛込区選出として最高位で当選したのだ。立候補にかかわる印刷

物が数多く同封されており、当時の現物として今日見ることができ資料的な価値が高い。
堺は革也に運動資金として百円を要求したが、革也は今回どう対応したのか。『日記』二月二六日「発信堺利彦　東京堺利彦氏、市議選挙に勇躍、運動費を申込めり（壱百円寄与郵送ス）」と記している。堺は翌日二七日の封書で百円「落手」したことを記したが、選挙運動の様子がわかるのでこれも長いが引く。

御恵与の金子壱百円、正に落手いたしました。多謝々々。お蔭で軍容の揚るを覚えました。昨夜神楽坂倶楽部で第一回の演説をやりました。明日「立候補宣言」をお目にかけ得ると思ひます。健康は今のところ大丈夫と思ひます。然し周囲の人々の注意もあり、出来るだけ気をつけて、演説も余り沢山はやらぬ事にして居ります。「必勝」は迚も期せられませぬが、精々やつて見る積りです。事務所は神楽坂の南宋書院の二階で、毎日大勢の同志がつめかけて、働いて居てくれます。事務長は御存知の吉川守邦君で、橋浦時雄君がそれを助け、大衆党からは鈴木茂三郎君が大将株でサイハイを振つて居ります。宅の方では妻と娘が折々何かおいしい物を拵へて、事務所に運んで居るといふ有様です。御地は積雪の由、当地は天気つゞきで水不足の有様、埃《ホコリ》（ルビはママ）が多いので閉口して居ます。安部磯雄君も一度は応援演説に来てくれる筈です。嶋中雄三君も隣区小石川で立候補しました。共に社民党ですが、私としては両君とも善交を続けて居ります。荒畑寒村君が共産党事件の連累で未決拘禁中であるのは、僕に取つて大打撃です。然し獄中からの推薦もチヨツト面白いと思つて居ます。牛込区在住の御知人へ推薦の葉書でも御出し下されば幸甚に存じます　二月廿七日　とし彦　秋月老兄

堺は明日「立候補宣言」をお目にかけると記していたが、到着したのは『日記』によると三月五日

「来信堺利彦　東京堺利彦氏市議立候補宣言書到来す」であった。

堺は投票日が差し迫った三月一四日の葉書に次のように記した。

御懇書拝見。いよ〳〵今日明日の二日となりました。今夜も明晩も二個所に演説会があります。演説は矢張り満員つゞきです。楽観説が多いので、大いに警戒して居ます。荒畑寒村君未決拘留中の処、今日保釈出獄、今夜は演説会に顔を出してくれる筈です。それも景気の一つになります。山本君の事、言ふ所を知らず。誰もどうせどこかで死ぬるだけです。

堺は「楽観論が多い」と記しているので選挙情勢は有利に展開している感触を運動員は持っていたのだ。最後の二文の「山本君」は山本宣治のことである。同年三月五日の夜、旅館に宿泊していた山本宣治は右翼団体七生義団の黒田なる男に刺殺されたのであった。『日記』は同年三月六日「唉惜むべし　京都府第二区撰出理学士、四一歳昨五日午後九時五十分東京神田区表神保町光栄館ニて代議士山本宣治氏刺殺せらる（旧労農党）（加害者七生義団黒田保久二、暴漢三七歳）」と記している。

堺は病気が回復しない時に市会議員選挙に出て欲しいとの要請を受け、立候補の意志を固めたのであった。選挙戦中に山本宣治が殺害された時、堺は運動を進める社会主義者はいずれ「どこかで死ぬるだけ」だと達観している。山本宣治のように殺されることも覚悟の上で運動を進めている、その覚悟を表出したものであった。

さて、東京市会議員選挙の投票結果を革也は『日記』三月一七日に、「東京市会議員総改撰　牛込区堺利彦氏　最高点　小石川区島中雄三氏最大高点　当選」と記した。堺が心配していた楽観論には根拠があったことになる。革也も生涯の友である堺利彦の当選を大喜びしたであろうが、『日記』には「最高点」としか書いていない。堺は三月一七日に革也に選挙結果を知らせる印刷葉書を送った。

そこには「無産党万歳！　昭和四年三月十七日　堺利彦（住所、電話番号は略）今日、私は東京市牛込区から市会議員に当選するの光栄を得ました。殊に最高点と云ふのが嬉しくて堪りません。私は泣きたいような気持になりました。（略）私は今、殆んど全く、自分の老年をも忘れ、不健康をも忘れ、只この人心の要求に応じて、出来得る限りの努力を惜まない覚悟であります。謹んで諸君の御厚意と御援助を謝します」と、その喜びと今後の決意を述べている。

三月二二日の葉書は次のようなものであった。

当然とも思はれ、又意外とも感ぜられたとは多くの人の言ふ所。僕自身もそんな気がしないでもありません。只、日本大衆党からタツタ一人であつたのは、少々寂寥です。尤も無産党全体として六人を得たのは衆議院の七、八人（「、」を補す――引用者）に比して遙かに高率のわけです。

前引二月二七日の堺書簡の封筒には、別の書簡も入れられている。前引は書簡用紙に、もう一通分は原稿用紙に記されており、明らかに別便であったことが知られる。また、原稿用紙の方は選挙後の議会開始以後に書かれたことも内容上疑いない。日付は不明だが、議会開催以後の内容は次のようなものである。

その後、新米の市会議員として小いさ《ママ》な気焔を吐いて見たり、議場不なれのヘマをやつたりして居ります。御憫笑を乞ふ。（後略）

なお、書簡としては一九三〇（昭和五）年七月二九日付葉書「林間の白糸の滝、昔ながらの姿をなつかしむ。無産党合同の勢ひ、御同慶　七月廿九日　とし彦」が岩崎家に保管されていた最後のものである。ただし、年未詳の一月六日葉書、「有馬の雪、宝塚のチョンキナ踊、石山寺の冬の日。珍しくも此様な年末年始をして来ました。一月六日　とし彦」がある。これを含めて合計一一九通の岩崎革也宛堺書簡であった。だが、太田雅夫『岩崎革也年譜』の「岩崎革也宛 社会主義者等書簡一覧」（四一～五三ページ）中の、「堺利彦書簡」一一九通目は「岩崎革也・平造宛　葉書　昭和五年一月二日」であるが、岩崎家所蔵物には存在しなかった。現存する書簡は全一一九通である。

12　堺利彦書簡非保存以後の交流記録

堺の書簡は多いが、保存されていたものはおそらく先ほどの選挙後の議会の様子を記したものが最後であった。だが、『日記』には以後も堺との交流は続いていたのである。発信及び受信記録等を抜いてみる。

一九二九（昭和四）年三月二四日「来信堺利彦」、四月六日「来信堺利彦　発信堺枯川」、七月二二日「来信堺為子　発信返出」、九月二四日「発信堺利彦」

一九三〇（昭和五）年一月二六日「受信堺利彦」、一月二九日「発信堺利彦」、二月八日「受信堺利彦」、二月一三日「受信堺利彦」、七月二五日「発信堺利彦」、七月三一日「受信堺為」、八月一日「受信堺利彦」

一九三一（昭和六）年一月九日「堺利彦氏来信あり　無産合同を促進急を告く」、二月一二日「打電堺農民労働学校　福岡県京都郡行橋町堺利彦氏ニ祝電を投ず」、七月三日「堺利彦農民学校より（来信）」、一二月五日「堺利彦氏へ見舞電　堺利彦氏去三日、市電ヨリ降車の折脳溢血ニて卒倒せし由　中風症惹起せし新聞報あり」、一二月九日「堺利彦氏を秋田三平氏東上ニ付病間見舞を伝言托す、重体と告ぐ」

一九三二（昭和七）年一月三日「社会運動元老堺氏病床遺恨　午後一時出宅、東上す　京都駅四時出車、翌四日午前六時東京駅着」、一月四日「堺利彦氏病床訪門《ママ》」、一月八日「発信、東京、堺為子」、一月一四日「来信東京堺為子」、一二月一〇日「午前堺利彦氏の病家を訪問す　為子夫人の愁眉を想察す」

一九三三（昭和八）年一月二三日「三十余年乃道友畏兄堺氏今亡し悼惜不堪　享年六十四歳　東京堺利彦氏今朝逝去す　接入電、嗚呼可悼、弔電をおくる　来ル二十七日青山斎場ニて告別式」

堺の死去後も堺為子との間に書簡の往来があったり、為子が革也を丹波の須知まで訪問したりすることがあった。『日記』に記載されたもののそれらは一〇回を超えている。まさに堺は革也にとって生涯の友であるとともに、死去後は妻の為子との交流が続いたのであった。

13　堺利彦著作を通じての交流

堺利彦の著作は数多いが、堺書簡には自著に関する記事は少ない。また『日記』にもあまりふれられていない。ここでは堺の著作とのかかわりを見ていくことにする。

一九〇四（明治三七）年二月二九日の書簡に次のように記されている。

（前略）さて別に弊社同人編輯に係る社会主義入門一冊、御送附申上候間御笑覧被下度。猶ほ主義伝道の為め、売り広め方御尽力願上候（後略）。

『社会主義入門』は平民社から平民文庫シリーズとして同年三月に発行されたもので七五ページであった。おそらく堺も編輯に関係したであろう。革也は当時『平民新聞』の読者であるばかりではなく、自ら読者を広げる努力をし、また同紙に広告を出したりしていた。当然読んだであろうが、蔵書中にはない。堺が「売り広め」を頼んでいるが、結果は不明である。堺も礼状を出していない。

堺は一九〇六（明治三九）年三月三〇日付葉書に、「（略）社会主義研究一部、須知町へ送つて置きましたが、御落手されましたか」と記している。「社会主義研究」とあるが由分社から月刊『社会主義研究』を発行した。黒岩比佐子『パンとペン』（講談社文庫、二〇一三年）に、「同誌は社会主義の理論や歴史、あるいは運動に関して、より深い知識を伝えようとしたものである」と記されている（二二六ページ）。堺は創刊号に「共産党宣言」の全文を翻訳して掲載したが、八月に終刊したという。この創刊号を革也に送ったのだが、そもそも雑誌類は蔵されていないため見ることはできない。

革也の『日記』は一九一七（大正六）年から世を去る一九三三（昭和一八）年までが残されている。『日記』中にも堺著作関係記事を散見できるので、それを拾ってみることにする。

堺著作についての最初の記述は、一九一九（大正八）年九月二四日「午後終日猫山百町の山麓に読書に耽る。唯物史観の立場より《ママ》通読す」とある。この『唯物史観の立場から』は三田書房から同年八月一三日に発行された。堺から革也への寄贈本であることが記されている。本書は二冊ある。終日「山麓に読書に耽る」とあるので、おもしろく読んだのであった。なお、「猫山」は革也邸から東側に少し歩いた小さい山である。

一九二四（大正一三）年六月五日「堺利彦兄より恵送の野外劇の一幕を一読して面白く軽妙筆致に陶酔せらる」と記している。『野外劇の一幕』は改造社随筆叢書第二篇で同年に発行された。革也は「面白く軽妙筆致に陶酔せらる」と書いている。この書は蔵書中にはない。

一九三三（昭和八）年五月一二日「堺利彦集中央公論社に於て出版上梓せり」と記している。また同五月二六日「中央公論社堺利彦集申込む」とある。革也は「堺利彦集」としているが『堺利彦全集』のことである。革也蔵書には『全集』（昭和八年、全六巻、中央公論社版）が所蔵されていた。

一九三四（昭和九）年一月一四日「終日読書（堺利彦全集）」とある。堺利彦は前年一月二三日に死去しているので、追懐しながらの読書であったであろう。

革也は堺利彦著作を数多く所蔵していた。堺から進呈されたものも多い。上に書名を挙げたもの以外に蔵書中にある堺著作は次のようなものである。

『社会主義大意』（平民社、一九〇五〈明治三八〉年）、『婦人問題』（金尾文淵堂、一九〇七〈明治四〇〉年）、『楽天囚人』（丙午出版、一九一一〈明治四四〉年）、『天下太平』（縦横社、一九一二〈明治四五〉年）、『ルソー自伝赤裸乃人』（堺訳、丙午出版、一九一二〈明治四五〉年、二冊）、『大正文庫　人と超人』（丙午出版、一九一三〈大正二〉年）、『社会主義倫理学』（堺訳、丙午出版、一九一三〈大正二〉年）、『猫の首つり』（貝塚渋六名、松本商会、一九一八〈大正七〉年）、『猫の百日咳』（貝塚渋六名、アルス、一九一九〈大正八〉年）、『唯物史観解説』（三田書房、一九一九〈大正八〉年）、『恐怖闘争歓喜』（聚英閣、一九二〇〈大正九〉年）、『堺利彦伝』（改造社、一九二六〈大正一五〉年）、『天文・地文』（南宋書院、一九二七〈昭和二〉年）、『桜の国・地震の国』（現代ユウモア全集刊行会、一九二八〈昭和三〉年）、『当なし行脚』（改造社、一九二八〈昭和三〉年）、『ホワイトファング』（堺訳、改造社、一九二九〈昭和四〉年）、『社会主義とは何か』（労農出版、一九三〇〈昭和五〉年）

革也蔵書中の堺著作は計二四冊（同一書物が複数あるものもあるが一冊と数えた。『野外劇の一幕』は蔵書中にないためカウントせず。『堺利彦全集』は六冊とした）である。そのうち堺が寄贈したことが明記されているものがある。京都丹波岩崎革也研究会が「岩崎革也蔵書目録」を二〇一三年夏に作成したが、その目録から寄贈本であることがわかるものが少なくとも四冊ある。革也と堺の親密な関係を堺著作の多さからも知ることができる。

14 革也『日記』中の堺利彦関係記事

次に堺利彦に関する記述を『日記』から拾ってみることにする。最初に登場するのは、一九二二（大正一二）年一二月一五日「十五日午後五時頃東京堺利彦氏暴漢ニ刺さる　軽傷」とあるものである。自宅にいた堺は陸軍鍛工長の森下某に錐と佩剣で胸など数カ所を刺されたのだ。幸い革也が「軽傷」と書いているように大事に至らなかった。革也は早速見舞状を出したと思われるが『日記』には記していない。軽傷であったため堺本人はもちろん革也も安堵したことであろう。堺利彦の革也宛書簡は一九二〇（大正九）年八月一〇日付書簡から一九二五（大正一四）年五月二五日までの五年間がない。

一九二三（大正一二）年六月七日「不在中東京の主義者徳田球一氏堺利彦の名刺紹介ニて来訪せしも直ちに外還せし由」と記している。前年七月一五日に日本共産党が創立された。委員長は堺利彦であり、徳田球一は中央委員の一員であった。非合法の党であったため合法的な活動が不可能で運動資金の面で苦境にあった。徳田が堺利彦の名刺を持って丹波の須知にある岩崎革也宅を訪れたのだ。言うまでもなく革也から資金提供を得るためであった。革也不在中ではあったが、意外にも徳田は「直ちに」帰ったのであった。家人から二、三日帰宅しないと聞いたためであった。

当時の革也は多忙であった。『日記』六月七日「園部支店へ出張、郡役所ニ出頭の上亀岡支店設置申請の件ニ付更らに上伸《ママ》」、六月八日「昨夕より殿田支店ニ来る　本日在支店、世木支配人巡視来る二泊」、六月九日「殿田より午前十時園部ニ廻る　石川亭ニて休憩、塩貝主任来席　午後帰宅す」と記している。三日間帰宅しなかった革也であるが、このころ須知銀行が各地に支店を設置する時期で革也は多忙であった。もし、在宅しておれば徳田球一に資金提供をしたであろうか。堺の名刺を持参しているのでおそらく手ぶらで帰らすことはなかったと思われる。堺利彦は革也に何度も資金提供を依頼し、応じてきた経緯がある。

同年一二月一八日「府会出席　在京堺為子女史　昨日丹波宅江来訪の上本日午後当宿へ来京す」とある。わざわざ東京から堺利彦の妻為子が須知までやってきたのである。留守と聞いて為子は革也の妻登美子に案内されて京都に滞在している革也の在宿する加藤旅館にやって来た。革也は「府会出席」と書いているように当時府会議員として活躍していたころである。この年九月の府議会議員選挙に初当選した革也は多忙であった。革也、登美子、為子の三人は宿でいろいろと話し合ったと思われる。翌日の一九日「在京　府会出席　堺為子へ金百円震災見舞として送与す　午後七時半上列車ニて東京へ帰途」とある。

この年の九月一日は関東大震災であった。堺宅も大きな被害を受けたであろう。同年の日記中の「住所人名録」に堺利彦の住所を「麹町区麹町八の二四　九段一二〇五番」と記している。震災見舞として百円を「送与」したのである。堺はこの年の五月大阪のメーデーに参加して検束された。さらに、六月五日には第一次共産党弾圧で堺ら八〇人が検挙された。大震災の九月一日は市ケ谷刑務所の未決監に拘留中であった。一二月末保釈出所した。震災後の堺の妻為子はその生活がたいへんであったと思われる。わざわざ東京から革也宅を訪ねたのは当面の生活費ほかを得るためであった。堺と為子はようやく越年できたと思われる。

革也は一九二六（大正一五）年三月二二日に、「胡麻支店ニて金参百円当借せり　午後十時四十三分京都駅発ニて東上　翌廿三日午前十一時半到着　四谷左門町の吉勝子宅ニ至る　東京へ旅途」と記している。東京で革也がしたことを日を追って『日記』から拾ってみる。記事中にある吉勝は革也の長女きぬの夫である。当時東京に住んでいた。

翌二三日東京に到着。二四日九段の松葉旅館に木戸豊吉代議士を訪ねる。木戸は船井郡胡麻村の出であり、革也が親しくしていた政治家の一人であった。二五日「午前八時より議会傍聴　吉勝子同携、午後十二時最終閉会、喧噪暴状不見其比　午前一時帰谷」とある。国会初傍聴であったが、その喧噪ぶりに失望したようだ。「帰谷」とあるが、吉勝きぬ夫婦の家が四谷にあったことを意味する。二六日「南品川ニ福田英子女史を訪問して午後五時帰谷」とある。

革也は明治三六、七年平民社に出かけたり、週刊『平民新聞』発行のため種々の協力を惜しまなかった。堺利彦と福田英子は週刊『平民新聞』発行以前からの知り合いであった。村田静子は「明治三十四年（一九〇一）の暮、英子の隣家に引越して来た人がある。それは、社会主義者堺利彦であった」と書いている（『福田英子』岩波新書、一九五九年、九二ページ）。福田英子は平民社創立後、「三日に一度くらいはかならず平民社をおとずれた」という（同書、一〇三ページ）。革也がきぬと平造を連れて平民社を訪れることがあり、福田は子どもたちとも知り合う間がらであった。一九〇七（明治四〇）年一月一日に福田英子を中心とした半月刊の新聞『世界婦人』が発行された。この発行を小野吉勝が手伝った。福田英子の媒酌で一九一四（大正三）年八月四日に長女きぬと吉勝が結婚し、吉勝の小野姓は岩崎となる。革也は福田英子とも週刊『平民新聞』発行当時ごろよりの知己であった。革也宅に田中正造の扁額が二つあったが、一九〇七（明治四〇）年一〇月初旬に福田が須知を訪ねた時にもたらしたものである。

さて、先の『日記』の続きに話を戻す。一九二六（大正一五）年三月二七日「在京、府立須知農学校へ正門竣工式の祝電を打送せり（略）午後一時より堺枯川老夫婦　福田英子夫人　小生　吉勝夫婦登美の七人四谷魚金席ニて小宴を催せり」と書いている。須知農学校の正門竣工式に祝電を打っているが、革也が正門設置を企画し船井郡の町長や著名人に寄付を募ってできあがったものである。しかし、竣工式は在京中であったため平造を代理に出させ、祝電を打ったのであった。革也は堺夫婦、福田英子ら七人で宴を持ったのである。このような機会は今までなかった。さぞかし旧交を温め有意義なひとときであったであろう。二九日「福田女史来訪下さる」とある。三〇日「午前八時十五分東京駅特急ニて帰西せり　午後七時半西川旅館ニ帰京投宿す」とある。西川旅館は京都にあり、革也が府会議員としてよく使っていた。帰宅は翌日であった。都合一〇日間にわたっての東京旅行であった。この年の『日記』巻末に出納簿があり、「東京へ旅途」に要した金額を記している。参考までに写しておく。

東上旅費、土産物25、福田女史還暦祝10、岩崎子供へ鞠代、買物代等50、在京中宴会費50、土産物支払、俥代30、帰途旅費17、議会傍聴及書籍代5

合計一八七円の多額であった。出発前に三百円を用意したが相当な金額になることを予期したためである。それは「旅途」以外に東京で生命保険金一二七円を払い込む必要があったためである。七人による宴会は福田英子の還暦祝として行われたことが出納簿記載で知ることができる。福田英子は慶応元（一八六五）年一〇月生まれであるため、満六〇歳であった。革也は明治二（一八六九）年一二月生まれでこのとき満五六歳、堺利彦は明治三年一一月生まれなので満五五歳であった。

一九二六（大正一五）年六月三十日「東京堺利彦氏へ入獄見舞状贈る」と記している。一九二二（大正一一）年七月一五日に日本共産党が堺利彦や山川均らによって創立された。その翌年六月五日に共産党員たちが一斉に検挙された。うち二九名が起訴され一九二五年八月二〇日に第一審判決が行われた。さらに翌年四月二八日に禁錮一〇カ月の第二審判決が出された。そのことで堺は入獄することになり、革也は堺に見舞状を送ったのである。

一九二八（昭和三）年九月一日「無産大衆新聞（第一号）堺利彦氏より送らる」と記しているが、当該新聞に革也は「昭和三年十二月八日到来」と記している。『日記』記載とは違うので別便であったのであろう。

一九二八年一二月二〇日に日本労農党、無産大衆党、日本農民党、九州民憲党など七党が合同して日本大衆党が成立した。堺は中央委員となった。

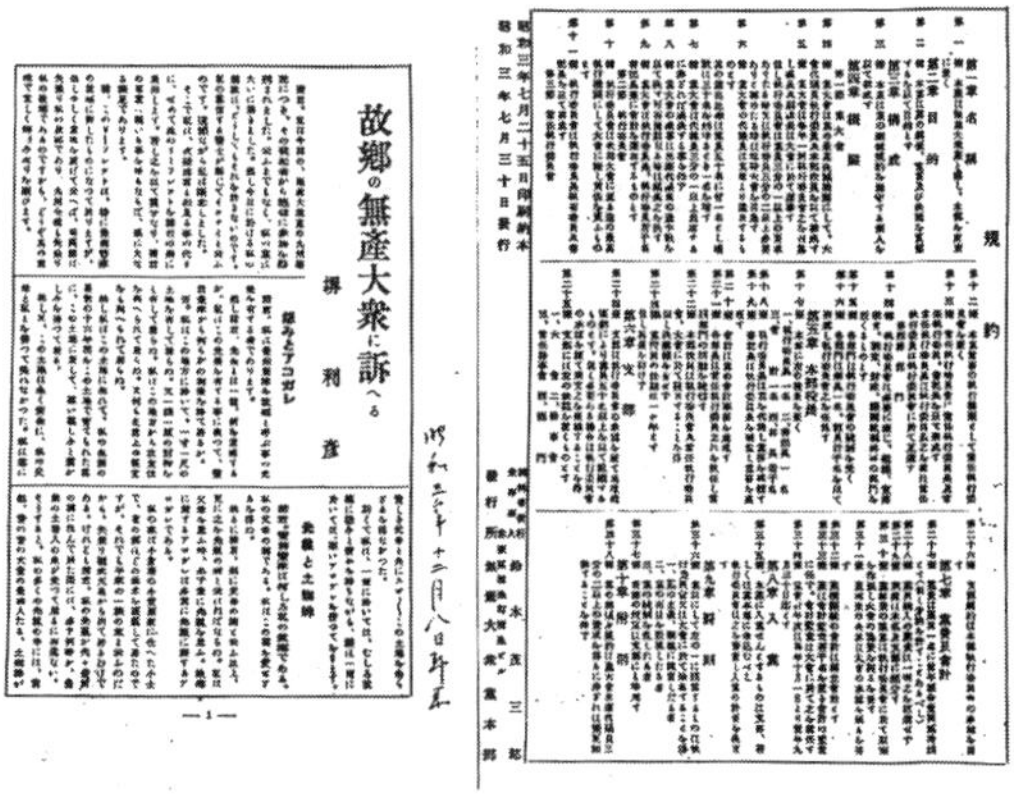
故郷の無産大衆に訴へる
堺利彦
規約
昭和三年十二月八日到来

「無産大衆党」第一号（昭和３年７月30日発行）
中央部に「昭和三年十二月八日到来」と記す。

堺利彦は革也宛翌年二月一五日付書簡に、「今回、東京市会議員選挙につき是非牛込区から立候補に立てと申す事で、党内の事情上ことわるわけに参らず、兎にかくその事に決定いたしました」と書いていた。堺が東京市会議員選挙に当選したこと、また選挙運動などの関連は先述したので略す。

一九三一（昭和六）年一月九日の『日記』に「堺利彦氏来信あり　無産合同を促進急を告く」とある。この堺書簡は所蔵されていない。存在するのは一九三〇（昭和五）年一月二日の年賀状が最後である。

同年二月十二日の『日記』に「打電堺農民労働学校福岡県京都郡行橋町堺利彦氏ニ祝電を投ず」とある。

小正路淑泰「葉山嘉樹と〈地方〉―労農教育運動をめ

ぐって――」（『社会文学』第一九号、二〇〇三年八月）に詳しい。同論文に「堺利彦農民労働学校は、一九三一年二月一一日、堺利彦の郷里福岡県京都郡地方に労農派系の農民学校・労働学校として開校し、三〇年代に四期に及ぶ講座を開設、京都郡豊津村（現豊津町）には本格的な校舎も建設された」とある。第一期農民労働学校は一九三一年二月一一日〜二五日まで開催されたが、「約八〇〇名の参加者」であったという。革也は堺から農民労働学校設立の知らせを受けて祝電を打ったのであった。

一九三一（昭和六）年一二月五日「堺利彦氏去三日、市電ヨリ降車の折脳溢血ニて卒倒せし由中風症惹起せし、新聞報あり。堺利彦氏へ見舞電」と記している。「見舞電」は『日記』巻末「出納」欄の一二月五日に「堺氏電報七〇銭」とあるが、電文は不明である。

同年一二月九日「堺利彦氏を秋田三平氏東上ニ付病間見舞を伝言托す。重体と告ぐ」とある。秋田三平は須知銀行の常任取締役であり革也にとっては重要な人物であった。秋田は須知銀行の経営が困難な状況にあるため、大蔵省や日本勧業銀行に打開策を求めて直談判をするため東上する。その秋田に堺利彦の見舞を託したのである。秋田の報告は、「重体」であったのだ。

一九三二（昭和七）年一月三日「社会運動元老堺氏病床遺恨　午後一時出宅、東上す　京都駅四時出車、翌四日午前六時東京駅着、吉勝夫婦ニ迎ヘラル　西大久保の宅に着す」と書いている。重体の堺を直接見舞うため東上したのであった。四日「堺利彦氏病床訪門《ママ》」とあるので堺の自宅を訪ねたが、病状や家族の様子など何も記入していない。

同年七月一五日「東京堺利彦氏変態の容体となつて発狂せりとて青山病院に入院の由」と記している。堺の娘真柄は「『朝日新聞』で「堺利彦脳病院にはいる」という記事が出た」と記しているので、革也は朝日新聞で知ったのであった（近藤真柄『わたしの回想』ドメス出版、一九八一年、九一ページ）。

林尚男『評伝堺利彦―その人と思想』（オリジン出版センター、一九八七年）は堺の入退院を次のように述べている（三二八ページ）。

五月には室内、六月には室外の歩行ができるようになった。しかし、七月には病勢がふたたび進み、中旬には、斎藤茂吉の青山脳病院に入院、八月に退院した。病状の進行にともない、ときには狂暴の状を呈し、家人は手足をしばって荒れる病人をおさえなければならないことも起こった。

真柄は、

ちょっと二週間くらい斎藤茂吉さんの青山の病院へ行きましたのね、あれ狂人になったようにいわれるけど、あれはやはり脳溢血からきているもので、被害妄想からきているんじゃないかと思うんですけど、いくたびか殺されかかったり、監獄へ入れられたりしているので、ほんとうののんき者ならそんなことは忘れちゃうんでしょうが、そういうことにたいして恐怖というとちょっと言葉は適切でないかもしれないけど、やはりそれにたいする防衛の気持がしょっちゅうあるから、そしてことに病気になったときなど、それが恐怖になって出てきて、夜中なんかにあばれることになったと思うんですけどね。いわゆる病気になって寝ついてからの話です（前掲書、九一ページ）。

同年一二月六日「十時発ニて秋田、世木、小生三人連れ東上す　翌午前八時着京の上松葉館ニ止宿す」と書いている。秋田三平と世木敬之助と革也の三人は大蔵省や日本勧業銀行など銀行業務で東上したのであった。同一〇日「午前堺利彦氏の病家を訪問す　為子夫人の愁眉を想察す」と記している。革也が堺の自宅を訪ね見舞ったのである。在京中に堺宅を訪れ、一〇日「午後一時発ニて三人西下九時京都着　午前一時帰宅す」とあり、都合五日間の東京出張であったのだ。銀行業務上の出張とはいえ堺や妻為子に直接会うことができたのはなによりであった。

一九三三（昭和八）年一月二三日「三十余年乃道友畏兄堺氏今亡し悼惜不堪　享年六十四歳　在京堺利彦氏今朝逝去す　接入電、嗚呼可悼、吊《ママ》電をおくる　来ル二十七日青山斎場ニて告別式」と記している。ついに堺利彦は死去した。永年の友人であった堺を失った革也は「悼惜不堪」「嗚呼可悼」と哀悼したのである。革也は一九〇三（明治三六）年秋頃からこの日まで三〇年間という長い信頼関係を保持していたのである。東京と丹波須知とは交通の不便な時代であったため、簡単に出会うことはできなかった。書簡数の多さが二人の間柄を語っている。

堺の妻為子は革也宛に五通の書簡を送っている。それらが岩崎家に残されていた。堺死去後の書簡は一通であり、堺が死去した年の六月一一日付葉書は次のようなものであった。

おはがき有難く拝見いたしました。いつも御機嫌とのみ存じ上げて居りますのに心がゝりの御仰せ、おあんじ申上げます。何卒お大切に願い上げます。私にもどうやら生きて居りまする。全集第一巻お読み下さいましたよし、御礼を申上げます。二巻には最近撮りました、総持寺墓前で皆さんと一しよの、利彦の碑がありますから御覧下さいませ。まだ出来てはゐませんが、出る筈になつて居ります。どうか本が売れてくれるとよいと願つて居りますが、時節がこうではと気づかつて居ります。一寸御礼まで。

堺死去後に『日記』に書かれたものを記しておこう。

一九三五（昭和一〇）年一月二三日「堺利彦氏三周年祥日遙かに鶴見総持寺内の碑を展せん」。同年五月二七日「堺利彦氏の一人娘真柄子三十三歳は高瀬清氏と離縁して竟いに近藤憲二氏に巣を換へたり（十三年間夫婦を撤す）」と革也は娘真柄の動静にも注目していたようだ。

一九三六（昭和一一）年一月二三日「堺利彦氏の満三年記《ママ》周年日　未亡人堺為子刀自に葉書を贈る（追懐を新たにす）東京市目黒区下目黒四の九七五、近藤憲二方」とある。

以後、一九四三年まで堺利彦に関する記述は見られない。この年には一〇月一三日に革也が死去するまで四点の記述がある。それらは以下のようなものであった。

一九四三（昭和一八）年一月六日「来信堺為子女史、返信す」とあるが、それぞれの具体的内容は書かれていない。為子の書簡も残されていない。同月二三日「堺利彦氏（空白―引用者）年忌日に当る」と記している。同様の記事は上に記したように七年前の一月二三日であった。翌二四日「追憶三十三年周忌幸徳秋水氏一派十二名処刑記念日」とある。二三、二四日と堺利彦及び幸徳秋水に関する記述であった。

革也の『日記』に堺記事の最後としてあるのは、同年九月一七日「堺為子女史　東京都四谷区本塩町十九の五」とある。堺為子の住所である。一九三六（昭和一一）年一月二三日に革也が記していた住所は上に引いたとおりであるが、七年後には転居先が記されている。

一九四三年一〇月六日、革也最後の『日記』記載は次のものであった。

> 昨夜徹宵、膀胱の痛苦甚だしく未明ニ山崎医師の来診を求め注射三本ニ服薬す　向ひ谷八重野夫人を黎明に電話を借つて医師急診を依頼せり　丹和銀行桧山支店ニて約束手形ニて金五百円を借入れたり。

これ以後の『日記』は白紙であった。革也は日記をつけることができないほど病状が悪化していたのだ。革也はその一週間後の一三日に尿毒症で死去したのであった。

堺利彦死後は妻の為子と音信があったことを知ることができる。生涯にわたって堺利彦、続いて妻の為子と交友関係を継続していたことになる。おそらく一九〇三（明治三六）年秋ごろから交友が始まったと考えられるので、ちょうど四〇年間の長きにわたったことになる。堺利彦の死去までであれば、三〇年間であった。

三　福田英子と岩崎革也との交流

1　田中正造とのかかわり

岩崎革也は一九〇七（明治四〇）年六月一五日に福田英子宛に次の書簡を送ったが、英子は自らが主宰していた『世界婦人』（第一三号、同年七月一日）にそれを掲載した。

岩崎革也氏より　田中翁の無罪宣告紙上に報せられ挙手喜悦と安神仕候。女史始め遠藤君御同悦之至と遥察いたし申候。連日の梅雨陰鬱の際この好良之事局を聞き青天白日之感に御座候。至誠強剛の老義士弥々益々健在を祷るものに御座候。真に面目の躍如たるや御会談の折には宜敷御伝声を乞ふ。女史御清雄の事と慶賀いたし候。弱生不相変褥中の病身漢何とも慚恨無限候。この頃は山居し細雨濛々不順の気候なれば一層困り申候。折角御自愛を遊、為道御静立是祷。

革也は「田中翁の無罪宣告」と書いているが、田中正造の関係した事件は次のようなものであったことが『萬朝報』（一九〇六〈明治三九〉年七月八日付）の記事で知ることができる。

此の程予戒令を執行されし田中正造氏は去る三日栃木県谷中村にて村長職務監掌として出張中なる下都賀郡書記鈴木為三氏を指し、この男は盗賊なり巡査さん逃がしてはいけないと言語と形容を以つて侮辱し、鈴木氏に告訴されて去る五日拘引されたり。

一年前の「侮辱」事件の無罪判決が一九〇七（明治四〇）年六月一三日に出されたのであった。この判決を革也が「田中翁の無罪宣告」と書いたのだ。この書簡は月日が不明であるが、六月一三日以後月末までに福田宛に送付されたものである。革也は福田が田中正造が闘っている谷中村を訪ねたり、支援していることを知り応援していたのである。

2　福田英子最初の革也宅訪問

『世界婦人』第一七号（一九〇七年九月一五日）に福田英子宛革也書簡が掲載されている。書簡が残っていないので日付不詳ではあるが、掲載日から初秋の書簡であることがわかる。書簡内容は、

如貴示一葉秋を報じ来り申候。村雨松風の山居已でに野の末には萩女郎花桔梗も優艶に咲き、武骨の我れを迎ふるもの、如し。嗚呼、秋色の天襲来す女史倍健乎。好時季御西遊奉待申上候。

とあり、福田英子を丹波の自宅に訪問するよう勧めていることが記されている。

福田英子は革也の勧めにしたがって「西遊」した。村田静子編『福田英子集』（不二出版、一九九八年）によると、「年譜」一九〇七（明治四〇）年九月二八日の項に、「京都、丹波経由で岡山の姉の家へ静養に行く」とある（六六五ページ）。同「年譜」によると、福田は東京に帰着したのが一〇月二五日であった。約一カ月文字通りの「西遊」であったのだ。福田が革也宅を訪れたのは一〇月初めであったという。太田雅夫『岩崎革也年譜』（桃山学院大学教育研究所、一九九三年）の同年の項に、「福田は10.初旬数日間岩崎革也宅に滞在する。このとき革也宛の為書きのある田中正造の書3幅を持参する」（二九～三〇ページ）とある。

革也は田中正造に敬意を抱いていた。そのことは先に引いた『世界婦人』第一三号に掲載された、

田中正造の扁額「天地似我>似天地丁未九月為岩崎革也君正造」
1907（明治40）年秋に福田英子が革也宅に持参した。

革也の福田英子宛書簡で知ることができる。福田英子は田中正造が闘っている谷中村にたびたび慰問を繰り返していた。村田静子前掲書「年譜」に出るものを拾ってみると、一九〇六（明治三九）年には四月二八日、八月二五日、翌年には三月一四日、六月二三日、六月二八日、七月八日と続く。慰問するだけではなく田中正造とともに各種の運動に参加している。田中正造の運動は新聞にも報道され革也自身注目していたのである。

革也は著名人の揮毫した扁額や軸物を数多く所持していた。尊敬する田中正造の書を入手したい思いも強かったであろう。おそらくその意を福田英子に依頼していたと思われる。革也宅を訪問した福田は「革也宛の為書きのある田中正造の書3幅」（太田雅夫前掲書）を持参したのであった。「三幅」であったはずだが、岩崎家には横書と縦書の二幅しか存在しなかった。横書は「天地似我、似天地　丁未九月為岩崎革也君　正造」とある。「丁未九月」とあるので、明治四〇年である。縦書は「天地似我、如天地　為岩崎革也君　六七翁正造」とある。「六七翁」とあるのは、正造は一八四一（天保一二）年一一月三日生まれ（旧暦）なので、数えで六七歳である。横書縦書の二幅はともに明治四〇年九月に揮毫されたものである。福田英子が革也邸を訪問したのは一九〇七（明治四〇）年一〇月であった。福田が「西遊」するため田中正造がわざわざ揮毫したことがわかる。

縦横ともに岩崎家に掲げられていた二幅はそれぞれ同趣旨の書である。もう一幅も同様であったのか不明だが、革也は親しい人物に与えたのかもしれない。田中正造は運動を継続するにあたって経済的に窮迫しており、革也も承知していたから多額で購入したであろう。

福田英子が田中正造の揮毫を持参して一年後、革也が表装に出していた軸が扁額となってできあがったことを福田英子宛の書簡で知ることができる。書簡は『世界婦人』第三一号（一九〇八〈明治四一〉年一二月五日）に出るが、書簡そのものの日付は不明である。内容から晩秋と思われる。

岩崎秋月氏（丹波）女史健麗にして筆硯益雄、亦不楽乎。京丹之天地、昨今秋雪霏々たり。吹風は紅黄の葉を散布して自然の活景真に清絶。女史昨秋、吟杖を曳いて余が山居を訪ねられ、齎らされたる治代の義人正造田中老翁之筆蹟は、幸にして軸額とも今日表装成り華朴其宜しきを得て幅幀を調へたり。今後我茅屋蟹舎に掲けて以て日夕此敬虔する師父に見ゆる事となれる、実に女史の至情たるを茲に多謝す。

革也は「今後我茅屋蟹舎に掲けて以て日夕此敬虔する師父に見ゆる事となれる」とその喜びを記し、福田英子に「多謝」したのである。田中正造の二幅は岩崎家が取り壊される二〇一三年まで百年あまり掲げられていたのであった。

3　革也 総選挙に立候補の意志表明

革也は福田英子に総選挙立候補の意思を示す書簡を送った。これも『世界婦人』第三二号（一九〇八〈明治四一〉年二月五日）に次のように出る。
岩崎秋月氏より　飛雪紛々寒風膚を劈く筆硯益々御雄大為庶民此に賀すべく候。政界怒濤今来らん女史議堂の下にあり解散の一撃あれば直ちに電語一打あらん事を乞ふ。

「飛雪紛々」とあるから一月ごろに革也が福田英子に送ったのであろう。「政界怒濤今来らん」との政治情勢を見て立候補する心づもりであった。三月一日に国会が解散され五月一五日総選挙となる。革也は四月下旬に立候補の意思を表明し、五月四日の『京都日出新聞』（現『京都新聞』の前身）に広告を出したが、数日後の同新聞（五月一〇日付）に「生義自ラ深ク感スル所アリ　衆議院議員候補ヲ辞ス　五月九日　岩崎革也」との辞退広告を出した。

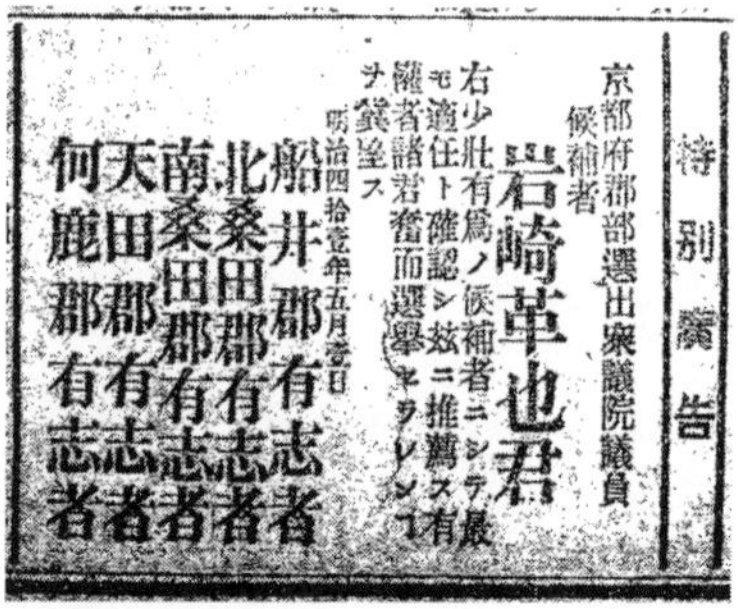
特別廣告

京都府郡部選出衆議院議員
候補者
岩崎革也君

右少壯有爲ノ候補者ニシテ最モ適任ト確認シ玆ニ推薦ス有權者諸君奮而選擧セラレンヿヲ冀望ス

明治四拾壹年五月壹日

船井郡有志者
北桑田郡有志者
南桑田郡有志者
天田郡有志者
何鹿郡有志者

岩崎革也の総選挙立候補広告（『京都日出新聞』1908〈明治 41〉年 5 月 4 日付）

　革也は選挙戦にそなえて事前に「選挙人諸君に告ぐ」との選挙政策を用意していた。そこには「僕は唯だ自身の政見を発表して諸君の御判断に訴へます」として、政党の刷新、財政の整理、普通選挙の三点を挙げてそれぞれに説明をくわえている。だが、用意したビラは配布されることはなかった。そのビラ末尾に「丹波須知町　岩崎革也　三十八年四ケ月」と記している。三八歳であったのだ。選挙費用として用意したうち二千円を学校教育にと寄付した。革也は中央政界に打って出る野望を持っていたことがわかる。だが、以後国政に出ることはなかった。

　革也は福田英子宛に次の書簡を送っていた。これも『世界婦人』（第二七号、一九〇八〈明治四一〉年八月五日）に掲載された。

　岩崎革也氏より（丹波一一日付）御事業愈佳境に進み、専ら御奮励の由隻手を揚げて祝します。老後とか晩年とか、いつも謙譲の言文は仲々不似合にて、壮年の意気勃々たるものと推想いたし

選擧人諸君に告ぐ

僕此度少しく感ずる所あり、自ら衆議院議員候補者として起つに當り、一言諸君に申上げます。

由來、議員選擧は國政上の重大事で、決して輕々にすべき者ではありませぬ。候補者たる者は、固より一身の名譽利慾を念頭に置く事なく、ひたすら忠實に國民の意思を代表するを旨とし、明かに其政見を發表して贊成者の投票を俟つべく、選擧人は各候補者の中から政見に於ても人物に於ても、自分の最も信頼する人を撰んで投票すべきであります。然るに近頃は往々此明かな道理を忘れて、自己の野心を充たす爲に議員たらんと欲し、或は官邊の威光を借り、或は金錢の魔力を濫用して選擧人諸君を瞞着し、結局國政を紊亂さす如き弊があると聞きます。誠に以て苦々しい次第ではありませぬか。又選擧人に於ても充分注意して候補者の人物を見る事なく唯だうまく頼んで來る者に投票すると云ふ樣な、輕々しいやり方が幾分かあるやに承はつて居ります。若し果して然らば、是實に自己の重大なる權利を濫用する者で、此上もない愚かな事と云はねばなりませぬ。諸君の中にはヨモヤ左樣な事をする人はあるまいと信じますが、いつ何時不都合な候補者や運動者が出て、諸君の自由意思を曲げさす樣に働くかも知れませぬ。けれども僕は諸君の自覺を信ずる、諸君が從來の經驗に徴して必ずや愼重に代表者を撰擇せらるゝ事を信ずる。今僕が權勢なく名望なく、黄金なく、赤手空拳を以て候補者たらんとする者、亦聊か信ずる所あるに依るのであります。

諸君、吾々は僅か十錢廿錢の買物に人を使にやる時にすら、其人の正直不正直を見、品物の善惡を見別ける力を考へるではありませぬか然らば國民として最も重大なる權利、一國の政務に參與するの權利、此貴重なる權利を行ふ所の議員選擧に於て、賄賂や情實や、お辭儀の多少に依つて向背を決するが如き馬鹿な眞似は出來ますまい。故に僕は唯だ自身の政見を發表して諸君の御判斷に訴へます。

一、政黨の刷新　立憲政治の國に於て政黨は必要缺くべからざる者であるならば眞に政治上の主義意見を以て集まる政黨を作らねばなりませぬ。然るに現今の政黨は、主義もなく、意見もなく、唯だ時々の利益を逐ふて集まるが如き、腐敗した政黨であります。斯の如き者を其爲すが儘に放任して置くならば、到底立憲政治の實は擧らぬと思ひます。故に僕は今の政黨に大刷新を加へて憲政の根本を清めたいと考へます。

一、財政の整理　國家財政の方針如何は、直接人民の生活に關係あるのみでなく、生產事業の發達に大なる影響を及ぼし、國運の振否を左右する者であります。されば不確實な計劃を立て、少數者の私議に依つて方針を二三にし、動もすれば增稅を以て人民に臨むが如き從來のやり方には、僕は反對であります各種の經費は力めて之を節約し不急の事業は之を廢し、然る上尙ほ國民の幸福を增進する爲に增稅の必要あるならば明かに其事情を告げ、國民と協議を遂げて事を決すべきものと信じます。

一、普通選擧　完全なる立憲政治とは、大多數の國民が選擧權を有して國政に參與する事であります。然るに今日我國の選擧法では有權者の數が甚だ少ない、選擧の弊害、政治の腐敗は大に之に因つて起ります。又現在選擧權を有たぬ人々も皆租稅を納め兵役に就き、國家を維持する柱石となつて居るではありませぬか。故に僕は普通選擧を主張致します。日本國民は財產の多少に拘はらず、滿廿歲以上の者は悉く選擧權を有すべき者なりと主張致します。

諸君、僕の政見の重なる者は以上の通りであります、唯だ自ら見る所を諸君の前に公言して御判斷を仰ぐのですから、之に御贊成のお方は下名に投票して下さい。強いて當選せんが爲に、諸君の足もとに頭を下げて御機嫌を取る樣な卑劣な運動は一切致しませぬ。これ一つには諸君の權利自由を尊重し、選擧の弊害を矯正せんが爲であります。

明治四十一年五月　衆議院議員候補者　岩崎革也

切取線

丹波須知町

岩《イワ》崎《サキ》革《カク》也《ヤ》

三十八年四ケ月

岩崎革也宛森近運平書簡に同封されていた選挙政策
（1908〈明治41〉年5月15日付）

遙かに女史が前途の多幸と他福を祈り居ます。

おそらく七月送付の書簡と思われる。総選挙立候補辞退から二カ月後であるが、選挙や政治に関して一切ふれていない。当時の革也の『日記』は存在しないので辞退後の所感などを記したものはない。

4　岩崎平造、福田英子同道谷中村に

『福田英子集』によると、「年譜」一九一〇（明治四三）年六月二九日の項に「岩崎平蔵《ママ》に同行して谷中村を訪う」とある（六六三ページ）。このとき革也の長男平造は一八九一（明治二四）年五月二日生まれなので一九歳である。早稲田大学高等科予科政治学科に入学したころである。早稲田大学校友会発行の『会員名簿』（一九二八年一一月）によると、卒業は一九一四（大正三）年七月であった。

一九一〇（明治四三）年六月三〇日付福田英子宛田中正造書簡が次のように一通岩崎家に所蔵されていた。

昨日ハ丁度御面会の機会を得て御同行、昨夜発

汗、今日快気に候得共ねつ少々ハ有之候ても御安心被下度候。○岩崎平造様御父子に御序可然、
右末筆。恐々

宛書は「東京淀橋町角筈七三八　福田英子様」、差出は「三十日古河町より正造」である。この田中書簡によって革也の長男平造は福田英子とともに谷中村を訪れ、田中正造に案内されて谷中村問題について認識を深めたと思われる。この年は三月に政府が議会に渡良瀬川改修案を提出した。案は渡良瀬川を改修し谷中村を中心に巨大な遊水池を造ることにあった。当然谷中村残留民、水没する地域住民や田中正造は反対運動を起こす。しかし、改修費は帝国議会で通過した。このような状況のなかで田中はもちろん多くの谷中村を始めとする住民が反対運動を続けることになる。田中正造は徹底抗戦の運動を展開する時期で多忙であった。現地のみならず東京にも出向くことになる。このような時期に福田英子は岩崎平造を同道して谷中村に出かけたのであった。

田中正造死去後運動を継続した島田宗三は『田中正造翁余録上』（三一書房、二〇一三年新装版）に福田英子と岩崎平造について次のように記している。

六月二十九日から七月五日は谷中村強制破壊三周年記念日である。世間では谷中村はとうになくなって、問題の残留民など一人もいないと思っているし、遊水池案の通過で萎縮してしまった被害民の奮起を促すために、田中翁は、この機会に三周年記念会を催して、遠近の関係者や恩人に谷中の消息を伝えて感謝の意を表したいと、かねがね村の人たちと語り合っていた。（略）翌二十九日朝七時出発、赤麻を経て部屋・生井・野木各村有志を訪問して古河町に到り、駅前の田中屋に於て田中翁と落ち合い、たまたま破壊記念日を期して東京から視察に来た福田英子さんと同行の岩崎平造氏に会って挨拶、この日も夜遅くなり帰村不能、ついに古河町田町の角屋という商

人宿に泊った（二六一～二ページ）。

平造が谷中村を訪問してどのような感想を抱いたかはわからない。帰省した時、父革也に見たこと、聞いたことや現状を語ったであろうが、残念ながらこれらを知ることはできない。

平造が谷中村を訪ねた一九一〇（明治四三）年の学籍簿の現住所は「東京府豊多摩郡淀橋町角筈七三八福田英子方、保証人東京市日本橋町大伝馬町一の二五逸見斧吉」であった（太田前掲『岩崎革也年譜』三二ページ）。村田静子前掲書「年譜」によると、一八九八（明治三一）年の項に三月一二日「福田友作の妻として入籍」、「この年（?･《ママ》）角筈738番地へ転居」とある。「?･」マークが付いているが、以後福田はここに在住していたことになる。だが、英子の夫友作は一九〇〇（明治三三）年病死する。一九〇八（明治四一）年五月一九日に「石川三四郎出獄、英子宅に住む」（村田「年譜」）とある。先述した学籍簿の住所どおりだとすれば平造もここに厄介になっていたことになるが、平造は下宿人というわけではなく、福田英子宅を住所としていて実際には別の場所に住んでいたのでないだろうか。福田英子が社会主義者として行動しており、谷中村や田中正造と深いかかわりがあることから平造も自然とこれらに関心を持つようになったと思われる。

5　福田英子二度目の革也宅訪問

すでに述べたように福田英子は一九〇七（明治四〇）年一〇月初旬に革也宅を訪問し、数日間過ごした。革也宅訪問はこれが最初であるが、二度目の訪問を行っている。太田雅夫『岩崎革也年譜』の一九一四（大正三）年の項に「七　福田英子、長女きぬの結婚の打合せで数日間滞在」とある（三三ページ）。

また、福田英子は島田宗三宛への書簡（一九一四〈大正三〉年七月一二日）に次のように書いている。

（前略）私事一昨十日東京を出発致し当処へ参りました。来月早々には岡山市の実姉の許に参ります。急な御用が御座いましたら、此処へ下さいませ。何分にも暑さの為め病気宜しからず、為めに転地を勧められて参りし次第です。何れ後便に亦々申上げます。　草々　十二日

宛書は「下野国下都賀郡藤岡町元谷中」で、差出書は「京都府下丹波国須知町　岩崎革也様内」である。七月一二日には福田英子は革也邸にいたのである。

小野吉勝は福田英子宛書簡（同年八月一日）を出している。その宛先は「丹波船井郡須知町岩崎様方　福田英子様」である。差出は吉勝の郷里奈良県である。革也の長女きぬとの結婚式は八月四日なので目前に迫った段階である。吉勝は革也宅に母と二人で挙式の前日三日に到着した。父元亮は吉勝によると、「明治廿九年三月下市町立高等小学校をおえ、四月県立郡山中学校に入学、翌年三月学資難のため（父廿七年七月逝去、次兄岡山医専在学中）退学」とある（唐沢隆三の個人誌『柳』一九六一年第八号）。父の死は吉勝が一四歳の時であったので挙式に当然出席できなかった。

小野吉勝は田中正造とのかかわり、またきぬとの結婚について次のように記している（『柳』一九六五年一一月号「福田英子刀自」）。

私が新紀元社や田中正造翁等に接触出来たのは一に福田刀自の庇護の下に引立てられたものであったことをここに言明し感謝し奉る。更に大正三年成女校幹事に就任していた私を丹波須知町の先覚者岩崎革也大人に紹介し、進んでその娘婿としての縁を結ばしめ岩崎分家を継がせてくれたのも刀自のお情けであった。

福田英子が革也や吉勝に大きな役割を果たしていたのである。岩崎革也の長女きぬは一八九〇（明

治二三）年一月二九日に誕生しているので二四歳である。夫となるのは小野吉勝三一歳である。小野吉勝は『早稲田大学紳士録』によると、

出身地　奈良県吉野郡下市町　明治一五年三月一六日生　明治四〇年大学部政治経済学科卒　京都府船井郡須知町京都府会議員岩崎革也養子　明治四〇年一月東京市牛込私立成女高女講師　同四一年九月同校幹事大正一五年三月退職（以下略）

などと記されている（一九四〇年版、一三二ページ）。

小野吉勝は結婚当時成女高等女学校に勤務していた。また社会主義者であったことから福田英子が主宰していた『世界婦人』を手伝っていた。それゆえ、同誌には小野吉勝執筆記事が多く掲載されている。福田英子は小野吉勝を革也の長女きぬと結婚させるよう執りはからったのである。その結果、一九一四（大正三）年八月四日に丹波で結婚式が行われた。

東京の社会主義者たちも二人の結婚について祝いの書簡を送っている。堺利彦の革也宛書簡（同年八月七日）に、「今回は福田女史の御媒酌にて御婚儀めでたく御挙行のよし何よりの御事に存候。吉勝氏には久しく拝面も致さず候へば宜しく御伝へ願上候」とある。

革也宛書簡が六五通残っている高畠素之は「拝復芳墨拝誦仕候扨今回御令嬢様愈々御婚礼御成就の由大賀の至りに候、先は不取敢書面を以て御祝辞申上候、御令嬢併に未見の郎君へ何卒よろしく御伝声願上候。余は万端御面晤の上。福田女史にも宜しく」（同年八月六日）と祝意を寄せている。高畠は「余は万端御面晤の上」と含みのあることを書いているが、ここではふれないことにする。

福田英子は徳冨健次郎（蘆花）宛書簡（一九一四〈大正三〉年一二月二三日）に、

拝啓　其後は意外之御無沙汰申上居候。私事去る七月より病気のため丹波なる友人の家に参り一

ケ月斗り滞在、此間令嬢の結婚媒介を卒へ、八月は岡山実姉の家に寓居致し是亦一ケ月を費やし、九月中旬病気軽快を得て漸く帰京致し候。（以下略）　十二月廿三日　福田英　徳冨先生　閣下

と書いている（『福田英子集』三八二ページ）。いうまでもなく「丹波なる友人の家」は革也宅である。そこに「一ケ月計り滞在」したという。通常ではそれほど長居することはできないが、革也にとってはさほど迷惑なことではなかったのであろう。

6　福田英子三男千秋、革也宅訪問

革也の『日記』一九一九（大正八）年四月八日「東京福田千秋氏来訪せり　岡山市沢田正文氏の葬式の帰路立寄れり　九日在遊十日朝胡麻駅へ帰途す」と記している。さらに翌九日には「福田と猫山へ遊歩す」とある。猫山は革也宅から近い小山であった。景山英子は一八九二（明治二五）年春に自由党関東倶楽部で福田友作に会い、この年に結婚したようだ。入籍は一八九八（明治三一）年三月二二日であった（村田静子『福田英子』「略年譜」による。以下同書と同編『福田英子集』「年譜」による）。英子は一八九三（明治二六）年長男鉄郎を産んだ。翌年二男侠太を、さらに一八九九（明治三二）年一二月二〇日に三男千秋を出産した。英子三五歳であった。ところが、福田友作は千秋誕生四カ月後の一九〇〇（明治三三）年四月一三日三六歳で死去した。千秋は父友作についての記憶がないまま成長したのであった。

福田英子は石川三四郎と同棲していたが、石川は官憲の弾圧により社会主義者としての活動ができないため、一九一三（大正二）年から翌年にかけて亡命する意志を固めた。この時の福田英子の対応を石川は『自叙伝』に次のように述べている（『石川三四郎著作集第八巻自叙伝』青土社、一九七七年）。

私が日本脱走の決意を英子姉に語ると、英子姉は悲しみもいたしましたが、また非常に喜んでもくれました。そして「せめての形見として貴方の姓を千秋にゆづって下さい」という願でありました。千秋は英子姉の末子です。私はそれを喜んで承諾し、私の養子として入籍致しました。
（二六九～二七〇ページ）

石川は一九一四（大正三）年二月七日に千秋、石川三四郎との養子縁組の届出をした。そして三月一日に治外法権の外国船に乗り込みベルギーへの亡命を決行したのであった。

革也は千秋についてそれらの事情を知っていて来訪を歓迎した。革也宅を訪問した時千秋は二〇歳の青年であった。革也は千秋の母英子について思い出話に花を咲かせたであろう。千秋は革也宅訪問二年後の一九二一（大正一〇）年七月一〇日に、わずか二三歳で死去してしまった。母英子は五七歳であった。

革也は英子からの電報または書簡を受け取ったと思われる。七月一三日の『日記』に、

東京市外南品川六丁目八六番地福田英子の末子千秋氏去ル十日病死せり

と記している。革也が香典を送ったと書いていないので不明である。

なお、千秋の告別式は七月一一日に自宅で行われ、葬儀は七月一八日に東京駒込染井の信照庵で行われた。

7　福田英子三度目の革也宅訪問

一九二三（大正一二）年一〇月下旬に福田英子は三度目の革也宅訪問を行った。ところが、革也は当時京都府議会議員をしていたため京都で議員活動中で福田英子に会わないままであった。革也が在

京していたのは二四日から三一日までの八日間である。京都でどのような議員活動をしていたかを知るため、この間の『日記』を以下に引いてみる。いずれも議員活動に関わるものを中心にする。

一〇月二四日　午前十二時出宅の上、京都へ罷越す、加藤旅宿ニ滞留す、磯部氏来宿

一〇月二五日　在京　吉田九一郎氏外三名来京、農学校昇格問題ニ付運動開始す、大塚校長も来京、加藤旅宿ニ一同泊る　風間政友会支部長の宅へ訪問　同夜東上せらる

一〇月二六日　在京す　府庁ニ一同出道して長田代議士に面陳す、一同開場の植物園ニ新電車ニて散歩す　夜分世木支配人訪宿せらる

一〇月二七日　在京す　府立病院ニ至り増田博士ニ視力診察ヲ乞ふ、午後二条支店ニ至る　平造来京す、磯部氏と府庁ニ近土木課長ニ面会の上道路問題具陳せり

一〇月二八日　在京す　岡崎町入江の米田博士邸を訪問す、画帳を差出して揮毫を依頼せり　夕刻より木屋町二条下ル玉房楼ニて産業部長久保田金四郎氏の休職送別慰宴を催す、主客六名午後十時帰宿す

一〇月二九日　在京す　午前中　午後亀岡ニ帰途す　井上活泉兄、沼田氏と玉川楼ニ快談、一泊せり

一〇月三〇日　亀岡より園部ニ帰途立寄る、奥村英一氏、秋田氏とゝもに三亀亭ニて会談会酌す、一泊せり

一〇月三一日　園部ヲ辞して午後三時帰宅せり　廿四日より外出八日間、不在中東京より福田英子女史来訪して三四泊の上今朝岡山へ赴かれたり　面語を得ず　須知小学校ニテ天長節祝賀尚老人会の催しありたり

福田英子は一〇月二八日ごろ革也宅を訪問し「三四泊」して三一日の朝岡山へ発ったのである。革也はもう一日早く切り上げて帰宅しておれば「面語」できた。三〇日は園部で奥村英一、秋田三平とともに「三亀亭ニて会談会酌」したうえ一泊している。不要不急の「会談会酌」でなかったのか。妻の登美子から福田英子が来宅していることを電話で通知されていたはずなのに面語の意志がなかったと思われる。それは革也が府会議員に当選して多忙な時期であったからという理由だけだったのかと疑問に思える。

革也はこの年九月二五日の府会議員選挙に立候補して山内寛二郎との激戦を制して当選した。九月二六日に開票された。当日の『日記』に、

今回府会議員投票ヲ園部の郡役所会議室ニて開票　結果は非常の番狂ひを呈露せり　総数六千六百〇七票　有効六、五四八票　無効五九票　当撰三、三二二票　岩崎革也得志　次点三、一六七票　山内寛二郎得志　差、百五十五票ニテ勝算　因記、下和知、富本、桧山、三宮、村ニ於て約四百票ヲ山内派ニ掠奪セラル

と記している。革也は圧勝すると見ていたのだ。

二七日からは選挙区の有力者や運動員など各地各人に挨拶まわりを開始する。一〇月一三日から一七日まで京都で同様の活動をする。府会議員時代の京都の旅館の一つは加藤旅館であり、そこを常宿として日々の活動を行った。二四日からは京都での諸活動が続いた。福田英子の来訪は革也が議員としてなにかと多忙な日を送っていたころであった。なお、福田は事前の訪問時期を通知していたか革也宛書簡が存在しないため不明である。今回の訪問に対して英子は革也から金銭的な援助は受けていないようだ。『日記』に記していないからである。英子にとっては当てが外れたとの思いであったの

ではなかろうか。

福田英子はこの年九月一日関東大地震に遭遇した。彼女宅の被害状況はわからないが、被害があったのでないかと思われる。それでなくても経済的にたいへん窮乏していた時期でもある。福田には革也に援助を願う思いがあったのではないか。前年ではあるが、島田宗三宛福田英子書簡（一九二二〈大正一一〉年七月二一日付）に次のように書いている（『福田英子集』四〇〇、四〇一ページ）。

（前略）扨田中翁の揮毫譲り度旨御耳に入れ希望者御物色御願申上処、早速御返事被下難有奉謝候。私も折角翁の心に懸け御揮毫被下候ものを、手離したくは御座なく候得共、何分にも先日申上候如き事情にて困却仕候ゆへ、金に代へらるゝ事ならば背に腹は代へられず譲り度考に御座候も、まるつきり翁の人格を知らざる人には仮令ひ金を出して貰ひ候とて、反古同様の行為をなす人には渡したくは御座なく候（以下略）

福田は「困却仕候ゆへ、金に代へらるゝ事ならば背に腹は代へられず」とその内心を吐露している。この状態はその後も続いていた。一九二七（昭和二）年五月六日付の『山陽新聞』は、福田は「晩年はスッカリ隠遁生活に入り、震災前後ころは呉服小間物の行商などして老の身を養つてゐた」とある。ところで、福田英子が革也宅を訪問した同年の一二月に、故堺利彦の妻為子が革也宅を訪問したことは先述した。革也は妻に為子を宿まで案内させ、翌日「堺為子へ金百円震災見舞として送与」（『日記』一二月一九日）したのであった。この年、堺利彦は六月五日に第一次共産党事件で一斉検挙され、市ヶ谷刑務所の未決監に拘留中であった。九月一日、関東大地震が発生。為子は革也の見舞金によって越年できたものと思われる。英子にしても為子にしても生活に困窮していたころであった。革也の二人に対する接し方に違いが見られたが、なぜこうであったのかは理解しがたい。

8　福田英子の死去

福田英子の死去は一九二七（昭和二）年五月二日であった。革也はたまたま銀行業務で東京在中であった。一日から五日までの東京行きで取締役の秋田三平も同道していた。革也の須知銀行頭取としての業務内容の一面を知ることができるため、五月一日から五日までの『日記』全文を参考までに引いてみる。

五月一日　午前六時半出発す　銀行用務を帯び東上の途に就く　午後八時過着京す　日本橋区宝町三丁目名倉屋ニ滞宿せり

五月二日　臨時議会開院式　滞京　秋田氏同道して、牛込納戸町原夫次郎氏訪門《ママ》す、大蔵省政務次官大口喜六氏訪門《ママ》す、午後四時より岩崎吉勝氏を訪ひ同家一泊す（書生、信生森雄）、知友福田英子病死（六十二歳）元景山英子

五月三日　滞京、磯部清吉氏来京の上同宿す、一行三名は大蔵大臣三土忠造氏を官邸に訪ね、銀行救済資金臨時貸出ニ付請願陳情す　午後日本銀行ニ到り深井理事ニ面会して陳情す

五月四日　滞京　午後日本銀行ニ至り麻生理事ニ面語して陳情す、京都府郡部の井上英之助氏来訪せらる　福田英子女史去ル二日午後六時死去せし訃音ニ接し午後三時より南品川町六丁目八六地の寓を訪ね慰門《ママ》悔みニ参る、吉勝氏と同道す

五月五日　東上より五日間　午前十時京都駅帰着す、京都支店ニて集談す　日本銀行京都支店へ小生、秋田、世木の三名出頭して臨時貸出金の件交渉せり　午後六時帰宅す

革也は須知銀行の危機打開のため、東京で多くの「請願陳情」を必死に重ねる活動をしていることが明らかになる。その時期に福田英子の死に遭遇したのであった。

福田英子の葬儀の様子を村田静子『福田英子』は次のように記している（二一〇～二一一ページ）。告別式は四日、南品川の品川寺で、福田家の宗旨であった真言宗によって営まれ、遺体は桐ヶ谷の焼場で荼毘に付された。この日の会葬者は約二百名にのぼった。石川三四郎をはじめとして、大阪事件関係者の村野常右衛門、霜島幸次郎、中村楯雄をはじめ、大井憲太郎の書生だつた長谷川隆通、福田友作の友人の衆議院議長粕谷義三、社会主義の同志堺利彦夫妻、木下尚江、逸見斧吉、岡千代彦、岩崎吉勝のほか、婦選獲得同盟の市川房枝たちの姿もあった。また、国家主義運動の黒幕頭山満の代人、国家主義団体黒竜会の葛生能久など、実に多方面の人々が参列した。また政友会の犬養毅や、京都帝国大学教授河上肇などからも弔文がよせられた。

革也の女婿である吉勝の名はあるが、革也の名はここには記されていない。村田静子は告別式が四日と記している。二男の福田侠太と親戚一同による徳富健次郎（蘆花）宛書簡（同年五月三日）は「母（旧姓景山）儀予て病気の処本月二日午後六時永眠仕候間此段御通知申上候。追て来る五月六日午後二時より三時迄府下南品川品川寺（京浜電車青物横町下車）に於て告別式相営み申候」とある。また、『東京朝日新聞』（五月五日付）は「なほ告別式は六日午後二時から南品川の品川寺で行はれるはず」と予告している。これらによれば、六日に告別式が実施されたと思われるが、当日革也はすでに須知に在宅していたので式に出席していなかった。革也は危機にあった須知銀行を維持するため多忙な日々を過ごしていたため帰郷せざるを得なかったのだ。

『福田英子集』には「弔意者一覧」が収録されている。五月二日の「悔帳」と二日から一五日の「到来帳」に二二八名が掲載されている。そのうち両帳に名があるのは五九名であった。革也と吉勝は「悔帳」「到来帳」ともに名があり、平造の名は「到来帳」にのみ記されている。『日記』には平造が当時在京していたことは記されていないので革也が平造の香料も併せて供えたのであろう。
なお『日記』同年の巻末に「金銭出納録」があり、その五月一日欄に「東京行　岩崎きぬ一〇円、福田女史香料五円、東京行旅費五円」とある。これにより革也の英子への香料が五円であったことを知ることができる。

四　高畠素之と岩崎革也との交流

1　高畠素之との最初の出会い

高畠素之は一八八六（明治一九）年一月四日に群馬県前橋市に生まれた。一九〇四（明治三七）年一〇月一日に同志社神学校本科に入学する（田中真人『高畠素之』現代評論社、一九七八年）。『平民新聞』に高畠の名が初めて現れるのは、同年一二月一一日付第五七号（「同志の運動」「伝道行商の記七」）であり、山口義三と小田頼造が社会主義伝道行商で京都に着いたときの通信に次のようにある。

京都へ着いて同志社渡辺道雄、児玉花外の諸氏を訪ひ、丸太橋の辺なる同志守永勲氏の宅に落付き、同志を訪ふて小原静一、高畠素之、関原喜代松、大石真子、大石七分の諸氏に面会した

大石真子と大石七分は大逆事件で刑死する大石誠之助の甥である。高畠は同志社入学後間もなく大石らと社会主義グループの一員であったのである。

さて、一九〇六（明治三九）年一〇月六日に社会党の全国遊説のため一〇月六日に京都入りしていた座間止水は、船井郡須知の革也宅を一〇月二〇日に訪問した。この時のことを、一一月五日付『光』（第一巻二六号）掲載の座間止水の記事「日本全国遊説」は次のように記している。関連部分の

み引く。一〇月のことである。

十七日　丹波船井郡須知町の有力なる同志岩崎革也君より来書あり曰く、『小生病余尚茫々僅々として眠食慚愧に不堪です両三日前外遊致し今帰宅丹陰の秋天極めて寂寞なり一歩御遊下さい』と、（後略）

二十日　十時岩崎君の宅に着いた。其れから旅人宿に案内され、楼上で共に食ひ共に飲み且つ笑ひ且つ談じた。

二十二日　宿屋に引込み居たるに、岩崎君来訪舞鶴の同志の元気あることを語らる。氏は時々同地に出張せられ遊説伝道を実行しつゝありと。夜七時から学術演説会あり、役場内の公会堂に於て開く、聴衆四十内外

廿三日　僕は岩崎氏に別れを告げ午後五時須知を出発し園部駅七時三十分発車にて京都に帰つた。

廿四日　同志社大学生遠藤、高畠、中館の三氏が来訪一木氏と共に京都に研究会を再興する事などを語つて居られた。

廿六日　夜に入りて福本、遠藤、高畠の諸氏来訪せられたり。

座間止水は「社会主義全国遊説」に京都に来、須知の岩崎革也をたよって同地での演説会を行った。革也の呼びかけに応えた参加者が四〇名であることから盛会であったことがわかる。革也の同地での影響力が大きかったことを知ることができる。

この座間止水が演説会から京都に戻った宿舎を高畠らが訪ねて、演説会や革也の様子を聞かされた。さっそく高畠らは須知の革也を訪ねている。高畠が革也に送った一〇月二六日付革也宛書簡で知ることができる。高畠素之、遠藤友四郎書簡は『キリスト教社会問題研究』第五五号（同志社大学人文科

学研究所、二〇〇六年）をもとにするが一部改めた部分がある。

罷出まして御馳走になりました。十時十四分の汽車に恰度間に合いました。途中天気がよくて此上ない保養でした。想ひ且つ語り或は天に祈りつゝ、午后一時に着寮いたしました。いづれ又申上げます。二六日後二時　頓首

差出は「京都同志社西寮遠藤友四郎　高畠素之」である。二四日に座間の報告を聞いた高畠と遠藤は翌二五日に革也宅を訪問し、「御馳走」になったとのことだから、革也邸の近くの大黒屋で歓待されたのであろう。高畠は革也とどのような話をしたか書いていないが、京都や丹波における社会主義運動の現状を始め今回の社会主義演説会の様子なども交わされたであろう。また、革也は東京と丹波須知を行き来していたころなので中央の社会主義運動についても多くを語ったであろう。とりわけ革也が平民社や『平民新聞』発行に多額の醵金をしていることも大きな話題になったに違いない。この出会いが岩崎革也と高畠素之との最初であった。

高畠とともに革也宅を訪問した遠藤友四郎は一九〇六（明治三九）年一二月に同志社神学校を退学した。高畠は翌年五月頃、同志社神学校の寮を出、間もなく退学した（前掲『高畠素之』）。

2　高畠、革也に『東北評論』発行援助依頼

高畠は同志社を退学した一九〇七年秋に故郷である前橋に帰り、結婚した。それ以前に前橋で活動していた遠藤友四郎と高畠は、翌一九〇八（明治四一）年一月に上毛平民倶楽部を設立し、五月一五日に『東北評論』創刊号を発行した。だが、時事問題に触れたとの理由で発禁処分をくらった。『東北評論』は社会主義の運動をこの地で広め深めるための発行であった。『熊本評論』（五月二〇日号）

に「東北同志諸君に」と題して長加部寅吉と高畠素之両名で「保証金とかいふものの納められやうもなく、学術雑誌といふ訳で出す次第であります。このことばかりは実に残念に堪えませんが致し方ありません」と記している。保証金の都合がつかなく「学術雑誌」にせざるを得なかったのだ。時事を論じることができる一般紙誌にするためには、当局に供託する保証金は地方で出す月刊ものの場合二五〇円であった。だが、同人たちで集めた金額はわずか一〇〇円であった（前掲『高畠素之』）。

そこで高畠は革也に次のような発行保証金一部負担の依頼書簡を送った（一九〇八年六月二六日書簡）。

東北評論は保証金百七十五円未納のため発行をつゞける事を不得、甚だ困却して居ります。貴下の御助力を仰ぎ度いのですが如何でせうか。尤も此保証金は只納附するのみですから廃刊すればいつでも取れるのです。平民も其後継続覚束なき様ですが此際地方で活動するのは甚だ有効だろうと思ひます。つまり百七十円貸して頂けばいゝのです。右は相談まで。

差出は群馬県高崎市柳川町十二である。要請を受けた革也は送金したであろうか。否であったようだ。その理由の一つは同年七月一四日付の高畠の次の書簡に記されている。

先日は失礼しました。東北評論も保証金が整って愈々来月一日から出る事になりました。而し最初は売行が少ないので維持が甚だ困難な事と思ひます。そこで東北人にもあらぬ兄にお願ひしたいと云ふのは外でもない、当座の中二三十部余引き受けて貰ひ度ひのです（一部四銭）。各地の同志にコンナ事で助力して貰つてる中に追々時も向いて来てうまく承継する事が出来ると思ひます。甚だ勝手がましい云ひ草ですが一つ是非御尽力を願ひたいのです。

革也が醵金していたら高畠は当然謝意を記すはずだが、それがない。もう一つは田中真人が再刊創刊号発行資金の不足分を高畠の知り合いである阿部米太郎と茂木一次が各七五円ずつ都合をつけてようやく発行することができたと前掲書に記しているからである（五三ページ）。なぜ革也が高畠の要請に応じなかったかはわからない。とにかく同人達が無理な借金を重ね二五〇円を用意して八月一日付で『東北評論』再刊第一号を発行することができたのである。

ところが、たいへんな苦労をして発行した再刊第一号であったが、編集人の高畠は六月二二日の赤旗事件の報道が問題視され、九月二日前橋裁判所で軽禁錮二カ月の判決で九月九日に下獄したのである。

3　高畠との再会

高畠は二カ月の禁錮中、英訳『資本論』を読み耽っていたという。同年（一九〇八年）一一月上旬出獄し、翌年初頭京都に移った。一九一〇（明治四三）年三高英語教師ケディの書生となった。京都でドイツ語を習得するため専念する。『資本論』を原文で読み日本語訳をするための準備であった。

大逆事件で死刑判決を受けた二四人のうち幸徳秋水をはじめ一二人が処刑されたのは一九一一（明治四四）年一月二四日と二五日であった。堺利彦らは刑死者の遺骨を引き取り事後の多くのことに忙殺された。その後、堺は革也が提起し刑死者遺族訪問をすることを計画し、実行に移した。堺は三月二九日革也に「三一ニチタツヤドシラセ」と電報を打った。三月三一日に東京を発ち翌四月一日に京都に着く。到着した四月一日午前一〇時一五分発電信で「ケサツイタ」と知らせた。堺と革也は京都到着後どこで会うかなどの打ち合わせを行った。その具体的な内容は官憲文書『社会主義者沿革　第三』「堺利彦、陰謀事件関係者遺家族慰問ノ旅行顛末」に以下のように記されている（『社会主義沿革

1』みすず書房、一九八四年、二二一～二二二ページ）。

堺利彦ハ陰謀事件関係者遺家族ヲ慰問スルノ目的ヲ以テ明治四十四年三月三十一日出発同年五月八日帰京セリ（略）岩崎ハ故障アリテ同行ヲ見合セタルモノニシテ旅費ノ全部ヲ岩崎カ支出セシヤ否ハ判明セサルモ往路京都府滞在中ノ費用ハ同人ニ於テ仕払ヒ又帰途堺カ同人方ニ立寄リシ際金十円内外ヲ堺ニ貸与シタリト云フ旅行中ノ重モナル事項ヲ挙クレハ左ノ如シ

四月一日京都府著同月六日同地出発迄ノ動静

一日岩崎革也ニ宛来著ノ旨ヲ電報シ次テ電話ヲ以テ同人ニ来会ヲ促ス

二日岩崎革也居町ヨリ出テ来リ堺ト同宿シ佐藤藤太、高畠素之、小原慎三、有馬源次（注略）等亦来リ会シ六名ニテ雑誌刊行又ハ陰謀事件発覚前後ノ状況等ニ付談話シ小立花「フク」（準）ト訪問ヲ交換ス

三日佐藤藤太ノ訪問ヲ受ク

四日岩崎革也帰宅ノ途ニ就ク

四月二日に京都の若い社会主義者たち四名と堺及び革也は出会った。その一人が高畠素之であった。この出会いは二回目にあたる。このとき高畠は二五歳であった。雑誌刊行や「陰謀事件」（大逆事件）について「談話」をしたと官憲文書は書いている。具体的にどのような内容であったかを知ることはできない。堺は京都を出て岡山、福岡、熊本、高知、大阪、京都、和歌山、三重と遺族宅を訪問して五月八日に帰京した。道中四月三〇日に革也宅に一泊し、翌五月一日出発、和歌山へと向かった。

ところで、先の官憲文書は「旅費ノ全部ヲ岩崎カ支出セシヤ否ハ判明セサル」と書いているが、後日革也がいくら提供したかを把握している。堺が遺家族慰問の旅から東京に帰った日、大杉栄ら七人

に対し旅を報告した際、「此ノ旅費ハ岩崎革也ヨリ恵マレタルモノ」と記していることなどは前引したので略す（『社会主義沿革1』二二四ページ）。

革也が三百円という大金を醵出していたことを知ることができる。革也と再会した高畠はその四カ月後の八月六日付の葉書に、「四五日中に御訪仕度心積に居り候処先生には此頃御在宅に候哉恐縮ながら右至急御一報被下候」と書いた。差出は「京都吉田西洋人ケデイ方」とある。高畠はこのころケディ宅の書生であったのである。革也は当時湯治に城崎の松屋旅館に滞在していたと思われるが、当時の日記は存在していないので単なる推測に過ぎない。しかし、高畠が革也の返事に八月一一日付葉書で、「先日は早速返信被下難有御礼申上候。陳ば岩崎様目下何処に御保養被遊居候哉御手数ながら右御返事被下度願上候」と書いているので全くの的外れということではないだろう。それにしても高畠の革也宅訪問の目的は何であったのだろうか。おそらく高畠らの運動にかかわる金銭的支援であったと思われる。

4　長女の結婚相手を高畠に依頼

堺利彦は大逆事件後の社会主義弾圧の下、主義者のセンターとしてまた生活支援として売文社を一九一一（明治四四）年一二月三一日に創業した。同年四月二日に堺の遺家族慰問の旅途に京都で革也や高畠、小原慎三らと出会ったことが縁になって、「大逆事件後は京都でドイツ語を勉強していた高畠素之も、堺の勧めで上京して売文社に加わった」（黒岩比佐子『パンとペン』講談社文庫、二〇一三年、三五二ページ）。高畠は翌一九一二年七月八日付革也宛の葉書に、「小生儀今般表記へ転居、小原君も同居に候」と書いた。差出は「四谷区寺町三一」である。売文社住所は「四谷区左門町一三番地」であった。同じ四谷区内なのでさほど遠くではなかったであろうと思われる。間もなく売文社での仕事を始めた。

東京で堺利彦社長のもと売文社の仕事をしていた高畠に、革也は長女きぬの結婚相手に小原慎三を世話してくれるように依頼した。革也は小原慎三と面識があった。大逆事件遺家族訪問の途次京都で堺は革也ほか四名の若者と会したことは上に記した。その若者の一人が小原であったのだ。

この小原と高畠は同居していたことがある。一九一一（明治四四）年七月八日付高畠書簡に、「小生儀今般表記へ転居、小原君も同居に候。田舎の御生活は如何に候哉。御拝顔切望に候」とあるからである。差出は「四谷区寺町三一」である。当時高畠も小原も売文社の社員として活動していた。それゆえ高畠は小原の人物についてよく承知しており、革也の長女きぬとの結婚に力を注いだのであった。

一九一三（大正二）年六月八日付革也宛高畠書簡に、「小照は其侭に致置被下度候」とある。「小照」は写真の意であり、高畠が小原の写真を送ったのである。おそらくその前のころに小原をきぬの相手とする依頼があり、高畠が応えたのであろう。しかし、この縁談は結果的には破談になってしまった。その詳しい経過は不明であるが、話が進展するなかで、きぬ本人と革也の決断がつかず長引いてしまった。一年後にはきぬは別人と結婚したのである。別人は小野吉勝であり、福田英子の世話であった。小野との関わりはいつ生じたか不明であるが、いわゆる二股をかけていたと思われる時期があったようだ。もしそうなら、このような不誠実な態度は今までの革也には見られないものがこの展開にはある。以下の高畠書簡がその内容をよく示しているので関連部分のみを引く。

同八月一〇日付高畠書簡に、

売文社から帰つて見たら、先生の御書翰がまゐつて居りました。早速小原君には手紙で御書面の趣報じて置きました。とに角渋六先生が居なくては話か纏まりませんから、氏の帰京を待つて此次の日曜にでも会ふことにして居ります。幸ひ小原君の兄も東京に居りますから四人で会談したらと思ひます。僕は此婚談の無事成功を衷心より祈ります。話が進んだら早速やつて御出ませんか。

同八月一九日付、

先日は第二のお手紙有難う拝誦いたしました。結局は御当人同志の意思の決定に待つより外致し方御座いますまい。それには丹波の山奥は遠すぎませう。

同八月二四日付、

先般は小原君の件に就き堺氏とも面会いたしました。同氏より御通信ありし事と思ひます。兎に角来月早々御令嬢と御一緒に上京されては如何。その節堺小原諸氏とトックリ話して見ませう。こう云ふ問題は話し初めた以上一刻も早く纏める事はいけませぬ。御意見如何。（後略）

同九月一七日付、

例の問題は最早御決定されては如何？

同九月二一日付は長文であるが、経過として見逃せないので全文を引くことにする。

拝啓、御葉書拝見、例の件未だに御決行不可能の由、実は斯ういつ迄も未解決では、小原君としても余程迷惑の次第と思はれますので、無論御当人はそんな事はオクビにも出しませんが、僕一個としての私見を叙べる次第であります。顧みれば此の話が始まつてから最早一年以上にもなります。昨年七月此の問題の持上がりました時、僕（堺君と）は小原君に此の事を一寸御話して置きましたが、其後先生の方の態度が甚だ不明なので其侭に放つて置きました。無論当人も堺君とも此の問題はあれなり了つたものと思つて居りました。処が此八月、先生の方からあゝ云ふ御手紙がありましたので、僕は早速小原君にも堺君にも、御申越しの通り通じて置きました。勿論小原君当人は別に何とも云ひませんでしたが、堺君も僕にも出来る事なら、首尾好く成立させ度いと云ふ希望は山々ありました。夫で先生が今月御上京になると云ふ御話でありましたので、実は堺君も僕もそれを宛にして待つて居つた様な次第であります。こう云ふ次第ですから、この上又々うやむやにされてしまつては、折角御相談にのつた甲斐がありません。第一小原君を弄んだ様な気味に見えますので、甚だ心苦しい訳。そこで此際是なら是、非なら非と大決断を以て御確答を願ひ度のです。元来此話は始めから、先生の方からの申出なので小原君の方から口を聞《ママ》いた訳ではありません。其辺の事情を宜く御呑込の上、御確答を願ひます。甚だ失礼な言分ですが、右悪しからず。尚之は儂一己の私見だと云ふ事を御含み置き願ひます。

一九一四（大正三）年三月二一日付に、

（前略）御上京の御計画無之候哉

同六月一九日付に、

本日御訪ねいたしましたが相憎御るすでした。明日は四時まで在社、御寸暇であらば御来駕下されたし。社は赤坂溜池橋の側。（略）御滞京中是非一度御面会仕度候。

なお、この書簡の宛先は「東京市小石川区茗荷谷四五張原様方　岩崎革也様」である。在京中の革也を高畠が訪ねて行ったのであった。革也はきぬの結婚相手として福田英子に会い、打ち合わせをしたり、小野吉勝にも会ったりしていたのではないかと推測される。

とすれば、革也がきぬの相手として現在は小原ではなく、小野吉勝であることを堺や高島に伝えたであろう。両者にとっては予期しないことだったのでさぞ驚いたであろうし、腹立たしい思いをいだいたのではなかっただろうか。

同七月二日付に、

先日は久々にて御面晤愉快の至りに候。（後略）

同八月六日付に、

拝復芳墨正に拝誦仕候扨今回御令嬢様愈々御婚礼御成就の由大賀の至りに候、先は不取敢書面を以て御祝辞申上候、御令嬢併に未見の郎君へ何卒よろしく御伝声願上候。余は万端御面晤の上。福田女史にも宜しく。

小野吉勝ときぬの仲人をしたのは福田英子であった。そのことについては前引したが、もう一度引いておく。岩崎吉勝（旧姓小野）が柳沢隆三の個人誌『柳』第十一巻第十九号（一九六五年一一月号）の「福田英子刀自（2）」に次のように書いている。

大正三年成女校幹事に就任していた私を丹波須知町の先覚者岩崎革也大人に紹介し、進んでその娘婿としての縁を結ばしめ岩崎分家を継がせてくれたのも刀自のお情けであった。

いつごろから福田英子が吉勝ときぬの結婚を取り持つようになったのかは正確にはわからない。しかし、堺利彦の次の革也宛書簡はそのヒントを与えてくれている。

一九一四（大正三）年七月一九日付に、「福田女史御同行御西下の事と存候」との一文がある。「御西下」とは革也と英子が同道で「西下」した意、つまり丹波に向かった意である。とすれば革也がおそらく六月下旬から七月にかけて在京しており、英子と革也との間できぬと吉勝との結婚の話が決定した直後のことだと考えられる。

いつ「西下」したかは村田静子『福田英子集』（不二出版、一九九八年）の「年譜」同年七月一〇日の項に「東京発、丹波須知町の同志岩崎革也を訪問、滞在」とある。また、同年七月一二日付島田宗三宛の福田英子書簡に「私事一昨十日東京を出発致し当処へ参りました」とあることでも確認できる。「当処」は革也宅である。

このように、高畠、福田英子、堺利彦らの書簡を見ると岩崎きぬと小野吉勝が、八月六日に結婚式を挙げる一カ月前の七月二日以前に上京した革也が高畠と会い、吉勝ときぬの結婚決定を知らせたと思われる。高畠は七月二日付に「愉快の至り」だと書いていたが、小原慎三と岩崎きぬの結婚実現に骨を折ってきた高畠は実際には腹立たしい思いでなかったかと思われる。

なお、きぬと吉勝の結婚式は八月六日に丹波で行われ、吉勝の母も同席している。先述したが、福田英子は東京を出て戻ってくるまで二カ月外出していたことは同年一二月二三日付徳冨健次郎（蘆花）宛福田書簡に「七月より病気のため丹波なる友人の家に参り一ケ月計り滞在、此間令嬢の結婚媒介」と記していた（前掲『福田英子集』）。

革也と高畠素之との間に長女きぬの結婚をめぐって確執があったことを長々と記してきた。高畠が書簡で革也に率直に批判する内容が見られた。高畠が真面目で物怖じしない性格を持ち合わせていたことがわかる。高畠はこの件で革也と絶縁することはなく、その後も書簡を通じて交流が続いた。

5　高畠への金銭的援助

高畠は革也との交流を通じて運動や雑誌発行にかかわって、たびたび革也に金銭的援助を依頼している。それらが高畠書簡にいくつか書かれている。書かれていないものもあったと思われるが、どのようなものであったかを以下に見ることにする。

一九一四（大正三）年一二月八日付に、

（前略）堺先生は来春より愈々雑誌発刊の御計画、小生も大いにやるつもり、貴下も亦大に御尽力を乞ふ、分業と云ふ訳にて大に物質上の御助力を与えられたく、堺先生棹振の一振を思へば、我等も大に尽力いたしたいのです。（後略）

これによれば堺利彦が雑誌発刊の計画を考えたのは一九一四年一二月ごろであった。高畠は堺の雑誌発行に対し、革也に一九一五（大正四）年三月三〇日付の依頼書簡を送った。

（前略）扨て堺先生は今日いよ〳〵雑誌創刊に定まりました。只だ不相変の貧寒にて資金十分ならず、同情に堪えません。不景気のこと故銅臭大払底とは存じますが、一つ株券なり債券なりを保証金分として貸してやつて見て下さいませんか。額面は千円のこと。（後略）

高額を要求された革也は応じなかったようだ。堺は発行していた『へちまの花』を『新社会』と改題して発行するつもりであった。だが、革也からの援助がないため堺はいろいろ工面して保証金を用意しようとしたができなかった。これ以上後らせることはできないと、同年八月七日付革也宛に「矢張どうしても二百円だけ不足いたし、此に止むを得ず重ねて貴兄に急訴する次第に候」と支援を要請した。革也はそれに応えたのであろうか、否であったらしいことはすでに記したのでここではふれない（本章「二 岩崎革也と堺利彦との交流」の「7 革也、『新社会』発行に援助したか」）。だが、堺の努力で『新社会』は九月一日に発行が実現できたのである。この頃は高畠は堺の思いを実現させようと努力していたので両者には対立感は見られない。

高畠は一九一七（大正六）年八月一〇日付書簡を革也に送った。

来月中旬のストックホルム大会に我党代表として、目下米国滞在中の片山潜君を派遣したいのですが、同君近日貧乏にて旅費の負担に堪えず、我等之より内地にて其旅分を徴集しなければなりません。秋月先生、時節柄其一部を助力するに意なきか。（略）右唐突ながら、必らず御甘受を乞ふ。紐育からストックホルムまでの船賃二等九十七弗（約二百円）だけ、大兄に持って頂ければ、後は当地で全部用立てるつもりです。

この高畠の要請に革也が応えたどうかは不明である。高畠からの資金援助の要求は続く。今度は高畠自身への要請である。一九一九（大正八）年三月一〇日付高畠書簡は次のように書いている。

（前略）さて売文社は今回組織を変更し、合名を廃し小生に於て全部事務を引きつぐことになりました。そして従来の合名員たる堺、山川両氏は直接の関係を断ち、特別執筆家といふことになりました。それと同時に雑誌新社会は堺氏の手に引きうつし、小生は来月より「国家社会主義」なる月刊雑誌を発行し、同時に（出来るなら）国家社会党を組織し、傍ら出版事業をやって見るつもりです。それで此際是非貴下の御助勢を願ひたきは、保証金の一件です。若し御差支なくば全部（額面一千円）若しくは一部を貸して頂けますまいか、公債でも何でも差支ありません。全部が御都合悪かつたら三百円でも五百円でも宜しい。是非御願ひいたします。小生は之よりいよいよ一生一代の活動に入るつもりです。小生と共に向後売文社員たるもの左の如し　北原龍雄、尾崎士郎、茂木久平、遠藤友四郎、其他に有象無象が三人あります。（後略）

高畠は堺利彦・山川均との「関係を断ち」、雑誌『国家社会主義』を発行するから保証金の「助勢を願ひたき」と要請してきたのだ。

この書簡の四日後の三月一四日付に高畠は次のように書いた。

今回堺、山川の両氏は、生等が抱懐する国家社会主義的色彩の近来愈々濃厚を加へ来たれるを見て、生等と従来の如き提携を継続する能はずと為し、生等との関係を断ちて分離し去られ候。（略）而して生等は茲に協心同力、運動の一として機関雑誌『国家社会主義』を発行すべく、目下準備進行中に御座候。（略）扨て差当り来る四月一日を以て発行する創刊『国家社会主義』に対して、生等が今回の此挙に対する御高見御発表の栄を賜はり度、茲に乍失礼以手紙御願上候。（後略）

高畠は堺と別離した理由を革也宛同三月二四日付に次のように書いている。

今回の分離は私情的のわだかまり毫もなく、全く政策上の相違に由来す。堺氏は従来通りの消極的態度でやつて行こうと云ひ、小生等は少しでも実行的にやつて行きたいと云ふ。積極的にやるには何うしても、従来の看板では駄目なるを以て、国家社会主義と云ふことにしたるなり。小生の旗幟は国家の為に社会主義を実行すると云ふ事にて、国家主義と社会主義とを結合したる、革命的愛国青年の絶叫を聞けと、呼号す。謂ゆる改良主義にあらざること勿論なり。雑誌は「国家社会主義」と題し、来月三日に初号出版。御助力を乞ふ。（略）売文社は依然継続す。売文と出版と運動の三拍子で、茲当分戦ふつもり。同類左の如し。遠藤友四郎、北原龍雄、尾崎士郎、茂木久平、岡悌次（後略）

高畠に同調する者が五人いたことになる。なかでも遠藤と北原は高畠の側近として働く。雑誌『国家社会主義』は予定どおり四月一日に創刊号が発行された（前掲『高原素之』「略年譜」）。そうなら保証金千円の都合がついていたことになる。しかし、革也は高畠の要請にこの時点では応じていなかったと思われるのだ。というのは高畠がその礼状さえ送っていないからである。また、わざわざ東京から北原を革也宅に派遣する必要はなかった。ところが、北原は高畠の意を受けて革也宅を訪問し金銭的要請を直接行った。そのことは一九一九（大正八）年四月一一日の『日記』に、「東京売文社北原龍雄氏来訪一泊　翌十二日帰途に就く」と記されている。この文面からは何ほどかの金銭を持たしたことは読み取れない。ところが、高畠はその直後の四月一六日付革也宛葉書に、「北原君参上歓待多謝早速御快諾一同雀躍罷在り　来るべき二十五日を一日千秋」と記している。二五日に革也が支払う約束をしたことの報告を受け「一同雀躍」とその喜びを表現しているのだ。

革也は『日記』四月二八日に「東京売文社員遠藤友四郎来宅す　五月二日迄滞在午前下阪の上今夕帰東に就かん」、同五月二日「遠藤友四郎氏に売文社発刊雑誌の保証金ヲ貸渡せり」と書いている。遠藤は革也が用意した保証金を手にすぐ帰京せず、五日間長期にわたって革也宅に滞在している。高畠は遠藤が持ち帰った保証金の礼を革也宛に送った。同五月五日付書簡に次のように記した。

> （前略）今般遠藤君参上とんだ御邪魔をいたしました。且つ其節思ひがけなき御高志に預り一同火に油を注ぎたる思ひ、我徒の前途瑞祥炳たきもの有之候いずれ一同より御礼申上ぐべく、不取敢小生より謝状如件。同人、一日千秋、秋月先生の東上を待つ。（後略）

同五月六日付は次のようであった。

> 世界の大勢に順応して率先運動を開始したる吾党の為に雑誌保証金を投ぜられたる貴下の多大なる援助に対し吾等は感激に耐へず。茲に幹部一同署名して感謝の意を表するもの也。大正八年五月六日　高畠素之、北原龍雄、尾崎士郎、茂木久平、遠藤友四郎。（後略）

高畠を始め同人たちの喜びが目に見えるようだ。三月二四日付高畠書簡の末尾に「同類」として高畠以外に五名列記されていたが、当書簡にはその一人岡悌次が消えている。高畠のグループから去ったのかもしれない。

ところで、革也は五月二日の『日記』に「保証金ヲ貸渡せり」と書いていたが、高畠は「保証金を投ぜられたる」と書いている。「投ず」は与える、提供する意であるので両者の認識の違いが見られる。革也は貸したつもりでいたのだ。

革也は五月二日の『日記』に遠藤に渡した「保証金」の金額を書いていないが、官憲内偵の情報を記録した『特別要視察人状勢一斑第九』には次のように書かれている（『社会主義沿革1』六三七ページ）。

高畠ハ国家社会主義運動開始ニ際シ京都在住同志岩崎革也ニ対シ大正八年三月二十五日電報ヲ以テ出捐方ノ申込ヲ為シ同年四月二十七日及翌五月一日遠藤友四郎ヲ岩崎方ニ派シ同人ヨリ二三百円ノ出資ヲ受ケタリ

これにより金額がわかる。革也は千円の保証金の不足分「二三百円ノ出資」をしたのだ。高畠も革也も金額を示していなかったが、官憲の内偵資料により知ることができるとはなんとも皮肉なものだ。

雑誌『国家社会主義』は創刊されたが、四月一〇日に「安寧秩序ヲ妨害スルモノ」として発売頒布を禁止された。五月には発行されず、六月一日に第二号が発行された。その第二号に革也は次のような激励の一文を寄せていた。

一雨は一雨より花を呼び貴社の、新鋭気は次第に旺盛に充ち来らんとの事、遠藤詞宗より近況伝承致し、益々将来の有望にして、多大の活躍界あらん事推察仕り候。更に緊褌百番、社中御同人の俊豪冲天の勢を望む焉。

革也は雑誌『国家社会主義』がますます発展するように、「冲天の勢を望む」と大きな期待を記して応えたのだ。七月に第三号、八月に第四号を発行したところで、財政難のため廃刊になってしまった。創刊号を出すにあたって高畠らはたいへんな努力をし、保証金集めに奔走したが、発行継続を断念せざるを得なかったのだ。

6　原因不明の革也・高畠間の断絶

一九二〇（大正九）年八月三〇日付の高畠書簡は、「所で先日のお話しは頓挫いたし、一年分の利子だけ御助力願はれますまいか。図書備付その他に一部を使用し、一部を以て出版の端緒を開きたいと思ひます」とある。高畠は「先日のお話し」と書いているが、その具体的内容は不明である。前年の五月二日の『日記』では遠藤友四郎に「保証金ヲ貸渡せり」と書いていたが、革也は全額の返還を日限を切って請求したのかもしれない。というのは、本書簡の一週間前八月二四日付高畠書簡は、「御芳墨を拝見し張り詰めてゐた気分が死人のように弛んでしまひました。もはや小生は一切を放擲して別世界に入らうと思ひます。此手紙と同時に資本論中止の旨を通報しました。噫　二十四日午後一〇時月下にて」と書いているからである。高畠にとってはかなりの衝撃であったのだ。どのようなことを革也は高畠に伝えたか不明ではあるが、資本論全巻を翻訳発行することに心血を注いでいた高畠がそれを「中止」するというのである。ただ事ではない。

この八月三〇日付革也宛以後の来簡は次の一九二五（大正一四）年五月二四日までの五年間途切れてしまった。その五月二四日付は、「山陰地方大震災の報に接す。御邸御被害なきやと気づかはる。不取敢御見舞迄」。内容からして儀礼的な要素が強い。さらに以後、高畠からの来簡は見られない。

もっとも年月日不詳の書簡が一〇通あるが、その内容からは山陰大震災見舞状以後の来簡はないと思われる。一九二〇（大正九）年八月三〇日以前の革也の書簡が両者を全く疎遠にしてしまうほどの衝撃を与えたことになる。しかし、残念ながら断絶の決定的内容が何であったかは不明のままである。

　ところで、高畠は一九二八（昭和三）年一二月二三日に四二歳の若さで死去した。高畠の晩年の八年間はほぼ音信不通であったのだ。革也は高畠死去の通知を次の電報で知らされた。さらに『日記』に関連記事が続くので日を追って記すことにする。

　一二月二三日「畏友高畠素之君午後三時逝去の飛電あり　痛恨限りなし嗚呼」

　一二月二四日「東京本郷区千駄木町五五、高畠素之氏遺族へ吊《ママ》電を今朝七時ニ打電す、アーザンネン　ツウセキニタヘヌ　ツツシンデチヨース　高畠氏は群馬県上野国前橋市の出身旧藩士たり　前橋中学、同志社大学出身なるも非常なる独学家にして一世の鬼才たり　享年四十三歳（二十五日葬儀）」

　一二月二五日「東京高畠素之氏葬式（神式）」

　さらに、『日記』巻末の「補遺欄」に、「東京市本郷区千駄木町五五、高畠素之君　十二月廿三日午後二時十分逝去す享年四十三歳　夫人初江子　長女　明子　十九歳　次女　茂子　十四歳　長男　暴夫　十一歳」と記した。高畠と革也は喧嘩別れのように断絶したが、革也にとっては「アーザンネンツウセキニタヘヌ」との思いが強かったのだ。

　高畠素之死後にその家族が革也宛に送った書簡がある。革也の『日記』に「来信」、「発信」として記録されている。それぞれ内容は記載されておらず、ほとんど発・来のみではあるがここに写しておく。

　一九二九（昭和四）年一月二五日「発信高畠初江子」

同年二月一一日「来信高畠未亡人」

同年一一月一九日「来信高畠素之追悼会」

一九三一（昭和六）年一二月二一日「高畠暴夫氏へ」

一九三二（昭和七）年一月四日「故高畠素之氏遺族訪問」と記している。革也は銀行経営の困難な状況打開のため、前日の三日に上京した。この上京は堺利彦病床見舞に関連してすでにふれたが、「故高畠素之氏遺族訪問」の目的もあったのだ。

その後の高畠家との関係を『日記』から拾うと次の三点を見ることができる。

一九三三（昭和八）年一二月二二日「発信高畠初江」

一九三八（昭和一三）年五月一一日「発信高畠暴夫　受信高畠暴夫」

同年一二月二八日「発信高畠暴夫　受信高畠暴夫」

高畠は一九二八（昭和三）年一二月二三日に死去したが、岩崎革也はその一〇年後の一九三八（昭和一三）年一二月まで遺家族との交流があったのである。革也と高畠素之との最初の出会いは一九〇六（明治三九）年一〇月であった。高畠二〇歳、革也三七歳であった。岩崎家に保存されていた高畠の革也宛書簡は六五通である。堺利彦のそれは一一九通に及び最多であった。それに次ぐのが高畠であった。高畠の一九二五（大正一四）年五月二四日付の山陰地方大震災に対する見舞状を除けば、おそらく一九二〇（大正九）年八月三〇日付高畠書簡が最後であったと思われる。最初の出会いからこの書簡まで一四年間に六五通というのは、堺利彦の全書簡一一九通に匹敵する。というのは堺の最初は一九〇四（明治三七）年一月一日付から一九三〇（昭和五）年一月二日付までの二六年間である。堺と高畠の革也宛書簡はそれぞれ保存されていたものに限定されるが、両者の革也宛の頻度はほぼ同程度であった。それゆえ高畠と革也との直接的な交流は深かったといえる。

五　遠藤友四郎と岩崎革也との交流

1　キリスト教から社会主義に

遠藤友四郎は一八八一（明治一四）年に福島県で生まれた。『現代日本朝日人物事典』（一九九〇年）の田中真人執筆によると、「横浜での苦学時代に救世軍を知りキリスト教の洗礼を受け、一九〇六（明治三九）年同志社神学校に入学。高畠素之を知り社会主義思想に接近する。キリスト教にあきたらず、〇七年同志社を退学」とある。高畠素之より五歳年長であったが、社会主義への接近は高畠主導であった。遠藤も高畠も同志社に在学していた頃、一九〇六（明治三九）年一〇月二五日に二人で革也宅を訪問し「御馳走」になり、その晩は大黒屋で宿泊して翌日京都に帰ったのである。この時の事情は前節で高畠と革也の交流に関してふれた。これが革也と遠藤・高畠の最初の出会いであった。

遠藤はその一カ月後に革也に次の葉書を出している。差出住所は京都同志社西寮である。革也宛書簡は『キリスト教社会問題研究』五五号（同志社大学人文科学研究所、二〇〇六年）をもとにするが、一部改めた部分がある。遠藤は高畠とともに革也宅を訪問した折り、革也から書籍を借りた。その返却は半月後の次の遠藤書簡で知ることができるとともに、「信仰を煉りたく」と記しており、興味深い。

拝借の本御返し申上候、有がたく御礼申上候。好機を待ち有効を期し、志つかに用意致べく候処、かの件に就而は更に御考案有之御尽精被下度候。生等に於ては殊更に急ぐ訳も御座なく候、而も生等は只労働の一員たるのみに候。只々自由に活動し、勉学し、世に多少なりとも献する処あると同時自からも絶えず天よりのインスピレーションを蒙りて向上の一路を辿り信仰を煉りたく存候。十一月十二日

書簡は葉書だったので返却本は別便であったのであろう。書名を知りたいところだが不明である。一〇月に遠藤は高畠と革也宅を訪ね歓待を受けた。その時、社会主義者として活動していた革也の話題は当然それに及んだであろう。「本」は関連するものであったにちがいない。また、遠藤は「かの件」を依頼したようだが、その中身を書いていない。遠藤も高畠も学生であり運動費を持ち合わせていない。革也から提供してもらうよう頼んだのでなかろうか。革也はおそらくその折り援助を約束しなかったため、遠藤はやんわりと催促したのであろう。

この葉書を出した一カ月後の一二月に遠藤は同志社神学校を退学した（田中真人『高畠素之』の「高畠素之略年譜」）。次の書簡は表書き消印の年が読み取れないが、差出は「京都同志社西寮遠藤生」とあり、書簡末尾に「一二月四日」と書いている。それゆえ同志社西寮を出る直前の一九〇六（明治三九）年一二月四日付であったと思われる。なお、先に引いた『朝日人物事典』には「〇七年同志社を退学」とあったが、ここでは田中真人『高畠素之』の年譜に従うことにする。

さて、革也宛第二書簡は長文であるので部分的に抜き出すことにする。

「過般申あげ候通り、小生は暫らく閑寂なる田舎に退き、久しぶりにて両親の膝下に侍し、雪と交はり嵐と語り、其の間に於て志つかりと将来をはか（る欠）」、「之に付て今日改めて御願ひ仕る儀御座候処、何とぞ御聞及下され度、そは別儀にあらず小生の予期はずれて旅費欠乏候処金子拾円也御貸与被下候様奉願候。此金は小生帰省後直ちに御返却仕るを得るやは確かならず候へど

も、出来るだけ早く御返済申すべき心組に御座候、誠に恥かしき事に候へとも他に早急の途も無之場合、何とぞ御助け被下度候」「目的の異なる学校の補助にて勉強し居るを得ずして絶へず苦悶し絶へず矛盾になやみ居る次第にて、其結果は新聞の事ども思ひ出でたる訳に候へども、そも又資金等彼れ是れにて容易に創まり難き有様にて遂に同志のものも必然別離のやむなき境を経過せんとする目近の状態に候へば御察し被下度候」「近頃小生の思想はあまりに幼稚にして到底大人の笑いを買はざるを得ざる儀とは存じ候へども利巧になりおとなしくして此の校にあり我が踏み台となすも、畢竟将来は社会の為めの身なれば強ち非なりとも云はざる訳かも知れず候」「兎も角、労働者となるまでの覚悟もて考察外に御座候」（後略）

遠藤は同志社を退学して今後の生き方を郷里に帰って考えようというわけだ。この年の八月「遠藤友四郎、夏季伝導で前橋教会にでむき、反キリスト教演説」（前掲「高畠素之略年譜」）をしたのである。その内容の一部は次のような激しいものであった。

今日の教会牧師、伝道師は、平凡な世間受けのする正義人道を呼物にして、其の実は人類社会に忘れられて居る悪事を弁護し、神を喰物にして、悪魔の霊に貢いで居る、社会の一種の寄生虫でありあます（前掲『高畠素之』三九ページ）。

遠藤は故郷に帰るにも旅費がなかったため、革也に「金子拾円也」の貸与を依頼した。革也は結局その金額を貸し与えたようである。というのは、神学生の遠藤が奨学金を得るため一二月二四日にラーネッドに受領に行ったところ拒否されたため、直ちに退学し荷物をまとめて上京したという（同前、三六ページ）。革也提供の旅費で遠藤は即刻行動できたのであっただろう。

同志社退学後東京で活動していた遠藤友四郎は半年後に同志社を退学した高畠とともに、一九〇八

（明治四一）年一月に上毛平民倶楽部を設立し、五月一五日に『東北評論』創刊号を発行した。そのいきさつや資金工面の現実は高畠素之に関して前にふれた。

2　遠藤と革也　一三年間の音信不通

一九〇六（明治三九）年一二月四日付以後、遠藤友四郎の革也宛書簡は一九一九（大正八）年五月二日までの一三年間岩崎家に所蔵されていなかった。文字通り音信不通であったのか、来信はあったが革也が処分したのかは不明である。

両者の不通一三年間、遠藤友四郎の思想や行動にかかわる事項を田中真人『高畠素之』の本文及び「高畠素之略年譜」より略記することにする。


一九〇六（明治三九）年、夏季休暇伝道で前橋に行き、講話「善人の悪事」は棄教宣言であった。

同年一二月二四日、同志社神学校を退学。新紀元社を訪ね谷中村に飛び込む。

一九〇八（明治四一）年一月、遠藤等とともに（高畠素之―引用者）上毛平民倶楽部設立。

同年五月一五日、高畠、遠藤らが『東北評論』を創刊する。

一九一七（大正六）年一〇月五日『大日本新聞』に「民主的潮流ト我日本皇室中心ノ民本政治ヲ想フ」を載せた。

一九一八（大正七）年春、売文社の一員になる。

同年一一月号『新社会』に「時めく国家社会主義」を掲載。

一九一九（大正八）年二月号『新社会』に「君主社会主義の実行を勧む」を載せ、「国家が平和の裡に齎す処の社会主義は君主的又は国本的である。之が実行を計れ。君主社会主義は民主社会主義と其の基礎を異にし、国家を破壊することなく、皇室を奉戴して、以て民衆を随喜せしむる」と述べた。

一九〇八（明治四一）年から一九一九（大正八）年までの約一〇年の間に、遠藤友四郎は社会主義から「君主社会主義」へとその思想を変化させたのであった。やがてその実行のため、岩崎革也に資金提供を求めることになる。

高畠に関して記したことではあるが、革也は『日記』一九一九（大正八）年四月二八日に、「東京売文社員遠藤友四郎来宅す　二日迄滞在午前下阪の上今夕帰東に就かん」、同五月二日「遠藤友四郎氏に売文社発刊雑誌の保証金ヲ貸渡せり」と書いている。遠藤は革也が用意した保証金を手にすぐ帰京せず四日間革也宅に滞在していた。このことからもわかるように、革也は遠藤に好感を持ったようだ。遠藤も同様であったようである。帰京した遠藤は革也に次のような礼状を出した。「差出」は同年五月二日で住所は「牛込原町一ノ五八」であった。

拝啓　此度は非常に御厄介に相成殊にお陰様にて雑誌も発行出来る事と相成謝上候。大阪発が翌日まで遅れ帰京すれば日曜日、早速礼状差上ぐべきの処延引御容赦被下度、本日は出社の上一同と会見改めて申上ぐべくいずれ着物も至急仕立させ当方の模様くわしく申上ぐる事に致度、まづは一筆如此に御座候也

興味深いのは「いずれ着物も至急仕立させ」とあることだ。四日間革也宅に滞在したおり、遠藤は妻が仕立物をしていることを語ったのであろう。さっそく革也は仕立てを依頼したのである。そのことは一週間後の一二月四日付遠藤書簡で知ることができる。長文だが、革也の和服を遠藤とその妻がどのように見積もってどのぐらいの金額で仕上げたのかなど興味が持たれる部分を引くことにする。

着物がだいぶ遅れました。（略）実は私の着物が見本されて居るやうな訳なので、茶白き縞物を尋ねて居たのです。然るに今や節が違ふので、縞物は何処の店にも思ふやうなのが無いのです。（略）結局、縞の替りに絣を買ふ事になりました、仕立ても精々急いで（全部で五日ほどかゝる都合です）明午前中に荷物発送の順序と相成ります。（略）品数は左の通り　一、絣　袷衣　壱枚
同じ模様の揃ひ　一、〃　羽織　壱枚　一、〃　袷衣　壱枚＝下着になる別の柄　一、糯袢壱枚＝襟を取換へれば暑着の糯袢　外にもう一枚糯袢をアトから送ります。それはイ、糯袢の下へ特に朋着する糯袢で、夏になれば格別、今当分は是非とも糯袢は二枚を要するとの事（略）上等の方の糯袢には（略）、東京では此の晒木綿が流行なので、晒木綿にしました。胴に晒木綿でも、袖に絽、襟に琥珀、馬鹿には出来ません、五円かかつて居ります。羽織と糯袢と柄の同じなのを揃ひとして、柄の違つた一枚を独立したものにしてお召し下さい、（略）白メリンスの腰巻です。都合六品、これで七十八円なにがしになりました。甲斐絹は家内が見立てたのですが、非常にいゝ物です。一尺五十三銭なれば一丈五尺、絣は三反で五十一円、裏地が三反で九円七十五銭。（略）壱百円の内、二十円余り残りがありますけれども、之は頂戴して置きます。
仕立ては女房が入念に縫つたので、慥かにお気に召す事と信じますが、御非難があつたら御遠慮なくお聞かせ下され度、又大いにお気に召したらアト何なりと洗濯ものでも、直し物でも、小包で送つて下されば、喜んで骨を折るとの申出です。　五月十二日夜認
遠藤は革也の衣服製作を妻にさせ、「二十円余り」の利益を得たのであるが、わずか一〇日間で多くの品数を求め仕上げるには相当の時間と手間を要したにちがいない。遠藤は妻とともにかなりの労力をはらっていることがわかる封書であった。革也も律儀な遠藤夫婦の対応に満足して百円を支払っ

たのであろう。遠藤は夫婦ともにずいぶん丁寧にしかも革也が満足するように仕立てを行った様子が見てとれる。だが、以後革也が仕立てを依頼することはなかったようだ。

革也は百円という金額は高額だと思ったのではないか。地主であったため、『日記』には収穫量や米価が記されている時期がある。着物を作った前年（一九一八〈大正七〉年）は米騒動（八月富山で勃発）の年であった。その半年前の一月一八日に革也は「玄米（略）売却　集合米廿四円均一」と記している。この年度に革也が得た小作米と収入を計算すると、一石平均約四一円になる。つまり一升四一銭という勘定だ。これは玄米であり、市場に出る白米はもっと高いものになる。江口圭一『大系日本の歴史一四』（小学館、一九八九年）によると、東京の白米一石小売価格は六月に三四円二〇銭、大阪では八月九日には五三円となった（五四～五七ページ）。

小山仁示編『大正期の権力と民衆』（法律文化社、一九八〇年）に、

「（兵庫県―引用者）川辺郡川西村加茂の一地主の記録」によると、「米一石の売却価格は、一九一三年（大正二）には一九円三三銭だったのが」、（略）「一七年には二四円七三銭、そして一八年には四一円四七銭と急騰している（篠木国次郎「諸綴帳」）（一六ページ）

と記されている。

革也が『日記』に記していた米価とほとんど同じである。まさに「急騰」しており、「米騒動」が発生する状況があったのだ。そのような時期の百円は玄米約二・四石（三六〇キログラム）に相当する。なお、この当時（一九一七年）の「小学校教員の初任給」は「十二～二十円」であった。これは「月俸。諸手当を含まない基本給」だという（朝日新聞社『値段史年表』一九八八年）。

このように見てくると着物一着分に百円というのは地主の革也にとっても高額であるため、以後発

注しなかったのではないか。またこの頃から遠藤の社会主義は変貌し以下のような経過をたどることになり、社会主義とは無縁のものになっていく。遠藤の大きな思想的後退が顕著になったこともその理由となったと思われる。

3　遠藤の思想的変化

先に引いたが、遠藤の一九一九（大正八）年二月号『新社会』に「君主社会主義は民主社会主義と其の基礎を異にし、国家を破壊する事なく、皇室を奉戴して、以て民衆を随喜せしむる」と書いていた。この考えにもとづき国家社会主義に、さらに天皇信仰を深めることになる。

しかし、遠藤は「君主社会主義」と称しているが、「天皇信仰」はそれより二年前にすでに自らの著書に明らかにしていた。一九一七（大正六）年八月一〇日発行の『超宗教国体論 天皇信仰』（先進社）の「第一遍似て非なる五種の日本主義」の末尾に、次のように書いていた（二二三ページ）。

茲に私は、純正日本主義の根本要諦を挙げなければならぬ。それは要約して、左の三箇条と為す事が出来る。一、天皇信仰（尊皇心）が、完全なる思想的根拠を具備して、しかも熾烈なるべき事。二、日本の原理的優越を明識し確信し、国体原理の認識正確にして皇民意識熾烈なるべき事。三、社会現状を本来の優越性原理に照して否認すべきものたる所以を確知し、君臣一如惟神道日本への復帰に由る再発足の為に、尊皇第一義に拠る改革精神の熾烈なるべき事。

遠藤は「天皇信仰」にもとづき高畠素之の国家社会主義と組んで堺利彦らに反旗を翻したのであった。遠藤は「天皇信仰」をもとにした「君主社会主義」を唱えた。さて、この二年後一九一九（大正八）年六月一六日に革也に次のような葉書を出した。

我れ去月以来大人の左右を夢む、其の捕捉すべからざる動作言語の間に閃く大人の若気即ち天才肌は、凡人たる余をして絶へず兢々せしむ。冀くは大人、余輩をして安んぜしめよ。売文社と云ひ社会党と云ふも、馬鹿の如くにして利巧、利巧の如くにして馬鹿、当分得体の知れぬ代物なり、其間に介在して何を為さんとするか、外国の強制！内情の切迫！要するに『時』は之を判決せむ。

「売文社と云ひ社会党と云ふ」と書いているが、堺利彦を批判した内容である。革也は堺利彦と生涯の付き合いであり、大きな信頼を寄せていたので、遠藤が「馬鹿」よばわりしたことに同意できなかったにちがいない。

遠藤は売文社や堺利彦らを笑いものにする書籍を遠藤無水名で出した。それは同年七月一〇日発行の『社会主義者になつた漱石の猫』（文泉堂、売価一円七〇銭）であった。同書は革也蔵書中にある。遠藤の文字で「献呈秋月先生」とあるので、遠藤が送ってきた書であることがわかる。遠藤は同書の「自序」の末近い部分に次のように書いている。

然るにこの猫は、吾々よりも一歩進んだ、否、百尺竿頭に数歩を進めた国本社会主義者で、侃々諤々その主張を敢てす処は、それが猫であるだけにいよいよ驚嘆せざるを得ぬ。この忠君愛国の赤誠は、猫ながら、吾々人間の模範とするに足るものではあるまいか。

革也が同書を読んでどんな感想を抱いたかを知りたいが、『日記』には一切書いていない。場合によっては読んでいないかもしれない。当時の革也にとっては荒唐無稽の設定の小説であるため、歯牙にもかけなかったのではないかと思うのだ。

このころ遠藤は著作に専念していた。同年一〇月に『財産奉還論』を文泉堂から発行した。革也は『日記』一〇月二五日に「遠藤無水子の財産奉還論贈呈し来れり」とあるので同書も贈呈されたものであるが、蔵書中には存在しない。また『社会主義者になつた漱石の猫』以外の著書も存在しない。『財産奉還論』は社会主義と無縁のもので、尊皇愛国、天皇讃美のものであった。その考え方は一九一九（大正八）年一一月一日付革也宛の次の書簡を読めばわかる。長いが遠藤の滑稽な考え方であるとともに土地、資本、その他すべては個人の所有物ではなく皇室所有だと主張するものであった。長文なので略しつつ引くことにする。

拝啓　今回の拙著御幸に御覧下さるゝの由、光栄に存候。扨て早速ながら、財産奉還は小生の一片の議論、提案に止まるを得ず、遂に社会の輿論を喚起して大なる社会的運動となるの趨勢に観取せらるゝに至り候。就ては社会主義史上の先輩にして同志中の重要人物として、貴下の健在を祈らざるを得ず、時代は必ず急転直下、日本は日本的の革命を招来すべく、其際は大に吾党中の一人として社会に出て貰はねばならず。何となれば革命の順序は平和的に、財産の奉還に依つて行なはるゝとも、或は独露の如き形式を踏むとも、孰れにしても、改造の日本は社会主義者を尊重するに相違なく、尊重せざるを得ざる次第に御座候。然るに先ず目下はそれよりも財産奉還運動が他人の手に依りて開始されざるやう、吾々国家社会主義の一派を中心とする社会主義者に依りて開始し進行いたし度、それに就ては運動費なるが（社会主義同志たる貴下の財産は何百歩ありとも、奉還すべき処の社会主義運動本部なるべきか、呵々敢て多くを要せず、先ず在都六百余名（五百万円以上の資産家）を静《ママ》養軒あたりへ招待して奉還を勧告すること、次にそれより先に各新聞記者を招待して相談会を開き賛成を得る事、それから富豪の意思を材料として帝都の大建築を借りて大演説会を開く事（それは三宅、福田、吉野の諸博士は勿論弁士たり、外に出席し呉るゝ人無数）あるが、是等の費用として又々千円ばかり寄贈の事御勇断仕願はれまじきや、而して啻に御寄贈を願ふのみならず、御承諾ある以上は財産奉還の率先者として貴下の名を各新聞紙に書かせその実行を声明して先ず運動費を投ぜられたりと吹聴いたし度き存念に候。（略）此際、財産奉還声明の第一人者として岩崎革也氏の名を挙げ、且つ先づ運動費若干を投ぜられたりと吹聴し、以て運動に着手いたし度候（略）時勢は貴下の千円の為に面白く発展し、貴下及び吾々までも、実になる意義を有する晩年を迎ふる次第に御座候。（略）孰れにせよ、率先声明者の巨名を博し、且つ大正維新、日本改造の恩人とせらるゝに至るべきは明々白々、唯だ凡人多き、社会主義を理解し、世界の大勢を知悉する富豪ならでは、之を声明するの勇気なし、此際貴下の決断を促す。而してその決断は唯だ声明のみ、千円ばかりの運動費支出のみ、奉還其事は皇室に、皇室又は国家が嘉納する迄、実際の手続きを運んで後始めて決する事。（略）まづは之にて御免、御快答を俟つ者に御座候　十月三十一日　遠藤無水　岩崎革也　台侍史

遠藤はこのような長文の書簡で「財産奉還」を説き、革也に千円の拠出を呼びかけた。実業家の革也は地につかない空想を是とすることはなかった。当時であれ、遠藤の空想を実現するため力になろうという者はいなかったのではなかろうか。革也は遠藤の提案を黙殺したのである。

遠藤は半月後の一一月一四日付の書簡を革也に送った。「宛先」は「但馬国城崎町　松屋方　岩崎革也様　侍史」とある。革也が遠藤に著書恵贈の礼状を記すとともに城崎温泉に滞在している旨も知らせていたことになる。革也の同年（一九一九）『日記』によれば、

一〇月三十日「とみ子ヲ連れ胡麻下り九時四五分ニテ城崎へ入湯旅行　午後二時着松屋守口増吉方へ宿泊す」

一一月十八日「午後二時発城崎ヨリ帰途ニ就く　胡麻駅六時着雨中俥ニテ午後八時帰宅す」

革也は長期間城崎の常宿に滞在していた。このようなことはしばしばあったので特に珍しいことではなかった。一〇月三一日付革也宛書簡は城崎に転送され読んだと思われる。革也は遠藤の依頼を断ったにちがいない。

さて、その半月後、遠藤の一一月一四日付書簡には次のように記されていた。

御端書拝受。さて先日申上げた様な次第で、此際唯だ言明のみ、如何でせう。財産奉還に率先する旨、発表して、まづその運動費に投ずべしと為し、運動費の幾分に拘らず寄付を願へませんか。それと同時に、その旨を東京の主な新聞に書かせましては如何。運動費は早速新聞記者招待費となります。次に五十万円以上の資産家六百余名に意見を徴する為に招待する費用となります。次の議会は解散と予定されて居り、普通選挙の叫び声高く、貴下の出馬する噂も来ました。否それよりは社会主義者の本統の時代が眼前に接近して来て居ます。（略）大勢に率先し時代を作る人となつて、貴下の晩年を大々的に光栄あらしめる為に、此際一つ御奮発を願ひます。聖書に曰く、盗人は人々の知らざる隙に侵入すと。まだまだと思つて居る間に革命が来る、幸徳氏が基督の如く地下から甦る日も近い内の事に違ひありません。

十一月十四日夜　第三の著述の□《不明》を描いて　遠藤生　敬具　岩崎老台　侍史

遠藤は前便で革也を「大正維新史上の巨人」、「財産奉還声明の第一人者」、「率先声明者の巨名を博し」と持ち上げ、さらに今便には「大勢に率先し時代を作る人となつて、貴下の晩年を大々的に光栄あらしめる為に」と記して、革也がその気を起こすように仕向けている。しかし、誰が読んでも荒唐無稽の夢物語として相手にしないだろう。革也とて同様であったと思われる。

4　革也は遠藤と断絶する

遠藤は同年の年末、革也に皇室への財産奉還を実現させるべく革也宅を訪問した。『日記』には次のようにある。

一二月二七日「午後東京遠藤無水氏来宅一泊せり　翌二十八日帰途ニつく」
一二月二八日「遠藤氏と八木駅午後五時廿分東西に分袂す」

二七日の午後来宅して翌日の夕刻に別れたのである。革也はこの事実しか記していない。遠藤はいうまでもなく天皇への財産奉還実現を、またその運動の牽引者となるよう革也に説得これ努めたことであろう。だが、革也は引き受けなかった。まして千円の拠出も固辞したと思われる。もし応じていたらそのことを『日記』に記したにちがいないからである。また遠藤は帰宅後その旨礼状を出したであろうが、一切なかった。

遠藤の革也宅訪問以後、遠藤の書簡も『日記』記事も全く見られない。おそらくこの時以後、革也と遠藤はともに絶縁したのであろう。革也には極右的で天皇礼賛をもとにした、しかも荒唐無稽と思われる財産奉還論という遠藤の思想を受け入れることはできなかった。もう一つは遠藤が堺利彦を罵倒するような表現が『社会主義者になつた漱石の猫』に散見されたことがある。さらに、一九二〇（大正九）年三月に高畠と遠藤が創刊した『社会評論霹靂』創刊号に、遠藤は「糞柄杓の柄の抜けたのと同様、一寸手の附けられない奴は堺利彦である」と書いている（黒岩比佐子『パンとペン』講談社文庫、五三二ページ）。革也は生涯の友人への遠藤の罵倒を許せなかったに違いない。

六　森近運平と岩崎革也との交流

1　革也　森近運平を訪問

一九一一（明治四四）年一月に大逆事件で刑死させられた者は一二人であったが、そのうち革也宛書簡が保存されていたのは幸徳秋水（二六通）、森近運平（五通）、大石誠之助（一通）の三名であった。他の刑死者と革也との交流はなかったと思われる。革也と森近の交流は何がきっかけで生じたかはわからない。堺利彦は一九〇五（明治三八）年四月二三日付革也宛書簡に、「大坂に森近氏御訪問下されしよし、あそこも折角健全なる基礎の上に立つ様にと案じて居る事であります」と書いている。革也はわざわざ森近運平を大阪に訪ねているので、以前よりの交流があったのであろう。革也の名は週刊『平民新聞』にたびたび載り、一九〇五年一月一日付（第六〇号）には「平民社維持金寄付広告」に「金七百円也　丹波岩崎革也氏」と出る。

『平民新聞』または平民社にこれほどの高額を寄付した者は革也を除いていないこともあって、全国から注目を集めていた。こういうことを通じて森近が革也に書簡を送ったことにより交流が生まれたのかもしれない。あるいは幸徳秋水または堺利彦が革也について森近に知らせたのかもしれない。

一九〇五（明治三八）年当時大阪にいた森近運平宛の書簡（消印は同年四月二五日）に革也は、「今刊之婦人号は頗る首肯するもの当世之婦女ニ汎ねく読ませたく思惟仕候乍御手数左記之友人ニ宛而直送を願上候」と書いて五人の女性の住所と名前を記している。「今刊之婦人号」というのは週刊『平民新聞』の後継紙『直言』の同年四月二三日発行の第一二号であって「婦人号」としたものであった。

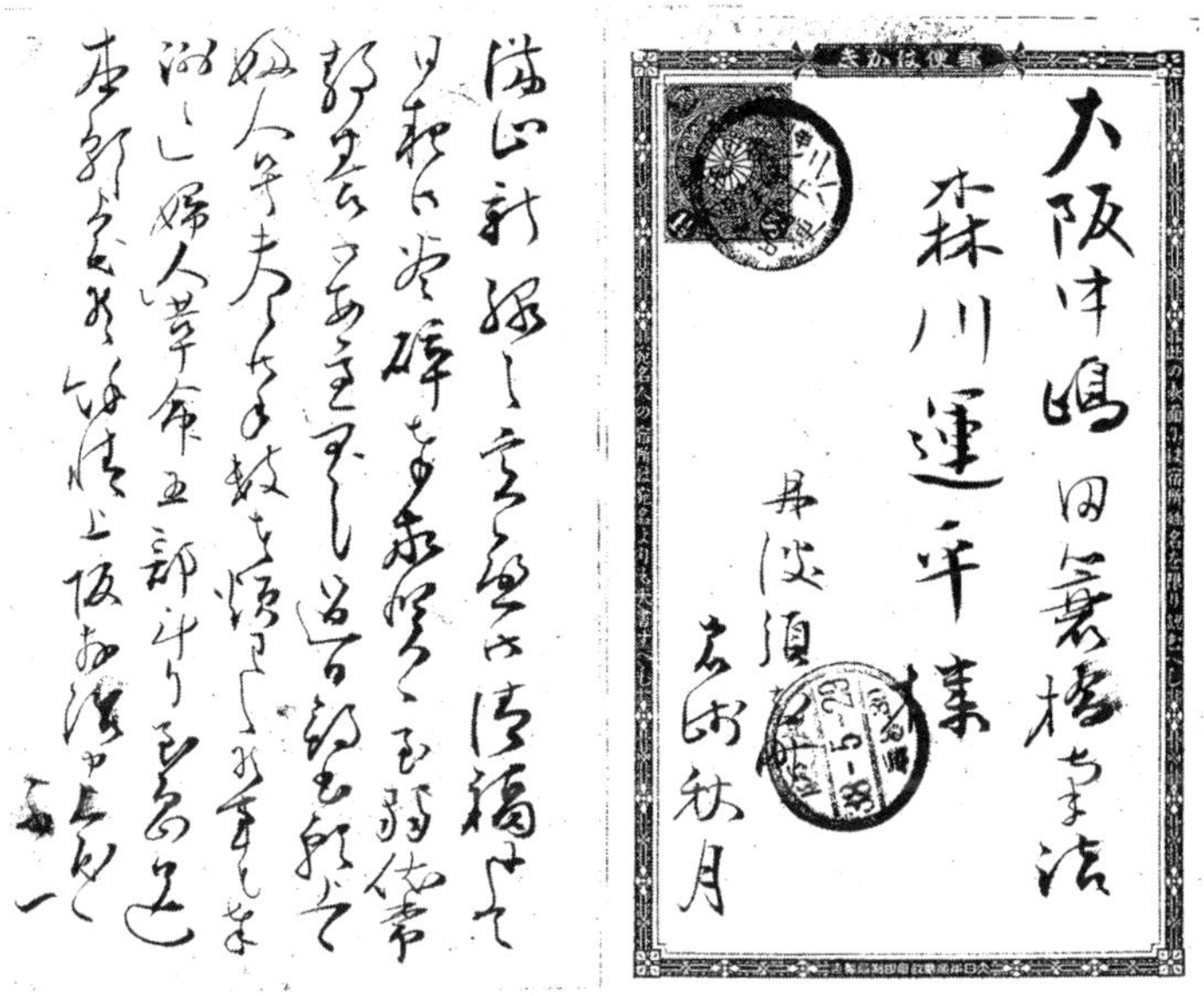

森近運平宛岩崎革也書簡（1905〈明治38〉年5月29日付）

革也が社会主義者に出した書簡は相当数であったと思われるが、現物が残っているのは珍しい。

革也は同年五月二九日付葉書を森近に送った。宛先は「大阪中嶋田蓑橋南詰森川《ママ》運平様」で、差出は「丹波須知町岩崎秋月」である。革也宛書簡は森近運平の関係者宅に所蔵されていた多くの資料類中にあったもので、森近運平研究者の森山誠一よりその写しをいただいたものである。訓みもお世話になったことを付記しておく。なお、森山は現在、森近資料の保管者である。

満山新緑之処愈御清福にして日夜御尽瘁奉敬賀候到弱依常静養御安意可有之候過日封書願上候婦人号夫々御手数を煩わし候事と奉謝候「婦人革命」五部計り至急御送本願上度候餘情上阪相談申上度候　不一

革也は「婦人革命」と記しているが、正しくは『革命婦人』である。『革命婦人』は「平民文庫」の一冊として明治三八年五月に発行された。革也はこの書を郵送してほしいと森近に頼んだのだ。なお、『革命婦人』は革也の蔵書中にも存在する。

革也が森近宛に送った書簡の約二年後の一九〇七（明治四〇）年五月一四日付の革也宛森近の葉書がある。「差出」は二年前の住所から「大阪市北区上福島北三丁目一八五」に変わっている。

拝啓　時下晩春漸く薄暑に近づく頃と相成候。御壮健に被遊候哉奉伺候。小生事又々当地に参り、此度は月二回の雑誌、「大阪平民新聞」を発行することに致し、来る六月一日其初号を出す積りに候。時々御投稿下され候はゞ幸之に過きず候。　匆々　五月十四日

文中に「又々当地に参り」とあるが、森近が最初に大阪で活動していたのは一九〇五（明治三八）年であった。堺利彦に同年一月に平民社大阪支部設立をすすめられて以後である。二月一六日に大阪市北区中之島宗是町五に住居をかまえた。森近は三好伊平治宛に同年四月七日付葉書を送っているが、この住所も宗是町五の同所であった（『森近運平研究基本文献下』の「書簡」及び「年譜」）。森近は同年一一月末ごろに上京し活動することになる。

2　革也の総選挙政策は森近関与だったか

以下に引く森近運平書簡は一部を除き、『キリスト教社会問題研究』（第五四号、二〇〇五年一二月）に所載されたものである。

さて、二回目の大阪での活動は森近が革也に送った前記の葉書（一九〇七年五月一四日付）にあったように六月一日付で『大阪平民新聞』を発行する準備をしていることを知ることができる。そして森

近は次のような六月四日付の印刷葉書を革也に送った。

（前略）小生東京平民社解散後当地に於て運動すること、致し、先輩同志諸君の援助を得て六月一日より社会主義及び労働運動の機関として且つ研究用及伝道用に適すべき記事を加へ「大阪平民新聞」を発行すること、相成すでに諸般の準備を了し将来東京の「社会新聞」と東西相応じて聊か斯主義の為に貢献致度希望に御座候（後略）

当葉書に書かれている大阪平民社発行所の住所は五月一四日付革也宛葉書と同じである。森近宅を発行所にしていたのである。革也が『大阪平民新聞』を購読したか否かは不明であるが、以後の森近との交流や堺利彦らとのかかわりで固定読者であっただろうと推察される。だが、岩崎家に『大阪平民新聞』が所蔵されていたことは確認されていない。

翌一九〇八（明治四一）年五月五日付森近の封書がある。中には個人的な書信ではなく、一枚の印刷された紙のみがあった（本章「三　福田英子と岩崎革也との交流」参照）。森近の肉筆もあったのかもしれないが、確かめることができない。印刷書面は革也が衆議院選挙に立候補するにあたっての選挙政策であり、「選挙人諸君に告ぐ」とのタイトルが大文字で書かれている。だが、印刷書面は五日以前に革也宅に届いていたと思われることは後にふれたい。候補者の革也は三八歳四カ月であると末尾に氏名と年齢を書いている。革也の政策は「政党の刷新」、「財政の整理」、「普通選挙」の三点であり、それぞれ説明している。

革也は国会議員になり、政治家として活動する所存であったが、選挙情勢上当選は無理な状態であることがわかり、立候補辞退広告を五月一〇日付『京都日出新聞』に発表した。その後、国政選挙に打って出る意志を表明したことはない。森近が同封していた選挙政策ビラは結局使われることはなかった。この政策ビラは革也が森近と相談し作成したものであろう。『大阪平民新聞』を印刷している岩城印刷所（大阪市西区薩摩堀北ノ町二五番屋敷）で印刷したものであったことが推察される。

ところで、治安当局の「弾圧の嵐」に大阪平民社は解散することになる。その弾圧は次のようであり、大阪平民社は解散に至ったのだ。

第二次「大阪平民社」の多彩な活動に対して治安当局は強圧的に抑えにかかった。まず、無署名論説「更に一歩を進めよ」〔第三号〕が新聞紙条例違反に問われ罰金二〇円、「大阪巡航会社の亡状」〔第四・五号〕が治安警察法違反に問われ、控訴審で森近禁錮一五日罰金二円、一九〇八（明治四一）年三月には前記入獄のさい発行人変更手続をしなかったとして罰金一〇円、四月には読売取締規則違反で三日間拘留、五月には、新聞付録『労働者』第四号〔農民号〕が出版法と新聞紙条例違反に問われ、異例の森近拘留、罰金六〇円の第一審に対する検事控訴により、ここに至ってついにさしもの第二次「大阪平民社」も刀折れ矢尽きて落城となってしまった。形の上では、平民社の東京移転、暫時休刊であったが、事実上の廃刊となったのである。一九〇八（明治四一）年五月二二日「大阪平民社」解散式がおこなわれ、ここに約一年の歴史が閉じたのである。

（『森近運平研究基本文献下』八四八ページ）

3　監獄から届いた森近書簡

森近は一九〇八（明治四一）年五月七日に曾根崎署に勾引され、翌八日堀川監獄に拘留された。一四日公判開廷、一六日保釈、一九日判決、罰金六〇円であった。森近は「数箇月乃至一年の禁固に処せらる」のではと予想していたことが、革也宛書簡に次のように出る。この書簡は「在監人書信用紙」に書かれたもので「閲」の字がある。差出住所は「大阪市北区天神橋筋西一丁五百五番地」である。同所は堀川監獄であるが、一九二〇（大正九）年に堺市に移転し大阪刑務所になった。なお、書簡の日付は五月一二日とあり、末尾に「堀川監獄在監人　森近運平」と書いている。

先日は失礼いたしました。僕は七日の夜突然新聞紙条例違反で拘引せられ、八日の晩から当未決監へ押し込まれました。起訴は秩序壊乱ですが、それに当る文章が二つも三つもあると云ふのだから、聊か長くなるでしやう。斯んな事で意外の故障か起つた為め、過日申上げた新聞の発展は一応オジヤンです。尤も山川などが別に何か計画するだろうと思ひますが多分急な事には行きますまいが、さうなれば恐くは幸徳兄が出京して伝道運動の中心を作る事になりませう。兎に角主義の発達上一進転の時期と見る事も出来ると思ひます。僕は此処で数箇月乃至一年の禁固に処せらるれば、何も外の事を心配する必要はない様なものゝ、矢張りそんな事を考へるのが楽みだから、為し得る限り心配もして見ませう。僕の心身は先づ健全で当分病気などになりさうにはありませぬ。御安心下さい。留守宅の事も別段心配に及びませぬ。新聞は兎も角も一応廃刊し、社員一名は東京へやつて残務を処理させる。家族は妻と女児です。之は郷里へ預けて妻の兄か或は僕の弟に世話をさす。全く後顧の憂をなくして安気に獄中の月日を送る決心です。そして其間に幾らか読書し、修養する事が出来れば結構と存じます。それから満期出獄の後は健康を恢復する為に少しの間保養したいと思ふ。就いては先日承はつた様に二十日位城ノ崎温泉へでも行きたい、こんな事は先の事だけれど今から御頼みして置きますから出た時に少し世話して下さい。其上で大に奮闘致しませう。ツイ自分勝手な事ばかり言つて居ましたが、貴兄先日以来の御運動の状況は如何ですか。時日切迫して益々御多忙でしやう。愉快な御消息に接したいと思ひます。

森近は末尾に「愉快な報告に接したい」と記している。具体的にはどんなことなのであろうか。この書簡の一週間前の五月五日付封筒に、革也が衆議院選挙に立候補するにあたっての「選挙人諸君に告ぐ」という選挙政策が入っていたことは先に述べた。革也が総選挙政策をビラにしながら一〇日付『京都日出新聞』に辞退広告を出した。七日に拘引されたため入監中の森近は当然知る由がない。

森近は革也が総選挙で当選できたか気にしていたため「愉快な報告に接したい」と記したのであった。革也は森近にどのような返信を行ったのか。だが、革也が返信したかどうかもわからない。

さて、先の革也宛書簡の一週間後の五月一九日付で森近は次のような葉書を革也に送った。

先日はあんな事を申しましたが、あて事は向ふから外れるもので十六日出監、今日罰金六十円の言渡を受けました。僕は大に健康を回復する為め、大石君の処へ行つて暫時保養します。新聞の事は明日号外を出して報告致します。　五月十九日

森近の判決は一九日に出、罰金六〇円で出獄できたのであった。「あんな事」と書いているが、入獄が長引くことの予想がはずれたことを内心喜んだのだ。「大石君の処」は新宮の医師である大石誠之助のことである。この大石も大逆事件で刑死した。革也宛に大石誠之助は一九〇七（明治四〇）年一月一八日付書簡を送っている。大石の書簡は一通のみ残されていた。森近書簡にあった「新聞の事」というのは五月二〇日に休刊の号外を出したことだが、その後復刊されなかったので実質的には廃刊であった。

この五月一九日の革也宛が森近からの最後の書簡になったと思われる。以後のものは所蔵されていないからである。最後の書簡以後の森近関係を前掲『森近運平研究基本文献』の「年譜」から拾ってみる。五月二二日「大阪平民社解散式」、五月二四日「幸徳訪問の途につく」（六月八日まで）、六月一

一日「新宮の大石訪問」（二六日頃まで滞在）、七月三日「軽禁錮二月の判決」、七月八日「大阪監獄に入る」、九月六日「出獄歓迎会」、九月一二日「帰郷」（岡山県高屋村）、九月二一日「上京」、一九〇九年三月一〇日「帰郷の途につく」、一九一〇年六月一四日「岡山、井原両警察刑事により捜索、拘引され、東京へ護送される」（大逆事件関係）、一九一一年一月二四日「東京監獄の絞首台で処刑」と続いた。

このように見てくると革也宛最後の書簡以後、森近はゆっくり革也に近況を知らせることなどできない状態であったことがわかる。なお革也の『日記』は一九一七（大正六）年以後のものしか所蔵されていないため、処刑当日の森近や秋水らの記事はない。

七　西川光二郎と岩崎革也との交流

1　幸徳秋水・堺利彦らと平民社で活動

西川は戸籍上「光次郎」であったが、後年「光次郎」と書いたり、「光二郎」と書いたりまちまちで紛らわしい。たとえば、一九〇八（明治四一）年三月一日に革也宛に出した封書の裏面に書かれている差出名は西川光次郎であるが、文面の一部に「同志諸君の援助を仰ぎ度候」とあって七人の連名が書かれている。そこでの西川は光二郎である。同一書簡でさえ表記に違いがある一例である。本稿では西川本人または妻の文子が光次郎と表記している場合以外は光二郎と表記することにする。

西川光二郎は一八七六（明治九）年兵庫県の淡路津名郡に生まれ、一九四〇（昭和一五）年に没した。田中英夫『西川光二郎小伝』（みすず書房、一九九〇年）は多くの史資料にもとづき詳細に西川光二郎の一生を論述している。本稿に出典を挙げない場合があるが、本書に負うところが大きいことを述べておかなければならない。同書の「略年譜」を中心に拾ってみる。

一八九四（明治二七）年札幌農学校予科四年に編入学、一八九六（明治二九）年東京専門学校（早稲田大学の前身）に入学。一九〇一（明治三四）年社会民主党創立に参加。一九〇三（明治三六）年に堺利彦や幸徳秋水らが始めた平民社に入り、週刊『平民新聞』の編集業務を行う。一九〇五（明治三八）年二月二八日『平民新聞』第五二号筆禍事件のため幸徳と共に下獄。九月二六日出獄。松岡文子と結婚。

一九〇七（明治四〇）年九月一一日付で西川光二郎は革也に書簡を出した。西川の革也宛書簡で所蔵されていたものは五通であるが、その最初のものである。冒頭に「日頃は御無音にのみ打過ぎ申候。いつぞやは御病気の様に承申居候へど御尋ねも申上げず候。此頃は御壮健にゐらせ玉ひ候や」と書いているところから、時に革也との文通があったものと思われる。以下に引く西川光二郎と文子の革也宛書簡は『キリスト教社会問題研究』（五四号、同志社大学人文科学研究所、二〇〇五年）によるが、筆者が一部改めた所がある。先の書簡の続きは次のようなものである。

さて私事此度光時代の新兵事件にて入獄中の大脇直壽氏十月二日出獄せらるゝにつき九月二十五日同氏にかゝる罰金五拾円納めねばなり申さず（略）目下さし迫り候大脇氏のは氏に印刷人として署名して貰ひ候関係故私方にて責任を負ひて支出せねばならぬのに候へど、何分貧乏の上にも疲弊致し居候私どもにて一個人としては当底荷ひきれ申さず目下弱り申居ります。誠に申上かね候へど御都合にて御補助御寄附願はれまじく候や。尤新聞等にて同志に寄附募集など出来ればよろしく候へど、これは罪人庇護とか申し、先々月もその為四十円も罰金課せられ候様な不始末にて、殆んど方法もつき困り申候間、何分にもよろしくくれぐれ御願申上候。

書簡末は「西川光次郎　文子」の連名である。文中に「光時代」とあるのは次のような事情による。西川光二郎も加わっていた週刊『平民新聞』が一九〇五（明治三八）年一月二九日に第六四号で廃刊になった。それを見込んで準備をしていた平民社は週刊新聞『直言』を発行したが、九月一〇日付第三二号で発行停止を命じられ廃刊し、一〇月九日に平民社は解散した。しかし、一一月二〇日に石川三四郎らキリスト教社会主義者は『新紀元』を発刊、西川光二郎ら非キリスト教社会主義者は『直言』の後継紙『光』を発刊して、それぞれ運動を継続させた。

西川の書簡にあった「光時代の新兵事件」は、一九〇六（明治三九）年一一月二五日発行『光』第二八号四面に掲載した大杉栄訳の「新兵諸君に与ふ」の筆禍事件のことであった。大脇直壽は『光』の印刷人としての責任を問われ、「罰金五拾円」を支払わなければならないことで西川が責任を果たさなければならなかったのである。西川はそれが払えず革也に「御補助御寄附」を願い出たのである。この要請に革也が応えたかどうかはわからない。

西川の革也宛書簡の二つ目は、一九〇八（明治四一）年三月一日付である。書簡末には西川光二郎、斎藤兼二郎、樋口傳、吉川守邦、半田一郎、竹内余所二郎、岡千代彦の七人の名が連ねられている。

拝啓愈々御壮健奉慶賀候。陳者一昨年の凶徒聚衆事件は這般大審院に於て破棄せられ、宮城控訴院に移され近く公判開廷に決定致候。就ては永々の裁判事件の為め被告一同疲弊の折柄、又々仙台行数度の費用多大を要し困難罷在候。殊に目下入獄中のものも有之候ゆゑ、此際殊に同志諸君の援助を仰ぎ度候間、乍御迷惑幾分の御寄附を仰ぎ度候。此段御依頼迄如斯に御座候へや

この書簡も「御寄付を仰ぎ度」というものだ。本書簡は次の経過に位置づけられる。「一昨年の凶徒聚衆事件」は一九〇六（明治三九）年三月一五日に電車賃値上げ反対第二市民大会後の示威行動が

荒れ、西川ら一八人が拘引されたことをいう。西川の保釈出獄は六月二一日で、七月九日には東京地裁で無罪宣告となった。ところが、一九〇八（明治四一）年二月七日に大審院にて原判決破棄され、宮城控訴院に移された。そこで七月一七日重禁錮二年の刑が確定し、千葉監獄に押送された。

一九〇八（明治四一）年の一二月九日に、妻の西川文子は革也に次のような書簡を送った。差出住所は「岐阜県安八郡外野志知内」である。

（前略）私も西川が二三年前より引かゝり申居候電車値上反対事件の一審二審にて無罪なりしにもかゝはらず、意地悪き検事の控訴にて宮城にて計らず二年といふ長い刑に処せられ申候につき、ことし七月入獄致申候まゝやむをえず帰国致し申居候。おかげ様にて無事に暮し申居候。実家とは申ながらなかなかうるさき事のみ多く御座候。しかし斯様な時に久しく住み馴れ申居候京の地にも参り度かつ御伺も致し度存じ申候処、いつも御忙がしくゐらせらるゝ御事と存申候間御邪魔に相成候てもと存じ前以て手紙にて御伺申上候。正月頃は御都合あしく御座候や、また先生に御都合あしく候も御奥様にても御娘子様にても御ひまこれなく候や御伺申上候。いづれ御目にかかれ候はゞいろいろ御話も承り申し度候へど取あへず御尋ね申上候。文子　岩崎様

西川光二郎が重禁錮二年という刑で入獄させられたため、文子は「やむをえず帰国致し」と書いている。革也宅を訪問し、「いろいろ御話も承り申し度」とその都合を尋ねている。文子はどのような話を革也としたかったのか。

文子は一九〇九（明治四二）年一月三日に革也に葉書を送った。前便から一カ月足らずである。

元旦早々雪深く寒さはげしく御座候。御地もさぞかしと存上候。御病気にて御座候ひしよし如何の御様子に御座候や御案じ申上居候。早く御全快のほど祈り上候。私ども皆々無事に御座候へど二人

> も小供つれ居候ては居候の身分もなかなか責任重く閉口頓首致し申し居候。さ様候へば淡路の国許へ少々無心かたがた御地にも遊ばして頂き度存申居候へどあまり同情なき返事にへこたれ申候。春三四月にも相成候ば嵐山にても参り度存候へど正月は見合せ申候。切角御身御大切に願上候。

この書簡でも文子は革也宅訪問の意志を述べている。「淡路の国許」は光二郎の実家でありそこに「無心」に行く予定であったが、「同情なき返事」であったのだ。そのため正月には「見合わせ」たとも書いている。

文子は同年三月二七日にも革也宛に次の葉書を送った。

> （前略）正月は参上致すやう申上おき失礼致し申候。さて四月上旬には是非御尋ね申上度存申候。もし御旅行など被遊て御不在にては御座なく候や御伺申上候。手紙にてもとは申候へどそれはあまりに御無礼に候間、是非御目にかゝり申度□《不明》京の嵐狭の辺りのなつかしさに堪え申さねとにて思ひ立ち申候。御邪魔にも候はんが快く不幸の児等に一両日の静遊を許したまはらばこの上なき幸に存申候。皆々様によろしく

文子は手紙では無礼だから、「是非御目にかゝり申度」と書いた。これら数通の書簡は無心するため革也宅を訪問したいということだ。革也は文子の申し入れを受け入れた。文子の同年の次の葉書がそれを示している。差出は「四月十日　大垣ステーションにて　西川」である。

> 誠に以あたゝかに御座候。只今大垣を出立いたし申べく、京都に一泊して明日は御地の山水に接し申べく候。御邪魔に御座候へど貴宅に御伺申上度、奥様御はじめ皆々様によろしく。

翌一一日に文子は革也宅を訪れた。革也は文子の要請にどれほどの金額を与えたかは両者ともに書いていないのでわからない。また、文子は革也に礼状を出したか不明である。太田雅夫『岩崎革也年

譜』（三一ページ）の同年四月一一日の項に、「西川文子、革也宅を訪ね宿泊する」とある。日帰りではなかったのだ。

文子は革也宅を訪ねたことを、天野茂編『平民社の女 西川文子自伝』（青山館、一九八四年、一九六ページ）に次のように書いている。

西川の千葉下獄中、（大石誠之助が—引用者）わたしに一度ゆっくり紀州へ遊びに来るようにといって、親切に海路の図面までわざわざ送ってくれたことがありましたが、そのときわたしは京都から丹波の岩崎革也氏の宅までは出かけたものの、つい新宮へまでも脚が延びず、同氏切角の好意に背いてしまったことをいまだに心中に相済まなく思っております。

文子は革也と大石誠之助を訪ねる予定であったが、新宮の大石宅までは「脚が延びず」と言っているのは、今回の革也宅訪問の折りであったのであろう。大石は医師をしていたので援助を期待していたのである。それほど文子の生活は経済的に逼迫していたと思われる。

2 『心懐語』で社会主義と訣別

西川光二郎は二年後の一九一〇（明治四三）年七月一七日に満期出獄をした。その翌日から『心懐語』を執筆し始め八月三一日に擱筆、一〇月一五日警醒社より出版した。『心懐語』を若宮卯之助は『日本』（明治四三年一一月三〇日）で「社会主義者の詫証文第一号なり」と評した。歴史的特徴をよくとらえた批評であったため、今日でも西川光二郎に関する場合よく引かれる。筆者は『心懐語』を手にしたが、比較的薄い書籍であった。これがあの『心懐語』かとしげしげと眺めたのであった。

西川光二郎は『心懐語』の「自序」に、

余年少の時より猥りに民人を憂ひ、疎狂自から改革者を以て任じ、悲憤慷慨を事とする爰に十有余年其の間奇禍を買うて獄に下ること前後四回、之れによりて静思の機会を得て幸に半生の非を知り、爰に行路を新にせんとするに当りて此の書を著す、余の識余の文固より云ふに足らずと雖も、此の書或は行き余りありて省察足らざるの青年に一粒の警告を与ふるの益あらんか。（略）此の書、自己の心的経験を正直に談りたるものなるの点よりして修養に志す人々に対し多少の参考となる処あらんと信ず。

と書いている（一一～一二ページ）。「半生の非を知り、爰に行路を新にせん」というわけだ。西川の転向宣言書にかつての師であった新渡戸稲造は、同書開巻の「序」に述べているいくつかを書き抜いてみる。

現今我が邦において社会党と称する輩のその何れの派に属するもの多きかは余の親しく知悉せざる所なれども、吾人の最も怖れ、最も避くべく、最も防ぐべき危険は破壊的思想なり（四ページ）。

社会主義論ほど吾人の個性と人格とを軽ずるものは莫からん（六ページ）。

著者西川氏は社会主義のため鉄窓の人となること前後四回、主義の殉教者たるの覚悟を以て奮闘せること玆に十余年、同志は氏の高き人格を認め、氏の学才技能を信じ、宛然氏を主義者中の領袖と崇めたるの観ありしが、氏は久しき研究と実際の運動とを踏みて、新に発見する所あり。即ち衆生の幸福を図らんものは、社会の改良に先ちて為すべきものあるを覚り、翻然個人的修養に心を傾け、新方面を開拓して青年を勧誘する所あらんと期す（八～九ページ）。

西川光二郎は週刊『平民新聞』（一九〇三〈明治三六〉年一一月二九日、第三号）に「予は如何にして社会主義者となりし乎」に次のように書いた部分がある。なお、『平民新聞』の同企画には八二人の社会主義者が執筆しているが、西川光二郎はその第一回に登場した。

今は台湾の殖産局長なる新渡辺《ママ》稲造氏当時は札幌農学校の教授なりしが、先生は社会主義に趣味ある人なるより時々断片社会主義の事を談り、又大に余等を益せられたりき。斯くて在校二年の間に余は全く社会主義の信者となりしかば、農学校に用なしとの感を起し東京に飛び出し来りて早稲田の専門学校に入りぬ、

新渡戸稲造の影響もかなりあったと思われる。しかし、新渡戸は西川が『心懐語』を出すころには反社会主義の考え方になっていた。その新渡戸は社会主義離脱宣言の『心懐語』の「序」を書いて西川を励ましたのである。「社会主義者の詫証文」と世間から受け取られたのも当然であった。

ところで、『心懐語』は革也蔵書の一冊として存在し、蔵書印が押されている。おそらく西川が革也に進呈したものと思われる。同書には革也の書き込みがあるが、筆者は未見である。蔵書中の『心懐語』に関して文子は一九一〇（明治四三）年一〇月二七日革也宛葉書に次のように書いていた。

思ひながら御ぶさた申上居候。皆々様御きげんよろしく御座候や。又々紅葉する頃と相成申候。さぞ御地の秋色うるはしき御事と存上候。私は母病気の為夏以来帰り申居候処、とうとう先月末亡く（誤字一字抹消―原注）し申、遂に親なしと相成申、誠に心淋しく存じ申候。さて西川も此度出獄紀《ママ》念とも申べき様の書物出版致し申、これはこれ迄のとは少々おもむきを異に致し候間、何卒御一読御願申上候。今日までは却つて御迷惑相かけてもとわざとさしひかへ申居候。

『心懐語』は一〇月一五日警醒社より出版された。文子の葉書はさほど間をおかない頃のものである。別便で『心懐語』を送り、当葉書で「何卒御一読御願申上候」と書いたのかもしれない。これま

で引いた文子の革也宛書簡はすべて文子の実家「岐阜県安八郡外野志知内」を差出住所としていた。
ところで、西川の『心懐語』を妻の文子はどのように見ていたのか。次のように記している（『平民社の女─西川文子自伝』一〇〇ページ）。

八月末日『心懐語』を擱筆された時、とても嬉しそうにわたしに読むようにと言われた。わたしも一気に読み了えて感激に満ちたのを覚えている。かねて敬事していられた新渡戸先生に送って見てもらうこととした。先生からは早速長い手紙が来て、年齢ではわたしは君より先輩だが精神的には遙かに君が先輩だといっていいたく激賞され、実業の日本社でも喜んで出版するが警醒社がよかろうといって序文を書き出版の労を取られた。これでいよいよ西川は社会主義と訣別することとなった。

文子はさらに次のようにも述べている。岩崎革也の名も「ファンとかパトロンとかいうもの」の一人として登場し興味深い（同前、一〇九ページ）。

一方の首領であった西川など他の人でもそうであったが、ファンとかパトロンとかいうものが相当あった。たとえば加藤病院長加藤時次郎氏、新宮の大石誠之助ドクトル。丹波の岩崎革也氏等、またわたしの実家にしても助け得るし、決して困ることはなかった。心底から強い信念がなかったら転向など声明せぬ方がいくら便利であったか知れない。わざわざ『心懐語』を書いて転向したのは信念確信が正直素朴であったからで、非常に強い性格の西川は少しでもごまかしたりあいまいな態度をとることは出来なかったのだ。

西川夫婦にとっては岩崎革也はパトロンの一人として経済的支援を受けることが相当あったのであろう。とすれば、西川が過去に革也に資金援助を要請した時、応じていたことになる。

その後文子からの書簡は途絶え、一九一四（大正三）年一〇月二四日のものが最後のものであったようだ。革也からの来簡の返事であった。宛先は「京都東洞院万年寺町下　広瀬様方　岩崎革也様」で、差出は「東京本郷駒込林町二〇六　西川文」である。革也は京都の広瀬方にいたのであるが、広瀬と革也との関係はわからない。次のような文面であった。

其の中一日御伺申上やうと存じて居ります中に、あまり遠方へ出られない様になつてしまいまして失礼いたして居りました。今日突然懐かしい旧い深いおなじみある西の京からの御便りに接し一寸驚かされました。わけて秋の紅葉には御地は美く《ママ》しくいゝ処で御座います。お静かに西山東山さては大原にと秋の気分を充分に御あさり被遊る事の御羨ましう存じます。いづれ又の時に御尋ね申し上られます事と存じます。私もいろいろと仕度ひ事仕なければならぬ事が山ほど御座ひますが今年中位は思ふ様に運びません。何としてもこゝ一両ケ月を過し来春からは又々大に活動致し度ひと存じます。いろいろと御助力をも願ひ度ひと存じます。まづは取あへず御返しまで

草々　文

一方、西川光二郎は革也に一九〇七（明治四〇）年三月一日に七人連名で資金援助を要請した書簡以後五年半ぶりの一九一二（大正元）年八月一〇日に御嶽山絵葉書、差出は「信州木曽福島にて」として次のような書簡を送った。

拝啓　久しく御不沙汰、只今御嶽登山を済ませて当地まで参り申候。明日出発一寸淡路津名郡佐野村に帰省し、十六日頃京都へ立ちよる考へ、其節御地の方へも参上、久しぶりに御面会の栄を得たくと存居候。

西川は「十六日頃京都へ立ちよる考へ、其節御地の方へも参上」と書いている。久しぶりの面会と

期待している。「久しぶり」とはいつごろの頃からをさしているのかはわからない。ところが、西川は革也に面会しないまま帰京せざるを得なかったようだ。同年八月一九日の葉書に書いている。

拝啓　先日は御ハガキ下され有難く存じ奉候。是非御地に参上、久しぶりにて拝顔の栄を得たく存じ居り候処、急に帰京せざるべからざることとなり、京都に一寸立寄り候ま丶帰り申候。御無礼御海容下され度候。其の内丹州巡遊致し度と存じ居り候。匆匆

西川はこの五年後の一九一七（大正六）年七月三一日に葉書を出した。

拝啓　本年の暑さは全く格別にて候も相変らず御元気のことと存じ候。小生共一家も幸に皆々頑健、但し妻は八月末に分娩する様の次第にて先月よりは小生妻の仕事も引受け両刀使をして居り申候。御上京の折りも候はゞ久々にてお目にか丶り度と存じ居り申候。匆匆　七月三十一日

妻が分娩するとあるが、三男仁が生まれたのは九月九日であった（『平民社の女─西川文子自伝』「年譜」三九八ページ）。この西川書簡が最後のものであった。おそらく西川は革也と再会することがなかったのではないかと思われる。

3　晩年は侵略戦争支持に

西川光二郎は『心懐語』で転向を宣言してから社会主義とは違う道を歩むことになるが、ここではふれないことにする。田中英夫『西川光二郎小伝』から、社会主義とは無縁になったことが明白になる侵略戦争についての言説を二、三拾ってみる（ページ数は『小伝』のそれ）。平民社を立ち上げた時、「平民主義・社会主義・非戦主義」の三点を方針に掲げていたが、昭和の戦争時代にそれを失っていたことを知ることができる。

1『自働道話』（一九三三〈昭和八〉年二二八号）「此の際、識者顔して居る人々の中に、弱音を吐く人のあるのは慨はしい。事茲に至りし以上、日本国民は一丸となつて進むの外はない。断じて図《ママ》論を二分せしむること勿れ」（五一三〜四ページ）

2『自働道話』（同年、二二九号）「此の際は、挙国一致に反対する、一切の言論挙動を、非愛国的と解してよからうと思ふ」（五一四ページ）

3『自働道話』（一九三七〈昭和一二〉年二八二号）「他国を侵略すべきでないが、武を以て他国を指導することは、あつてもよいことだ。日本の使命は武を以て支那を指導するにあり」（五四一ページ）

このような西川の時の政府の方針を遂行していく立場は、当時の多くの人々の共通の認識になっていったものである。岩崎革也も政府の戦争政策遂行の思いを強く抱くようになっていった。西川は一九四〇（昭和一五）年九月二六日、六四歳で死去した。革也の『日記』に西川光二郎に関する記述は西川死去のただ一カ所だけであった。それは同年一〇月二七日に、

東京市杉並区阿佐ケ谷、一の六八八吊《ママ》電を贈る　西川幸《ママ》二郎氏死亡本日葬式（旧平民社時代の交友ニして屈指の主義者熱情の人志士的也　今は孔子研究者修養団に活動）

と記されている。平民社は一九〇三（明治三六）年一〇月二三日に幸徳秋水や堺利彦らによって結成された（文献によっては一〇月二七日、あるいは一一月一五日をその結成日にしているが、ここでは『社会・労働運動大年表Ⅰ』一九八六年によった）。間もなく西川光二郎も加わることになる。そのころ革也は子弟の東京遊学期であり、しばしば上京し滞在したためその平民社をよく訪れたのである。早い時期から革也は西川光二郎と文子に面識があったであろう。西川はすでにふれたように『心懐語』発行

で社会主義と別離した。革也は官憲の視察の対象人物として内偵を受けていた。西川の妻になった文子は革也と交流関係を持ち続けていたと思われる。文子がいなければ西川との交流も転向宣言を発したところから隔絶したものであっただろうと想像される。

八　上田蟻善と岩崎革也との交流

1　薬剤師の上田蟻善『へいみん』発行

岩崎革也の『日記』に上田蟻善の名が登場するのは、一九一八（大正七）年一〇月二二日「吊慰《ママ》ニ上京す　帰途京都三条富小路薬剤師上田蟻善氏ヲ訪問の上同携木屋町松の家ニて会酌」の記事である。いつから何がきっかけで交流が始まったかはわからない。

上田蟻善は一八九二（明治二五）年三月三一日、京都市生まれである。京都薬学専門学校卒業。革也より二三歳も若い。上田蟻善が官憲の内密資料『特別要視察人状勢一斑』に登場するのはその「第五」が最初である。『状勢一斑第五』は一九一四（大正三）年七月より翌年六月までの期間を調査対象としている。その「第四款機関」の項に『へいみん』を月一回発行、初号発刊年月は「大正三年七月」、「経営者また八重ナル関係者」に上田蟻善として挙げている（『社会主義沿革1』続現代史資料、みすず書房、一九八四年、三八九ページ）。大杉栄と荒畑勝三は一九一四（大正三）年一〇月一五日に月刊『平民新聞』を発行した。その保証金の寄付を訴えたところその一人に上田蟻善が応じたことが、同紙第三号に「一金一円也　京都市　上田蟻善氏」と出ており、それを『状勢一斑第五』が記録しているのである（三九四ページ）。上田蟻善は一九一四（大正三）年ごろから官憲の注目するところとなったのである。

また、『状勢一斑第五』の「第三節其ノ他ノ地方」の「(1) 通説」として、

(前略) 陰謀事件関係者等入監中ノ者ヲ除キ近来ニ於ケル動静上特ニ注意ヲ要スト認メラル、者ノ氏名及在住地方ヲ左ニ掲ケテ参考ニ資セン　京都　上田蟻善

と記していて、京都では上田一人である(四一四ページ)。

続いて「(2) 上田蟻善ノ行動」に、

京都在住上田蟻善ハ大正三年七月五日ヨリ「へいみん」ト題スル出版物ヲ発行シ毎号不穏当ノ記事ヲ掲ケテ各地ノ同志ニ之ヲ配付シ殊ニ東京、大阪、神奈川方面ニ於ケル重ナル同志ト親交ヲ結ヒ出版物ノ原稿又ハ意見ノ交換ヲ為セル等大ニ注意ヲ要スルモノアリ左ニ重ナル行動ヲ掲ク

(イ) 大正三年九月十三日東京在住堺利彦ノ訪問ヲ受ク

(ロ) 在京大杉栄、荒畑勝三カ『平民新聞』ヲ発行スルニ当リ金一円ヲ寄附セリ

(ハ) 大正四年三月一日大阪在住高田集蔵ノ訪問ヲ受ケ其ノ際「クロポトキン著法律と強権」其ノ他同趣味ノ雑誌二種ヲ同人ニ貸与セリ

(ニ) 大正四年三月二日東京在住百瀬晋、荒川義英同道ニテ訪問ヲ受ク

(ホ) 神奈川県ニ於テ中村勇次郎等ノ発行セル雑誌「解放」大正四年五月十五日発行第二報通信欄ニ本人ノ寄稿トシテ左ノ記事アリ(略)

と上田の行動を捕捉している(同ページ)。

大正三年から四年ごろ、つまり上田蟻善が『へいみん』を発行し東京、大阪、神奈川方面の社会主義者に発送している頃に岩崎革也との交流が生じたと思われる。堺利彦は一九二八(昭和三)年六月

二八日付の次のような葉書を革也に出している。

　先日は電話で失礼しました。小生昨夜帰京。大ぶんくたびれました。然し一週間の講演旅行に及第したので、健康の回復が立証されたわけです。京都では上田蟻善君にも会ひました。廿八日
　　とし彦

　少なくとも上田蟻善と堺利彦は知った仲であったことがわかる。そして堺が革也に上田と会ったと書いているので、革也も上田蟻善を知っていたことになる。革也がいつ知ったかはわからない。革也は週刊『平民新聞』時代から紙上に何度も広告を出したり、平民社維持資金として公債千円（時価七百円）という大金を拠出していたため、多くの読者が革也に注目していたと思われる。上田蟻善も注目した一人であり、堺利彦を通じて革也に連絡を取ったのであろう。交流初期の書簡は所蔵されていないが、革也宛の最初と思われる一九一五（大正四）年四月二五日の書簡は次のようなものであった。宛名は「丹波船井郡須知町　岩崎秋月様」、差出は「『へいみん発行所』京都市三条通富小路東入薬剤師　上田蟻善薬局」である。上田書簡は読みにくい字体のため京都丹波岩崎革也研究会会員田中仁にお世話になった。

　御ヒイキ有難と存じそろ　サッポロビール（黒）四打入一箱金拾壱円四拾銭ニ御座候　それに運賃を要し申し候がそれにて五十二候哉　旭、キリン、は京都にて御割安に候へ共札幌ハ当地にては数軒より取扱ひ不申自然高値を夥く居候次第　然しながら御ン地より安いと思し召さば今後一報が願ひ度く候　運送店の御指定は候はじ　それまづ持参させても宜しく候　『へいみん』一二号御同封申上候間御笑覧願上候　来ル十日（木曜）午後六時より三条青年会館に於て宮武外骨君等と露骨大演説会を開きます　御都合でも出来て　御出席御雄弁をお奮ひ下さるやうな事にでも

なれば大いに御目玉を得る事に御座候（後略）

革也は上田薬局にわざわざビールを注文したことがわかる。彼を支援する意図が読める。『へいみん』の一号二号を同封している。この時が『へいみん』送付の最初であった。

『へいみん』について官憲は次のように調査結果を述べている（『特別要視察人状勢一斑第六』の「第五刊行物表」四六五ページ）。

題号へいみん、発行回数月刊、一部代価二銭、発行所 京都市三条通富小路東へ入ウエダヤ薬局、初号発行年月日大正三年七月五日、廃刊又ハ休刊セルモノ・最終発行年月日及号数大正四年六月一日第二巻第四号、内容概要貧困者労働者ニ同情スルノ記事ヲ掲ク

2 町長不認可となった文書を上田が知らせる

上田は先の封書（四月二五日付）に次のような写しを同封していた。

京都府指令四庶第一六九二号船井郡須知町役場

大正四年三月十七日附甲第二三号　稟請岩崎革也ヲ須知町長ニ選挙ノ件認可セズ

大正四年四月九日 京都府知事 大森鐘一 印

同年三月一七日、須知町の議会は全会一致で岩崎革也を二度目の町長に推挙した。ところが、四月九日付で京都府の大森鐘一知事は「不認可」としたのだ。おそらく革也が上田に知事不認可を知らせたのであろう。「認可せず」の文書写しを上田は入手し、革也に送ってきたものと思われる。不認可の理由は革也が社会主義者として官憲から「要視察人」とされていたからであったであろう。

ところで、『状勢一斑第六』は『第五』以後の調査を記している。その「第一　一般の状況（4）

京都」に、革也と上田蟻善について次のように記している（四五五ページ）。

京都府ニ於ケル状勢ハ前年来ニ比シ格別消長ナク殊ニ大正四年十一月中御大典ノ挙行アリシモ一般ニ静粛ヲ保チ主義ニ関シテハ注意スヘキ事項ヲ認メス本府ニ於ケル重ナル人物ハ上田蟻善（薬種商）、岩崎革也（無職）、吉見二郎（無職）、森下八三雄（小学校教員）等トス上田ハ大正三年七月五日ヨリ「へいみん」ト題スル出版物ヲ発行シ貧困者、労働者ニ同情スル記事ヲ掲ケ各地同志ニ之ヲ配布シ殊ニ在京大杉栄、荒畑勝三、堺利彦及是等一派ニ属スル者並大阪、神奈川方面ニ於ケル同志ト親交ヲ結ヒ出版物又ハ主義ニ関スル意見ノ交換ヲ為シツ、アルノ状況ナリシカ「へいみん」ハ同四年六月一日第二巻第四号発行後休刊シ居レリ岩崎革也ハ表面注意ヲ要スル言動ナキモ在京堺利彦ト親交ヲ結ヒ同人に対シ時々運動資金ヲ供給シ居ルモノニシテ同人カ大正四年九月一日ヨリ従来発行セル雑誌「へちまの花」ヲ「月刊新社会」ト改題発行スルニ当リ之カ保証金ノ幾分ヲ貸与セリ（以下吉見二郎と森下八三雄の記述略）

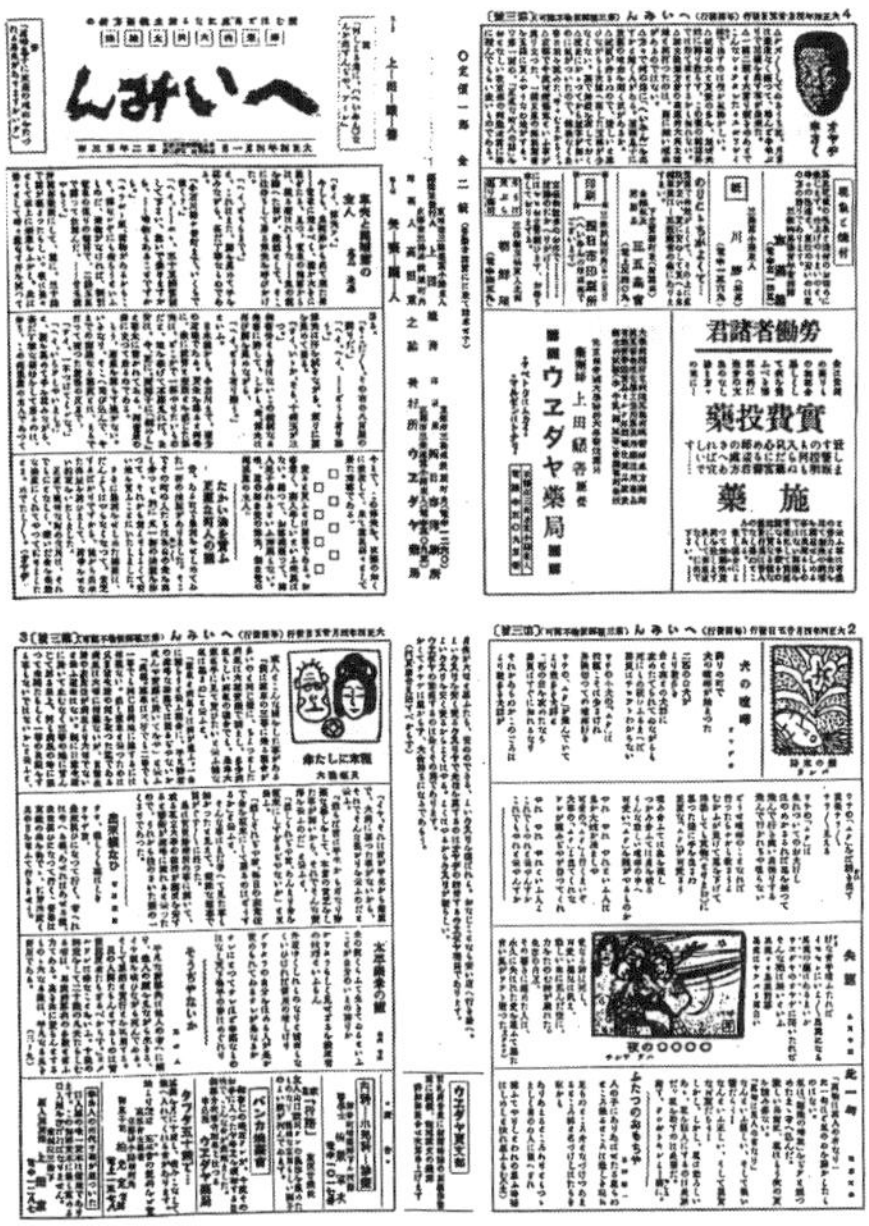

1915年4月25日発行『へいみん』3号
（太田雅夫『初期社会主義研究』第8号、
1995年所載「上田蟻善と『へいみん』」より）

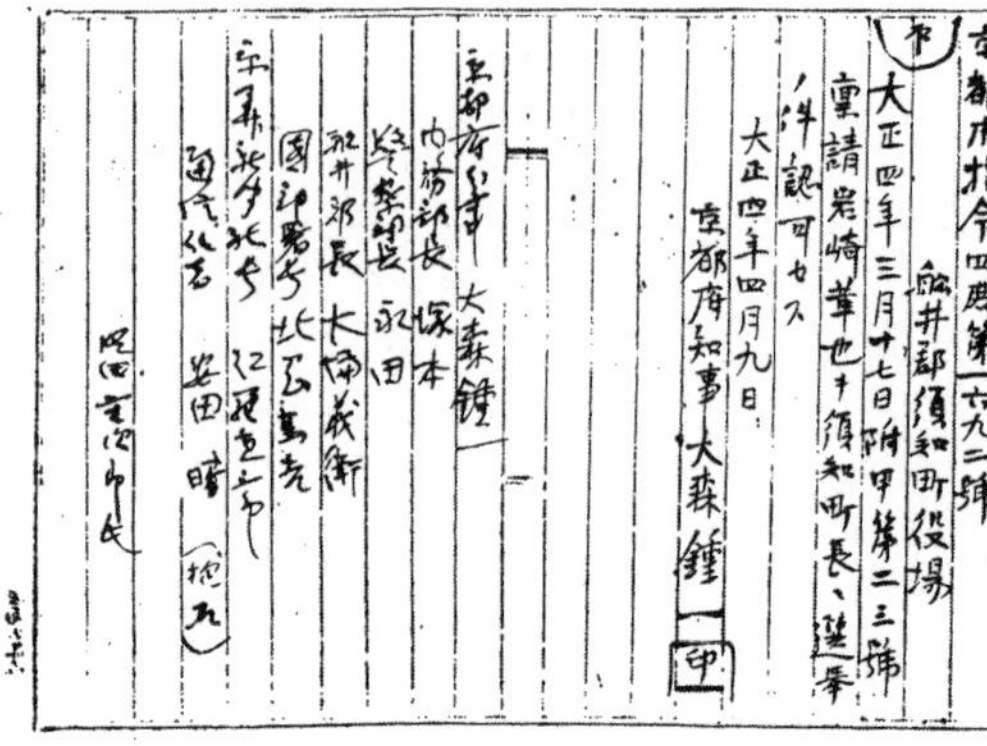
京都府指令四農第一六九二號
船井郡須知町役場
大正四年三月十七日附甲第二三號稟請岩崎革也ヲ須知町長ニ選挙ノ件認可ス
大正四年四月九日
京都府知事大森鍾一 印

1915年4月25日付革也宛上田蟻善書簡に同封

上田蟻善は一九一五（大正四）年九月八日の葉書を革也に送り、「『へいみん』も大典過まで休刊するつもりです　理由は御存入及ぶところと存じます」と書いていた。「大典」は大正天皇の即位儀礼で一九一五（大正四）年一一月一〇日であった。だが、その終了後も『へいみん』は再刊されることがなかったため、第四号で廃刊になってしまった。

　その後三年あまり上田蟻善からの書簡は途絶えている。革也の方から上田に書簡を送ったようだ。その返事として上田から、一九一八（大正七）年一〇月一一日付の次の来簡があった。

> その後はトンと御無沙汰久濶ぶり乃芳簡に接し嬉しう存じます。牛尻《ものしり》博士（ルビはママ）杉浦君から此間ヒヨットあなたのお話をたぐり出して話に花を咲かせ申候。昨夜阿たり先生（スギウラ）又候京の街をテクテク否トボツク事と思ひ候　十三四両日の舞台披きに天晴楽屋番でも勤免るんでせう。先生謡は一向聞き不申候へ共、話し丈は中々の大家に有之、暇な時にはよき徒々の人にて候。此間の米騒動以来その筋は又々間違つた活動をぼつ初免ました。岩前と申す東京裁判所の検事ドンがわざゝ、、やつて来て、ヨタスケの狂言師上田蟻善乃身元調べや聞取書を作るのに四つも日を費すんです。そして肝心のその頃には儂は伊吹採薬旅行に滋賀県のお役人サマ達と共に行つてゐたのです。馬鹿らしい

ぢやありませぬか。大杉がその後に訪ねて来たので驚いて滑稽すぎる警戒をしてゐます。そちらの方は如何でございます。我々小売商人では時に非常に不利なことを感じますが個人としては唯軽いホコリを感ずる位です。（以下略）

文中に「大杉がその後に訪ねて来た」とあるが、官憲は『状勢一斑第九』の「同（5）米価問題騒擾事件要視察人」に次のように記録している（前掲書、七一八ページ）。なお、『状勢一斑第九』の調査時期は一九一八（大正七）年五月一日より翌年一一月一日の一年半であった。

（前略）同時ニ大杉ハ右ノ岩出方ニ転宿シ引続キ同人方ニ滞在中同（八月—引用者）十三日京都ニ赴キ（京都ニ赴キシモ調金ノ目的ナリシモノ、如ク山鹿泰治（甲号）上田蟻善（乙号）続木斉（丙号）等数名ノ同志ヲ訪ネ（山鹿ハ不在ノ為面会ヲ果サヽリキ）上田蟻善ヨリ款待ヲ受ケタル上旅費トシテ金六円五十銭ノ供与ヲ受ケタリ）（以下略）。

これにより大杉栄が上田蟻善を訪ねたのは一九一八（大正七）年八月一三日であったことを知ることができる。

3　革也 上田に資金援助

革也は同年先の書簡を落手した一一日後に上田蟻善に久しぶりに会っている。革也はすでに記したように、『日記』同年一〇月二二日に次のように書いていた。

吊慰《ママ》ニ上京す　帰途京都三条富小路薬剤師上田蟻善氏ヲ訪問の上同携木屋町松の家ニて会酌

革也と上田蟻善は松の家でどのような話をしたのであるかは不明である。だが、先日の上田宅を訪問して後の革也宛書簡で推量できそうである。同年一一月二日の革也宛封書は宛先氏名が「岩崎確哉先生侍史」とあり、差出氏名は「大糞沙門」としている。ペンネームとはいえ度が過ぎた感をぬぐえない。

先日ハわざ〳〵御入来何乃風情も無御座引ツ張廻しまして申訳なき次第ニそろ　唯今芳簡拝受￥20を正ニ落手仕り候　其上（四字不明—引用者）と筈のもの候はね共兎に角預かつておき申志候　過日大阪の同志連数名来京何か雑誌でも作らうてふ話で御話し申志候　貴殿の咄の出で申愉快な半日越送り申し候　古の頃の悪性感冒目下真ツ盛りに有之候　折角の御摂養専一とぞんしそろ　但しあなたの勢ならまづ安心は仕りそろ　酒盃に親むの者には風神も之を避け申する由　オヤヂの方はお陰で日夜大繁忙　朝寝坊（吾輩にして玉に疵なる）も出来不申　ま古とに金儲けと死病は辛きものなる事を切に感じ申しそろ　先ハ取急ぎ小生も都合着次第何等か具体的活動をやらかすつもりに御座候　その切ハ宜しく

文中の「オヤヂ」は上田蟻善自身のことである。この書簡により革也が上田蟻善に二〇円の資金援助をしたことがわかる。上田は革也からそのような援助を得られると思っていなかったようで、「兎に角預かつておき申志候」と述べている。何に使用されたのかはっきりしないが、『状勢一斑第九』の「山鹿泰治「パンの略取サンヂカリズム」ヲ秘密出版ス」に、次のようなことが書かれている（六五九〜六六〇ページ）。長いが引くことにする。

山鹿泰治ハ（略）京都市内ニ於テ其ノ内四部ヲ前記深尾竝同志上田蟻善及長沢確三郎（大正九年一月二十八日乙号ニ編入）ニ与ヘテ頒布セリ（略）山鹿ハ大正七年十二月中前記「パンの略取」編述ノ傍ラ「サンヂカリズム」（新労働組合主義）ト題シ左記各項ノ下ニ労働者ヲ激励シ且築比地仲助ノ作ニ係ル「革命歌」及荒畑勝三ノ作ニ成レル「露西亜革命の歌」ヲモ挿入セル頗ル不穏過激ノモノヲ作成シ大正八年二月上旬前記六大新報社印刷所ニ三千部ノ印刷方ヲ注文シ同月二十日頃

迄ノ間ニ之カ交付ヲ受ケ其ノ内三部ヲ同月十八日ヨリ二十三四日頃ノ間ニ京都市内ニ於テ遠藤徳次郎及上田蟻善ニ与ヘテ頒布シ其ノ大部ハ之ヲ隣家ナル斎藤徳治郎方ニ搬出シタルカ偶々警察ノ検挙アルヘキコトヲ聞知シ上田蟻善ト隠匿方ヲ謀議シ長沢確三郎後藤仙吉及自家ノ雇人上原友定ノ四名ニ隠匿方ヲ依頼シ四名ハ之カ請托ヲ容レ転輾各所ニ搬置シ之ヲ蔵匿セシモノナリ捜査ノ結果各所ニ於テ二千九百九十部ヲ発見押収セリ（略）右事実ニ依リ山鹿ハ大正八年二月二十七日出版法違反トシテ拘引状ヲ執行セラレ次テ上田蟻善外関係者四名収監セラレタルカ山鹿ヲ除キ他ノ五名ハ同年四月十一日保釈出監シ同年六月十三日京都地方裁判所ニ於テ左ノ判決言渡アリ山鹿、上田及深尾ノ三名ハ控訴申立ヲ為シ同様ノ言渡ヲ受ケ上田ノミハ上告シタルモ棄却セラル

京都市下京区三条通富小路東入中ノ町三十二番地ノ一平民薬剤師　禁錮四月　上田蟻善　明治二十五年三月三十一日生

山鹿泰治は「頗ル不穏過激ノモノ」三千部を作成し、上田蟻善たちがそれを隠したり、頒布したりしたという。しかし、早期に官憲の察知するところとなり実質上わずか数部に過ぎなかった。革也が上田蟻善に二〇円を拠出したのは大正七年一一月初めであった。山鹿泰治が「サンヂカリズム」（『新労働組合主義』）を印刷しできあがったのが翌年二月二〇日ごろであった。上田蟻善が「兎に角預かつておき申志候」としていた二〇円はその印刷代に使用されたと考えられる。上田蟻善ら四名が出版法違反として収監されたが、裁判結果を不満として上田ら三名が控訴した。その結果に不満として上田だけが上告した結果、棄却となったという。上田は「禁錮四月」の判決が確定したのであった。

上田蟻善は一九二〇（大正九）年一月三日に次のような革也宛葉書を送った。

早速別荘行祝詞うれしう存じ奉つる　新春着赤札、正に児等の嬉々とするところより風流な春を

送ることを得る丈けでも軽きホコリを覚え申候　六日に多分紹待《ママ》のこと、思ひ申す　桜が咲いて桜散り藤のツボミのふくらむ頃又もや俗界へ降りること、存じそろ、その節はゼヒ大いに飲み得ることを思ひそろ　まづそれまでゴキゲンよろしく　敬具

革也は上田の「禁錮四月」を知って激励の書簡を送っていた。上田が書いている「別荘」はいうまでもなく刑務所である。一月六日から四カ月間なので「桜が咲いて桜散り藤のツボミのふくらむ頃」に出所になるというわけである。この書簡が上田蟻善の革也宛書簡として所蔵されている最後のものである。その後音信がなかったようだ。

官憲は密かに主義者たちの内偵文書を作っていたが、「特別要視察人ノ近状及其ノ取締ノ概況　大正十年一月十五日調」の「(C)京都ノ部」に、

本府ニ於テハ旧同志山鹿泰治、上田蟻善等ハ曩ニ無政府主義に関スル秘密出版物事件ニ連坐シ其ノ後著シキ行動ナカリシカ近来新同志等大阪在住者ト提携シ居レリ二、三ヲ挙レハ

として東忠続、船越基、辻井民之助らの名を挙げている（『続現代史資料（2）社会主義沿革（二）』五〇ページ）。

4　上田蟻善 府会・市会議員選挙に立候補

一九二七（昭和二）年九月二五日は京都府議会議員選挙の投票日であった。しかも普通選挙の府議選第一回目であった。社会民衆党の上田蟻善は下京区から立候補したが、惜しくも次点に終わった。下京区は定員一〇名、立候補者二〇名であったが、最高位得票は三七九七票、最下位当選は一五八一票、上田蟻善は一四四六票であり落選であった（『京都地方労働運動史』同編纂会発行、一九五九年、四

五八ページ)。

上田蟻善は二年後には京都市会議員選挙に立候補する。一九二九(昭和四)年四月八日の革也の『日記』に、「来信上田蟻善」、「発信上田ギ善」とある。『日記』中の「来信」が九年ぶりの上田蟻善書簡であった。だが、「来信」の現物は所蔵されていない。もっとも所蔵されてはいないが他にも来信があったかもしれない。同年五月五日の革也日記にも「来信上田蟻善」とある。この一カ月間に二通の来信であった。それぞれ現物が存在しないので内容は不明である。しかし、上田蟻善はこの年五月一日告示、同二一日投票の京都市議会選挙に中京区から社会民衆党として立候補し、みごと当選したのであった。同区の定員は一二名、立候補者は三〇名であった。上田は九四八票で第七位で当選し、最下位当選は六五六票であった(『京都地方労働運動史』五八九ページ)。当選者の内訳は民政二三、政友八、無産諸派五であった。無産諸派は労農大衆党三、労農同盟一、社会民衆党一であった。

四月と五月に上田からの革也宛二通の書簡は京都市議会議員選挙にかかわる内容であったと思われる。四月八日の書簡はおそらく市議会選挙に立候補する意志を書いており、五月五日のそれは告示後の選挙戦中の状況と意気込みを述べたものであったであろう。革也は上田蟻善の市会議員当選に対して祝電もしくは祝文を送ったと思われるが『日記』には記されていない。

上田蟻善ら五人の無産諸派は次のような京都市会無産議員団の声明書を出した(『京都日出新聞』同年六月二三日付)。

全無産市民大衆の代表として市会に送られた吾等は、吾等の陣営を攪乱せんとするブルジョア共の逆宣伝を撃破して、茲に京都市会無産議員団を組織し議員団の名に依つて全無産市民大衆の前に吾等の態度を左の如く声明するものである。一、吾等は協力一致、ブルジョア階級の利益本意利権中心市政を打破して、無産市民の利益幸福を主眼とし中心とした新市政樹立のため、あくまで階級的立場を以てあくまで協心協力、同一歩調の下に結束して戦ふものである。（後略）

上田蟻善は市議としてまた社会民衆党の幹部として活躍していたその二年後の一九三一（昭和六）年に、「六月中耳炎になり、全国労農大衆党結成の直後急逝した」（『近代日本社会運動史人物大事典』太田雅夫執筆、日外アソシエーツ、一九九七年、四四八ページ）。死去は七月一三日であった。革也は上田蟻善の葬儀に弔電を打ったことを『日記』七月一五日に「上田蟻善葬式吊《ママ》電」と書いている。所感等は書かれていない。

革也と上田蟻善との交流は一九一八（大正七）年一〇月ごろから一九三一（昭和六）年七月までの一三年間であった。上田は前半は社会主義者として後半は大杉栄などのアナーキストとして生きた。最後まで主義者として生きた上田蟻善に対して革也はどのような感懐を抱いたのであろうか。

九　前田英吉と岩崎革也との交流

1　前田英吉 北海禁酒会で活動

前田英吉は革也が青少年の頃近所に住んでいて、自由民権運動やキリスト教徒として種々の活動をしていた。このことは第一章の「二 自由民権運動の指導者 前田英吉」でふれた。ここでは前田と革也の社会主義者としての若干の交流を見ることにする。

革也は前田より一〇歳程度幼少であったから直接の影響はなかったと思われるが、同一地域であったため、両親から前田の評判を聞かされていたであろう。その前田は明治二〇年代半ばに大阪に出、やがて札幌に移住した。革也は長じて社会主義者たちとの接触のなかで週刊『平民新聞』に広告や関連記事で登場することになる。同じ頃同紙に前田英吉も登場する。前田書簡は数少ないが交流があったことを見ることができる。

一八八七（明治二〇）年一一月に札幌禁酒会がキリスト教徒の二人（伊藤一隆と岩井信六）によって結成された。その後北海禁酒会になる。岩井信六の隣に事務所を設けた。当初六五人であったが、一八九〇（明治二三）年には千五百人を超えていたという（札幌市史編纂委員会編『札幌百年の人びと』一九六八年）。社会改良運動で、酒に代わる娯楽を生み出し、酒を必要としない社交を考えていたという。

2　理想団員としての活動

前田英吉の名が『萬朝報』に登場するのは、一九〇一（明治三四）年七月一二日付である。その「理想団加入者報告（九）」には四六人の氏名が列挙されている。前田は「札幌南一條西二の九　前田英吉」と掲載され、同じ欄には「札幌北三條西四の一　竹内余所次郎、同きみ」とある。

理想団は同年七月二日の『萬朝報』に発表された「平和なる檄文」によってその創立が宣言された。全員社員であった。黒岩周六はもちろん内村鑑三、幸徳伝次郎（秋水）、堺利彦などがいた。その目的は「団員の比較的多き地方より初めて漸次に支団を作り、相共に応援して団の意を実行す」（理想団団規第五条）としていた。

活発な支部に共通するものとして、「理想団支部から社会主義者が生まれ、また育っていったことと、平民社結成後は、『平民新聞』の購読者となり、それぞれ社会主義団体を結成し活動を行ったこと」である（太田雅夫『初期社会主義史の研究』新泉社、一九九一年）。内村鑑三が一〇月一六日付『萬朝報』に掲載した「理想団は何である乎」に、「理想団は或る一つの特別の方法を以て社会を改良せんとする団体である、即ち先づ第一に自身を改良して然る後に社会を改良せんとする団体である」と性格づけている。

札幌の社会主義運動に重要な役割を果たす竹内余所次郎も北海禁酒会の会員であった。竹内は一八九一年ごろ札幌農学校を中退している。竹内は前田の『幸福之生涯』の「序文」に次のように記している。

余ガ君ト始メテ交ヲ締セシハ、明治二十五六年北海道禁酒会ノ盛事ニ在リ。当時君モ余モ其会員トシテ、事ニ禁酒運動ニ従ヒ、屢々相会シタリキ。君ハ祖先以来ノ酒舗ヲ廃シテ、断々乎禁酒軍ニ入リ又基督教徒トナリシノ人、当時壮年気鋭ノ一奇士、余ヤ一個眇タル青年、而カモ意気相投シテ、爾来常ニ往来シ、恰モ旧知ノ如キモノアリキ。

竹内と前田は「明治二十五六年」ごろから交流があったのである。この一〇年後に次のような記事が出る。一九〇三（明治三六）年七月二〇日付『萬朝報』に、「理想団札幌支部茶話会」の案内を出した。

来二十三日午後七時禁酒倶楽部に開く
〇談話の主題　札幌衰微の原因及び其繁栄策
〇会費十銭
三十六年七月　幹事

茶話会では「衰微」状態をいかに打開するかが大きな課題であり、会が数回持たれ幸徳秋水演説会をすることに決まった。理想団札幌支部はその演説会の予告を『萬朝報』に次のように掲載した。

理想団札幌支部有志晩餐演説会
本部より幸徳秋水氏の出張を請ひ有志晩餐会及演説会を催す其日時左の如し　晩餐会　八月八日午後四時より豊平館にて　会費金一円　演説会　同日午後七時半より場所未定　理想団札幌支部幹事（一九〇三〈明治三六〉年八月四日、五日、六日の広告）

竹内や前田の要請に応えて幸徳秋水は札幌に出向いた。その時の様子を幸徳は「北遊漫録」に次のように記した。

（前略）去年より札幌なる数十名の同志は初めて社会問題研究会なる団体を作り、毎月会員の自宅に読書討論の集会を催せり、此人々我が同地に遊べるを機として、去九日初めて公開の演説会を禁酒倶楽部といへるに開けり、弁士は前田英吉君、竹内余所次郎君と我との三名なりき、此会、今より社会主義協会と改名して、東京及び各地の同志と聯絡し、一致の運動を為すこととなれり（後略）（『平民主義』一九〇三年八月二六～三一日付。『幸徳秋水全集』第四巻、明治文献、一九六八年）。

3　幸徳と堺は平民社設立、『平民新聞』発行

一九〇三（明治三六）年一〇月八日は、ロシア軍が満州から撤退する日であったが、撤退しなかった。この日を境にロシア撃つべしとの声が全国的に起こってくる。『萬朝報』は一〇月八日の夕刊から主戦論に転じた。社員であった幸徳秋水、堺利彦、内村鑑三は非戦論を貫くため退社した。幸徳と堺は新しい組織として平民社を一〇月二七日に設立した。また機関紙として週刊『平民新聞』の発行を目ざし、一一月一五日に創刊号を発行した。

『平民新聞』の読者数は一九〇四（明治三七）年七月一七日付に出る。東京の四五三人に次いで北海道九七人であった。京都は二五人であった。全国では千三百七十六人で、売捌店による購読者も含めれば、四千人ほどになったという。前田も『平民新聞』の読者拡大を行っていたであろう。

前田英吉の記事が出る頃、前田が革也宛に出した四通の書簡が岩崎家に残されていた。その一通は次に掲げる記事①と②の間に位置する次のものであった（一九〇四年五月一七日付）。宛先は牛込区加賀町弐丁目二十六番地　岩崎革也様」、差出は「日本橋区大伝馬町弐丁目瓢箪新道近源方　前田英吉」である。なお、前田英吉書簡は『キリスト教社会問題研究』（第五四号、同志社大学人文科学研究所、二〇〇五年）による。

拝啓過日は色々御厄介ニ相成難有奉謝候。扨愛兄昨今御上京之由承り候処最早御着京相成候哉、御伺申上候。小弟は今明日中用事片付帰北仕度と存居候。乍御手数御一報ヒ下候へば御伺可申上候。頓首　五月十五日

丹波の岩崎革也と札幌の前田英吉の、当時の確かなかかわりを見ることができる。前田は札幌で洋品店を営んでいたため、東京に出向くことがあった。当書簡も所要で上京した折のものであるが、革也も上京中であり、その所在も承知していたことがわかる。

さて、週刊『平民新聞』に続く『直言』などにも前田英吉が登場する。次のようなものだ。

①竹内余所次郎「札幌の社会問題研究会」

此の会は去三十五年六月前田興吉（正しくは英吉―引用者）と小生と二人発起して拵へたものにて其の二十四日に禁酒倶楽部楼上にて第一回の会合を開き申候、会するもの二十名ばかりにて候ひき、爾後毎月例会を開き来り申候、三十六年八月九日始めて公開演説会を開き、其の時東京よ

り幸徳氏を迎へ申候、本月の例会は去る二日開会仕り、宗教と社会主義の関係、政府の意義の変遷、外国移住の精神方策、日本開化の表裏、主戦非戦の可否等を重なる話題として、午後の七時より十一時まで盛に舌戦仕り候（竹内生）（『平民新聞』一九〇四〈明治三七〉年四月一七日付）

②社会主義茶話会「北海道に於て」

夕張の労働者南助松氏外一名、今回全道社会主義遊説の途次来札に付昨六日午後前田英吉氏宅に茶話会を開く、会するもの八名、製壜職工あり、炭坑夫あり商人あり、就中異彩を放ちしは一名の妙齢の婦人なりき、南氏感懐を述べ、同志者は何れの地にあり、何の職業に居るも、常に兄弟的親密を以て来るべきを言ふに方り、感極まり、一座落涙潸々、暫し黙然たるものあり、夜十時にして散会す（矮亭生）（『平民新聞』同七月三日付、「矮亭生」は竹内）

③札幌及付近読者懇親会

時　来る十五日（第三土曜日）午後六時より　処　札幌南一条西一丁目北海禁酒倶楽部　費　五銭

発起者　飯田雄太郎、前田英吉（『平民新聞』同一〇月九日付）

④北海道札幌より

△去十五日禁酒会館に於て平民新聞読者会相催候十四の来会者を得申候（此の中二名は角袖査公が会員となりて来りしものに候）やがて時刻となるや発起者の開会の挨拶に続きて来会者各自順番に立ち、姓名の披露を兼て簡短なる演説を致し候、来会者は悉く主義者にあらざるも何も熱心なる主義研究者のこと丶て互に尠なからず利益を得申候　今後毎月一回社会主義研究会を開く事を決議し、又成るべく平民新聞購読者を造ることに尽力することに就き来会者多数の賛成を得申候（前田基吉〈正しくは英吉―引用者〉氏報）（『平民新聞』同一〇月二三日付）

だが、札幌平民倶楽部はその後衰退に向かう。一九〇五（明治三八）年八月の状態を記しているが、前田英吉の名前もない次のようなものだった。

⑤札幌平民倶楽部

八月二十日午後七時、北一、西三、瀧川方に於て第二例会を開催せり、来会者五名、内四名は何れも遠方より来会せられたる熱心者なりき、別に演説等なかりしも主義に対する二、三の疑問は提出せられ、各自意見を闘はしたる後、感話及び伝導に関する方法を談じ合ひ十時過ぎ散会したり、当地方も御多聞には洩れず、迫害とか圧抑とかにて、遇ふ人毎に痛憤措かざる処なるが、夫れかあらぬか、当区内の読者にして僅か一名の外出席者無かりしとは、噫（『直言』一九〇五〈明治三八〉年九月三日付）。

なぜこのようになったのか。岡林伸夫は「彷徨の竹内余所次郎」に次のように記している。

ついに七月上旬（一九〇四〈明治三七〉年—引用者）、愛山堂薬房をたたんだ竹内は家族を連れて東京へ出て行ってしまった。それは渡米準備のためであった（『初期社会主義研究』第一六号、二〇〇三年）。

東京に出た竹内は八月二六日に横浜出港のアメリカ船ハイデス号に乗船して翌二七日にサンフランシスコを目ざして出港したのである。

竹内がアメリカに移住したことによって、札幌の社会主義運動は中心人物を失った。前田やほかの者たちも運動から遠ざかったのである。当時の前田は竹内不在ではその欠を補うだけの指導力と熱意を保持していなかったのだ。そのような弱さがありながらも前田が果たした運動もそれなりに評価されるべきであろう。

ところで、竹内がアメリカから帰国したのは一九〇五（明治三八）年一一月一三日、横浜帰着であった。その後二年近くして札幌にもどったのは一九〇七年九月であった。

この年の四カ月前の五月一〇日午前三時頃、札幌大火災が発生したのだ。前田は「窓ヨリ見レバ、火ハ一面ニ天ヲオオヒ到底免ルベキナキ様」であったと記している（『幸福之生涯』）。前田宅は全焼した。家や土蔵だけではなく商品家具類もほとんど燃えてしまった。明治四〇年は前田にとって「実ニ未曾有ノ多事多端」であったと同書に書いている。

大火災の二年後一九〇九（明治四二）年六月五日に前田英吉は脳溢血で死去した。満四九歳の若さであった。

4　岩崎革也『平民新聞』に登場

前田英吉が札幌で竹内余所次郎とともに週刊『平民新聞』にその名が掲載されたことを見てきたが、岩崎革也も同じ時期同紙上にその名を見ることになる。

岩崎茂三郎という名前を戸籍上「革也」と改名したのは一九〇三（明治三六）年五月四日であった。「革也」は「あらためるなり」の意である。

革也はこの年の四月長女きぬを東京の三輪田高等女学校に入学させた。まだ一三歳であった。幼い長女を東京に出す革也は不安であっただろう。きぬが東京に出たことによって革也自身は東京に住所を持ち、丹波と東京を往き来したり、在京が続いたりした。戸籍上改名するにあたって革也はそれ相当の強い思いがあったと思われる。それ以前から自身はもちろん社会を「あらためるなり」の思いを強くしていたと思われる。

改名した半年後の一一月一五日に週刊『平民新聞』の創刊号が発行された。岩崎革也の名は『平民新聞』にしばしば登場したので、前田英吉も目にはしていたであろう。革也が『平民新聞』に登場するのは一九〇四（明治三七）年一月三日付第八号の次のような意見広告であった。

明治三十七年の新春に於ける諸君の進歩を祝す。　岩崎革也

小生一昨年来重病に臥し爾来心身休養のみに耽り居候処稍々軽快を覚へ較やく蠢動の境に至り喜悦不過之茲に深き同情を忝ふしたる諸君に至誠を以て感謝す。社会主義は正義人道の為め尊奉すべきもの実践力行なさゞるべからざるものと確信す今世幸にして其知識を造詣するに平民新聞の指針あり小生は日常愛読敬服して措かざるもの之れを友人知己に切望して不歇試みに週刊平民新聞一ケ月分を送呈せんとす仰願くは真情正智を奮ふて天下公道を修せられよ

元旦試筆　貴者雖貴視之若塵埃賤者雖賤重之若千鈞　嗚呼荊軻

続いて同年二月七日の『平民新聞』第一三号に次のように二度目の文章を載せている。意見広告としてはかなりの長文である。本書第一章の「三 社会主義に近づく岩崎革也」で一部分を引いたが再掲する。

曩に平民新聞を送呈せん為め遠邇の知友に訴ふる所あり、已に週刊五回分を齎らせしが、幸ひに具眼の諸兄姉遍く熟読翫味せられしと信ず、小生は一先づ送紙を止むるも、此最好時機に於て不透本社に申込まれ、継続あらんことを切に冀望す　平民新聞の創立は　人生感意気功名唯復論の概あり　大塩後素先生曰く　○《マ》○《マ》当忠孝之変殺身為仁此其所止也　之を読んで感あり此に録す

宇宙間何ものか真理を主眼となさゞらん、明白端的なる非戦主義の如きに対し、敢て一論を沮むの理もなきなり、強なる哉、偉なる哉社会主義といふ下に自由、平等、博愛といひ、一視同仁、

正義人道、向上努力なぞいふ、皆人類生命の教義と思想とは深く潜容充実せり、豈真理を愛するに一日も逡巡仮借して可ならんや、諸兄姉よ時正に寒威凛々幸ひに自重自愛せられよ

『平民新聞』三月六日の第一七号に次のような記事が載る。

丹波の岩崎革也氏は平民新聞百枚宛一月分を其知人に配布し（中略）種々なる方面に於て我社の為に同情を寄せられ労力を費さる、諸君が甚だ多い

さらに『平民新聞』同年一一月一三日付第五三号（ただし「共産党宣言」掲載のため発売禁止）、一一月二〇日付五四号に次の転居広告を載せている。

転居　牛込区加賀町二ノ三三　岩崎革也

この五四号にはすでに引いた「同志諸君に告ぐ」（圏点はママ）の記事も掲載されている。

これらのように、『平民新聞』に革也自身にかかわる広告や記事が見られる。これもすでに紹介したが、同紙六〇号（明治三八年一月一日付）には「平民社維持金寄附広告」に革也が多額（七百円）を寄附したことが知られる。一五人の氏名と金額が記されているが、その冒頭に「金七百円也　丹波岩崎革也氏」とある。実は革也は現金で拠出したのではなく、額面千円の公債を寄附したが、「公債の価格が少しく額面以下であったのと、他に一つ小さな事情とがあった」ため、この額を掲載したと後ほど堺利彦は記している（『中央公論』一九三一年一月号）。

この号では革也を除く一四人は三〇円から二九銭までまちまちである。「十二月六日迄」の分の合計額は「千三百五十九円拾二銭六厘也」としている。これに占める革也の七百円は群を抜いての多額であった。前田英吉も『平民新聞』に掲載される同郷の岩崎革也に注目していたであろうと思われる。

5　前田英吉死去後は三男則三と交流

岩崎家に保存されていた前田書簡の一通は先に紹介した。次の書簡も同時期の一九〇四（明治三七）年五月のころのものである。先の書簡との関連があると思われる。東京で革也と出会えなかったため、改めての礼状であったのであろうか。

宛名　東京牛込区加賀町弐丁目二十六番地　岩崎革也様
差出　札幌より　前田英吉

拝啓過般出丹之節は御厚情を蒙り其為万事好都合ニ運び難有奉存候　御蔭ニて道中無事昨廿日帰宅仕候　御安易可ヒ下候　此段御礼而已不取敢　匆々頓首　五月廿一日

「出丹之節」とあるので、前田は丹波の須知に滞在したことがわかる。札幌はかなりの遠方なのでたびたびやってくることはできない。おそらく法事を営むためであったと思われる。養母は一八七八（明治五）年、養父は二年後に死去している。遠方のため一緒に法事を営んだのではないかと考えられる。養母二六年、養父二四年を併せて二五回忌として行ったのであろう。前田家の菩提寺は須知の正燈寺であった。その時、革也に世話になり無事終えることができた、その礼状であった。革也は前田英吉やその家族を自宅に宿泊させ、法事にも当然列席したに違いない。平民社の話も交わしたであろう。

先の『平民新聞』第五三号と五四号に記されていた革也の「転居広告」の住所と今回の前田書簡に記されていたそれとは番地が違っている。近くに移ったことを知ることができる。

前田死去後は三男則三が須知の革也とのかかわりを持っていた。『日記』は一九一七（大正六）年以後しか保存されていなかったが、主として前田の三男則三を通じての記事を散見することができる。

その記事は全二四件である。多いのは送受信の一四件だが、うち革也が発信したものは三件である。前田家の者の革也宅来訪は六件、革也が則三宅（東京）を往訪したのは一件である。あとの三件は則三の依頼で須知の茶ノ木山に関するものである。これは前田家にかかわる山林を処分するにあたって革也が尽力したものであった。革也は前田と具体的にいつごろから交流があったのかはわからないが、前田死去後は三男則三とのそれがあったことを確認できる。

なお、則三は札幌中学在学中、学校の民主化を求める活動をしたため放校処分になった。岩崎革也に通じるものがあり、親近感を持っていたと思われる。

第三章　「平民社」時代と岩崎革也

一　岩崎革也と非戦思想

岩崎革也は一九〇四（明治三七）年二月七日付『平民新聞』に「再告知友　在丹波　岩崎革也」として広告を掲載した（本書第一章「一　全寮制発蒙館で学ぶ」の広告図版参照）。そこに革也は「宇宙空間何ものか真理を主眼となさゞらん、明白端的なる非戦主義の如きに対し、敢へて一論を沮むの理もなきなり」と記した。革也が「非戦主義」に確信を抱いていたことを思わせる。

戦争反対の意志は現代では「反戦」で表されるが、明治時代は「非戦」であった。革也がいつごろから非戦主義を抱くようになったかはっきりしない。東京に家を借り、平民社にも出入りしていた革也は幸徳秋水や堺利彦らと交流を深めた影響もあるが、もっと以前に非戦主義に接することがあったと思われる。

それは漢籍に親しんだ革也が学びとったものであったのではなかろうか。高等小学校卒業後、船井郡新庄村の井上半助（堰水）主宰の発蒙館に入り、漢籍、自由民権を学びキリスト教にふれた。革也蔵書中に漢籍関係の書物が多くある。中には江戸時代の板本もある。革也がそれらの漢籍のうちどれをテキストとして井上半助の講義を受けたか、自らどれを読んだかなどは明らかにならない。しかし、革也の『日記』には漢語が随所に使用されている。漢学の素養がなければ書けない文章が見られるので、かなり漢籍に親しんだと思われる。それら漢籍の中で論語や孟子など儒教関係も多くあったであろう。非戦という観点からは『孟子』にそれが見られる。蔵書中に『孟子』の注釈書が幾種類かあるが、革也がどの部分をいつごろ読んだかはわからない。

1　堺利彦の非戦論

堺利彦は週刊『平民新聞』第八号（一九〇四〈明治三七〉年一月三日）の「予は如何にして社会主義者となりし乎」に「予の少年の時、先づ第一に予の頭にはいつた大思想は、云ふ迄もなく論語孟子から来た儒教であつた」と書いている。

また、幸徳秋水は『平民新聞』第一〇号（一九〇四〈明治三七〉年一月一七日）の同欄に、「読書にては孟子、欧州の革命史、兆民先生の三粋人経綸問答（以下二点略）」と挙げている。日本の初期社会主義者を代表する幸徳秋水と堺利彦がともに『孟子』を挙げているのが注目される。革也も発蒙館で当然学んだことであろう。なお、革也蔵書中書名に「孟子」が出るものは七冊ある。

堺利彦は『萬朝報』に二回にわたって「孟子を読む」という論説を書いた（一九〇三〈明治三六〉年一月二八日・二九日付—『堺利彦全集二』法律文化社、一九七一年）。そこには孟子からいくつかを書き下ろし文で記している。その一つは次のようなものである（「梁恵王章句上」）が、まず『新釈漢文大系』に出る白文を示す。

「抑王興甲兵、危士臣、構怨於諸侯、然後快於心與。」王曰「否。吾何快於是。将以求吾所大欲也。」…曰「然則王之所大欲可知已。欲辟土地、朝秦楚、莅中國而撫四夷也。以若所為求若所欲、猶縁木而求魚也。」（明治書院、一九六二年）

この部分を、堺が書き下したのか注釈書から引いたかは不明だが、原文から引く。

（孟子曰く）抑も王（斉の宣王）甲兵を興し士臣を危うし、怨みを諸侯に構へ、然る後心に快きか。王曰く。否、吾何ぞ是に快からん、将に以て吾大いに欲する所を求めんとする也。…《ママ》曰く、然らバ即ち王の大いに欲する所を知るべきのみ。土地を僻き、秦楚をして朝せしめ、中国に莅んで四夷を撫せんと欲するなり。若き為す所を以て若き欲する所を求むるハ、猶木に縁つて魚を求むるが如き也。（一月二八日付『萬朝報』）

孟子の言説の後に堺利彦は、「斉の宣王の欲する所ハ即ち今の帝国主義者の欲する所にして、宣王の為す所は即ち帝国主義者の為す所なり」と書いている。

また、堺は次のように記す。

「甲兵を興し、士臣を危うし、怨みを諸侯に構ふ」るの政策を抛ち、其過大なる軍備を徹し、其攻伐の念を棄て、真に列国の国民に親しみ、おのづから東洋の人心を得るにあらずんバ、如何にして能く東洋の盟主たるを得んや（同年一月二九日付『萬朝報』）

最後に堺は、

東洋諸国が日本国民を慕ふと、若し邠人の大王を慕ふが如くならバ、日本小なりと雖も始めて真に東洋の盟主たるべきなり。日本若し其些々たる武力を以て自ら誇り、徒らに攻伐を以て事とせバ、是れ則ち人を養ふ所以の者（即ち土地）の為に其の人民害する者にして、決して王道の仁政にあらざるなり。以上、吾人ハ帝国主義の覇道に対して孟子の王道を聞き、その燦然たる光明に打たれて、独り窃に希望と安心とを得たるの感あり（由分子）

と記している（二九日付『萬朝報』）。

このような堺の文章を革也が『萬朝報』を通じて読む機会があったかはわからない。革也が長女きぬを東京の三輪田高等女学校に入学、入寮させたのは同年の四月であったため、堺の記事を目にしたかはやはり不明としなければならない。

2　秋水及び週刊『平民新聞』の非戦論

一方、幸徳秋水は孟子からの引用はしていないが、非戦の論説を早くから書いている。『萬朝報』（一九〇二〈明治三五〉年八月七日）に「非戦争主義」と題して次のように書いた。

世の平和論者や非戦争主義者や、何ぞ今に於て大に起て平生の主張を呼号せざるや、何ぞ其閲として声なきや。吾人は固より近き将来に於て世界の戦争を禁じ、万国の軍備を廃止し若くは制限すること能はざるを知れり、然れども人間の理想は断じて平和に在らざる可らず、社会の幸福は断じて平和に在らざる可らず

秋水は『萬朝報』（一九〇三〈明治三六〉年五月一日付）に「非開戦論」を載せた折り、文末で次のように宣言した。

我々は日本人全体の同胞の為めに憂へる、国家全体の為めに憂ふる者である。全体の幸福、平和、利益の為めに憂へる者である。少数の人を犠牲にして多数の人民の生命を傷け財産を奪ふ所の戦争には反対する者である。然り、斯の如くして我々社会主義者は日魯開戦論に絶対に反対する者

である。（上に引いた秋水の二つの『萬朝報』論説は『幸徳秋水全集』―明治文献資料刊行会発行、一九八二年―第二巻と四巻から引く）

明治三〇年代半ばに発行された幸徳秋水の著作を革也は読んでいた。蔵書中に『長口舌』（人文社、明治三五年三月）、『社会主義神髄』（朝報社、明治三六年）、『廿世紀の怪物帝国主義』（警醒社書店、明治三六年）などが存在する。発行年はそれぞれ蔵書の奥付によっている。なかでも『廿世紀の怪物帝国主義』は革也に大きな影響を与えた記念碑的な書物であった。

というのは、幸徳秋水はじめ一二名のうち一一名が大逆事件で処刑された夜、革也はこの書を「書篋探出して秋水士の香華煙薫之霊前ニ（略）感慨滴々敬吊独《ママ》思して心意を収むるに不堪噫」と書いたことは後にふれることにする（第三章の「四　堺利彦宛秋水獄中書簡と岩崎革也」）。革也の蔵書は千冊ほどであったと思われるが、三〇歳代に購入し読んだ書物も数多かったことであろう。その中から『廿世紀の怪物帝国主義』を探しだし、所懐と詩を書き込んだのであった。

『廿世紀の怪物帝国主義』は帝国主義や戦争についてヨーロッパやアメリカなどの歴史や思想家たちの論を引きつつ論述している。革也が非戦の思いを抱くようになった根拠の一冊であったと思われる。同書から戦争に関わる部分を二、三引いておく（山泉進校注『帝国主義』岩波文庫、二〇〇四年版）。

1　（日本人の愛国心に関連して）彼等果して日本の国家及び国民全体の利益幸福を希うという、真個同情相憐の念あって然りしか。否ただ敵人を殺すの多きを快とせしのみ、敵の財を奪い敵の地を割くの多きを快とせしのみ、我獣力の卓越せるを世界に誇らんと欲せしのみ（四三ページ）。

2　軍国主義と戦争はただに社会文明の進歩に利せざるのみならず、これを戕賊しこれを残害するの弊毒実に恐るべき者あり（六七ページ）。

3　今の帝国主義は国民の膨脹なるか。これ少数政治家軍人の功名心の膨脹にあらざるか、これ少数資本家、少数投機師の利慾の膨脹にあらざるか。見よ、彼らがいわゆる『国民の膨脹』せる一面においては、その国民の多数が生活の戦闘は日に激甚に赴けるにあらずや、貧富は益す懸隔しつつあるにあらずや、貧窮と飢餓と無政府党《アナーキスト》と、及び諸般の罪悪は、益す増加しつつあるにあらずや、かくの如きにして彼ら多数の国民は何の遑あって、能く無限の膨脹をなすことを得んや（八九ページ）。

秋水は同書で「現時の自由競争制度を根本的に改造して、社会主義的制度を確立するにあらざるべからず」と記す。しかし、どのようにして社会主義的制度を確立していくかを具体的には示していない。このような現実認識と社会主義確立への方向を革也も学びとったと思われる。

その後革也は平民社への財政的支援をはじめ自身で『平民新聞』の拡大、オルグ活動を行っていく思想的根拠を身につけたのであった。

週刊『平民新聞』第一号は一九〇三（明治三六）年一一月一五日に発行された。冒頭の「宣言」に五点を挙げているが、その四つ目に「吾人は人類をして博愛の道を尽さしめんが為めに平和主義（圏点ママ）を唱導す、故に人種の区別、政体の異同を問はず、世界を挙げて軍備を撤去し、戦争を禁絶せんことを期す」と平和・反戦を明確に宣言した。さらに「発刊の序」に次のように記した。

夫の正義、人道、平和を主張し絶叫するの甚だ不利にして且つ危険なる所以の者は、却つて是れ之を主張し絶叫するの益々急要なることを証する者に非ずや、既に急要なることを知る是れ豈に志士の益々奮つて其不利危険を冒して顧みざるべきの秋に非ずや、然り予等一片の耿々は遂に予等の袖手沈黙を許さゞる也

週刊『平民新聞』には非戦論関係が次のようにいくつか登場する。

1　第三号（一九〇三〈明治三六〉年一一月二九日）住谷天来「墨子の非戦主義」として、「墨子の兼愛説を紹介して其非戦主義を示したる所、時節柄大いに人目を牽くに足る、天来氏の引用せる墨子の語二三左の如し」と記している。ここでは、「二三」の一つを「非攻」編から住谷天来が引いたそのままを書き写しておく。

今一人あり、人の園圃に入りて其桃李を竊《ぬす》む、衆聞けば之を非とす、上政を為す者得ば之を爵せん、此れ何ぞや、人を虧《か》きて自ら利するを以てなり、人の犬豕鶏豚を竊む者に至りては其不義又――甚し、是れ何故ぞ、人を虧くこと愈よ多きを以て也――若し此説を以て行かば、十人を殺さば不義を十倍し、必ず十死罪あり、百人を殺さば不義を百重して百死罪あるべき也、然るに大なる不義を為して国を攻むることは之を非とせず、従て之を誉め之を義と謂ふ、此の如き者何ぞ義と不義との別を知ると云ふ可けんや

2　『平民新聞』第一〇号（一九〇四〈明治三七〉年一月一七日）無署名「吾人は飽くまで戦争を非認す」

時は来れり、真理の為めに、正義の為めに、天下万生の利福の為めに、戦争防止を絶叫すべきの時は来れり（略）吾人は飽まで戦争を否認す、之を道徳に見て恐る可きの罪悪也、之を政治に見て恐る可きの害毒也、之を経済に見て恐る可きの損失也、社会の正義は之が為めに破壊され、万民の利福は之が為めに蹂躙せらる、吾人は飽まで戦争を非認し、之が防止を絶叫せざる可らず

無署名ではあるが秋水か堺の論説だとの推測がある（森下徹「幸徳秋水の平和思想――『平民新聞』期を中心に」（『歴史研究』三八号の「註12」大阪教育大学歴史学研究室、二〇〇〇年）。私は文体等から秋水

だと思っている。『廿世紀の怪物帝国主義』が世に出たのは明治三四年であった。三年後日露戦争支持の世論が大きくなっていた頃に、平民社は非戦主義を大々的に叫ぶ。秋水の主張も明確で説得力がある。

なお、同号は「今月今日の平民新聞第十号の全紙面を挙げて之（戦争防止―引用者）に宛つ」としているように、非戦の特集号である。無署名「愚劣なる主戦論」には、「吾人は軍人御用商人のみ独り肥へて、一国は必ず破産の域に陥るべきを予言するに躊躇せず」とある。

3　同第一一号（同年一月二四日）「真に已む可らざる乎」

露国憎む可しといふ乎、憎きが故に戦争已む可らざる乎、奇なり、怪なり奇怪なる今の戦争論者の頭脳は、吾人平民の常識に在て到底不可解也

革也はこの二週間後の週刊『平民新聞』第一三号（同年二月七日）に、「再告知友　在丹波　岩崎革也」と題する広告を出した。その中に「明白端的なる非戦主義の如きに対し、敢て一論を沮むの理もなきなり」と書いた。「明白端的なる非戦主義」と『平民新聞』の主張に明確に賛意を表した。この時革也は三四歳二カ月。須知町長を病気で辞任したのが一九〇二（明治三五）年二月一日であったので、この二年間に革也は「非戦主義」を身につけ『平民新聞』紙上に明確に宣言したのであった。

4　同第五八号（同年一二月一八日）無署名「非戦論を止めず」

近日吾人の頻々奇禍に罹るを見て、其原由が非戦論の為めに憎悪を買へるに存りとなし、姑らく時局に対する評論を休せんことを勧むる者多し　好意多謝す、然れども吾人は断じて非戦論を止めじ、吾人は之が為めに如何の憎悪、如何の嘲罵、如何の攻撃．如何の迫害を受くると雖も、断じて吾人の非戦論を止めじ　彼の満洲の野に於ける数十万の兵士及び其家族が現に受けつゝある

無限の疾苦悲痛の惨状に比し来れば、吾人に対する紛々たる憎悪、嘲罵、攻撃、迫害の如きは、寧ろ一発の屁のみ

一九〇三（明治三六）年一〇月にはロシア撃つべしと主戦論が興り、その後平民社に集う非戦論者たちに非難や攻撃、また官憲の度を超した取り締まりが強化されていった。

3 『墨子』非攻論とのかかわり

革也は『日記』一九二二（大正一一）年八月二日に、「中外公論の平和主義論ヲ耽読す。墨子評」と記している。『中外公論』の当該論文を見ることができなかったので、どのようなことが書かれていたのか不明である。しかし、革也は「耽読す」と書いているので大きな関心を抱く内容であったようだ。革也の蔵書中、墨子関係書としては、牧野謙次郎講述『漢籍国字解全書 墨子 上』（早稲田大学出版社、明治四四年五月二八日発行）の一冊だけである。同書の『下』巻は存在しない。しかし、この『漢籍国字解全書 墨子 上』は明治四四年初版発行であるため、革也が『平民新聞』第一三号に非戦の広告を出して以後の書籍である。そのため、革也が非戦の根拠にしたのが同書であったのではない。同書発行以前に非戦主義を自己のものにしていたことになる。

ところで、墨子の非戦論はどのようなものであったのか。革也蔵書中の牧野謙次郎の『漢籍国字解全書 墨子 上』の「墨子巻之五 非攻 上第十七」は次のように解説している（三二六ページ）。

墨子兼愛を以て主旨とすれば、戦して国を攻め人を殺すことは、固より非斥して取らざる所なり。況んや当時周室既に衰へ諸侯放恣にして、強は弱を併せ、大は小を呑み、天下の人民膏血を流し、誅求に苦める情態は、実に悲惨に堪へざる者あり。是れ此の篇の著ある所以あり。乃ち非攻とは

攻戦して国を取り人を殺すことを非斥して、其の罪悪を述べて、時人の反省を促さんとの意より作れるを以て篇名となせり。

浅野裕一『墨子』は墨子の論理を次のように述べている（講談社学術文庫、一九九八年、六六～六七ページ）。

非攻論は、他国への攻撃・侵略を非難する主張である。論旨を展開するにあたり、非攻上篇は、そもそも犯罪とは、自己の利益獲得のために他者に損害を与える行為である、との定義を行う。そしてこの定義を適用すれば、侵略戦争もまた国家の手による犯罪に他ならぬと、攻戦を窃盗や強盗・殺人などの個人犯罪の延長線上に位置づける。とすれば侵略戦争は、犯罪である点では窃盗・強盗・殺人と全く同質の行為であり、かつ他者に与える被害の程度からすれば、それらを遥かに超える最大・最悪の犯罪としなければならない。ところが世の君子たちは、個人の犯罪行為は厳しく糾弾して置きながら、国家的犯罪である攻戦に対しては一向に非難しようとはしない。それどころか、「義戦」の美名の下に侵略を飾りたて、称賛してやまない。墨子はこうした矛盾を、鋭く衝いたのである。

「中外公論の平和主義論」にはこのような墨子の非戦論を引いて論じる箇所があったのであろう。革也が『漢籍国字解全書　墨子　上』の入手前に読んだかどうかは不明であるが、漢籍に親しんだ革也であるので墨子についても知識を持っていたであろうと思われる。あるいは発蒙館で学ぶなかで井上半介が墨子の非攻論に言及していたかもしれない。

『墨子』は四書・五経を経典とする儒教ではない。浅野裕一によると、「春秋末、墨子によって創始された墨家の学団は、戦国末に至る約二百年間、巨大な精力を維持して、思想界を儒家と二分する存在であった」という（前掲書、三ページ）。だが、漢帝国建国の激動のなかで姿を消したのであった。二千年後の清末から中華民国にかけて墨子が再評価された。そのような歴史的経緯のなかで日本でも墨子は長く忘れ去られていた。

とすると、革也が墨子の非戦論や兼愛論に深い関心を抱いたのは、既述の週刊『平民新聞』の第三号に転載された、住谷天来の「墨子の非戦主義」であったのではないか。その後、一九二二（大正一一）年八月二日の『日記』に「中外公論の平和主義論ヲ耽読す。墨子評」で強く再確認したのでなかったか。

ところで、革也が連絡をとるなかで丹後峰山平民倶楽部が設立された。その後、『平民新聞』第四二号（一九〇四〈明治三七〉年八月二八日）、同第四八号（同年一〇月九日）に、同倶楽部の講演会報告が出る。幾人かの講演であったが、非戦に関して前者に八畑朝風が「平和と自由」、後者に西木素水が「戦争と記念物」と題して講演をしている。どのような内容であったかはわからないが、革也や平民社の非戦思想の反映として見ることができるのではなかろうか。

革也は少年のころ発蒙館で漢籍を学んだ。少しかじったという程度ではなく、かなりの年数と没頭があったと思われる。また、発蒙館時代に自由民権運動やキリスト教に深く触れることになった。漢籍（儒教や陽明学）・自由民権・キリスト教の三つがその後の革也が社会主義者となっていく基礎を作ったと考えられるのである。革也は明治二年生まれ、堺利彦は三年、秋水は四年であり、三人はほぼ同年齢で漢籍と自由民権という点で共通点がある。また、革也の近所に住んでいた前田英吉は一〇歳年長ではあったが、自由民権とキリスト教から社会主義者となった経緯とも似た面がある。

二　「原田嬢」とは誰か

1　革也と丹後峰山平民倶楽部

幸徳秋水や堺利彦らが週刊『平民新聞』を発行したのは一九〇三（明治三六）年一一月一五日の創刊号であった。岩崎革也は第八号（一九〇四年一月三日）に初めて意見広告として、「明治三十七年の新春に於ける諸君の進歩を祝す。岩崎革也」を掲載した。本書第二章「九　前田英吉と岩崎革也との交流」の「4　岩崎革也『平民新聞』に登場」で引いたので繰り返さないが、その広告蘭の写しは次ページのものであった。

革也は「友人知己」に週刊『平民新聞』を「送呈」すると記しているが、何人に送ったかを書いていない。だが、堺利彦の革也宛書簡には部数が書かれている。一九〇四（明治三七）年二月一日の書簡によると、各号一〇〇部ずつで、八・九号を各二円一〇銭、一〇・一一号を各二円三〇銭、郵税三〇銭さらに八号広告代を四円九五銭として請求している。それなりの金額を負担して一〇〇人宛に送付していたのである。正確に一〇〇人であったのではなかろうが、その中から新たな週刊『平民新聞』の固定読者も生まれたに違いない。革也が週刊『平民新聞』を一カ月間一〇〇人に送付してから六カ月後の『平民新聞』第三五号（同年七月一〇日）に、「平民新聞直接読者統計表」が出る。京都は二五であった。だが、「右は直接の読者のみです、此の直接読者に約二倍せる」売捌所の読者があるとも書いている。それにしても京都の読者が極めて少なかったことがわかる。革也が読者拡大に努力しようとしたのもうなずけることではあった。

革也が一〇〇人に送付したことは同年の週刊『平民新聞』」三月六日（第一七号）に、「丹波の岩崎革也氏は平民新聞百枚宛一月分を其知人に配布し」たと記したことでも確認できる。革也をはじめ全国の同志たちが「種々なる方面に於て我社の為に同情を寄せられ労力を費さる、諸君が甚だ多い」（同号）とも書いている。革也が社会主義運動の支援者として全国的に名を知られることになる。当然官憲も注目していくことになる。

ところで、『平民新聞』第三三号（同年六月二六日）に丹後平民倶楽部が紙上初めて登場する。

平民倶楽部（丹後）我儕平民新聞購読者は茲に平民倶楽部を組織し、毎月三回の研究会と月一回の講演会を催すことになった、この第一回講演会は本月五日に開いた、弁士は△西木告天（貧しき暮）△西木素水（社会主義と人生の義務）△岩井天随（戦争と生活問題）△八畑朝風（社会の裏面）の四名で、皆中々の上出来であった（丹後峰山天随生）

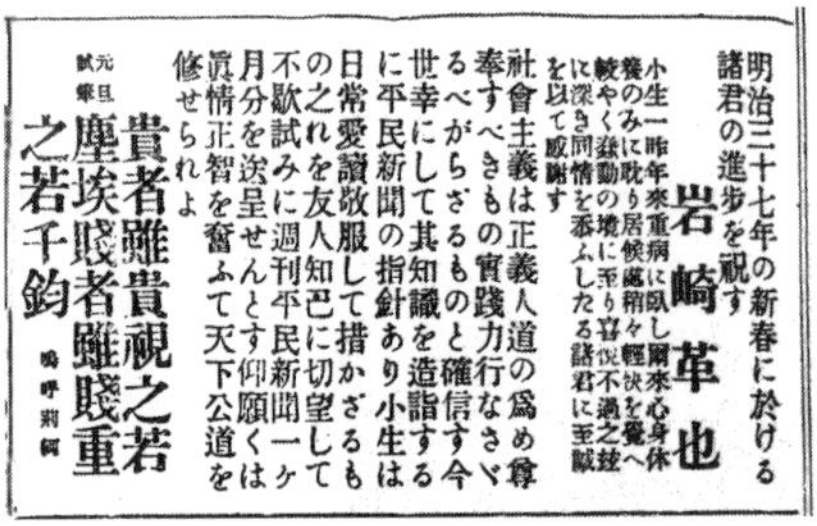

明治三十七年の新春に於ける
諸君の進歩を祝す
岩崎革也
小生一昨年来重病に臥し爾来心身休養のみに耽り居候處稍々軽快を覺へ較やく發動の境に至り喜悅不過之茲に深き同情を添ふしたる諸君に至誠を以て感謝す
社會主義は正義人道の爲め尊奉すべきもの實踐力行なさゞるべがらざるものと確信す今世幸にして其知識を造詣するに平民新聞の指針あり小生は日常愛讀敬服して措かざるもの之れを友人知己に切望して不歇試みに週刊平民新聞一ヶ月分を送呈せんとす仰願くは貴情正智を奮ふて天下公道を修せられよ
元旦試筆
貴者雖貴視之若塵埃賤者雖賤重之若千鈞

『平民新聞』８号（明治 37 年 1 月 3 日付）

これによると同平民倶楽部は第一回の「講演会」を六月五日に開催したことが明らかになる。おそらく三月または四月ごろ丹後平民倶楽部は結成されたのであろうが、それが正確にいつであるかわからない。地方に平民倶楽部が成立していくが、丹後の場合、比較的早い結成であったと思われる。当日の講演者四人はいずれも倶楽部同人である。同人たちが参会者に講演をする力量を持っていたのであろう。

同年八月五日付の丹後峰山平民倶楽部から革也に次の書簡が届けられた。これによっても倶楽部発足当時の事情を知ることができる。

（前略）這般我曹平民倶楽部を起して社会研究に注眼シ未だ乳臭を脱せざる徒輩の集合にて何等の為す有るなく何等の社会に献貢《ママ》する処とては無之候へども熱意やみがたく同志挙て平民を謳顕し、目下月三回の研究会と一回講演会を催して聊か唱導する所有之候。呱呱の声をあげてより日尚浅きに卒然岩崎秋月君足下の同情を得、大に鼓舞せられたるもの少なからず候。願はくは我等の狭議短才なるを捨つるなく一匕の教導を賜はり度尓後御友誼の程伏而懇願奉り候。先は延引ながら墨札を以て微言を呈し申上候。　敬具　平民倶楽部同人（六名連記されているが略す）

岩崎秋月君侍史

書簡には「呱呱の声をあげてより日尚浅き」、「熱意やみがたく同志挙て平民を謳顕」と述べているとおり、熱意ある取り組みが同人たちで行われていたのである。また、革也が誕生間もない丹後平民倶楽部に対し、「同情」を寄せたことにより、「大に鼓舞せられたる」と記している。ここに革也と同倶楽部との交流が生まれたのであった。

『平民新聞』第四二号（同年八月二八日）に同倶楽部の活動状況が報告された。

平民倶楽部講演会（丹後）去十二日午後八時より第三回講演会を峰山増長院に於て開く、演題は△社会的思想の鼓吹（高橋渓水）△峰山の交通観（三原案山子）△大国民たれよ（岩井天随）例外として八畑朝風の「平和と自由」にて十一時演了せり、我徒未だ社会に貢献する処少なしと雖も、徐徐に休まず、其歩を進めつゝあり（十六日）

丹後平民倶楽部が「呱呱の声をあげて」（八月五日付革也宛書簡）さほど間がないころの「運動」を平民社に送った活動報告であった。八月一二日午後八時から一一時まで第三回目の講演会を開催している。当書簡の前便八月五日付には「目下月三回の研究会と一回講演会を催して」いるともあった。

その回数や意気込みから同人たちの高揚感が感じられる。なお、講演会場の「峰山増長院」は旧峰山町の中心街に近い小高い場所にあり、近くには丹後震災記念館がある。増長院檀家の幾人かが平民倶楽部の同志であったので会場として借用できたのであろう。

『平民新聞』第四八号（同年一〇月九日）にも同倶楽部の活動として次のような報告が出る。

丹後峰山平民倶楽部講演会（第四回）去月廿四日午後八時より例の場所にて開会講演者は岩井天随（内敵を征服せよ）、西木告天子（自由競争と峰山）、及西木素水（戦争と紀念物）の三氏にして、三氏の講演了りて後宮田子行氏の警告的演説ありて十時閉会せり（平民倶楽部幹事）

平民倶楽部講演会の第四回目が開かれたという。倶楽部が発足した年であり、同人たちが各自勉強したことや時局を踏まえたテーマで「講演」をしている。運動としての高まりが伝わってくるようだ。

革也は『平民新聞』一〇〇部を知人に送っていた時期があったことは先述した。送り先の一つに丹後があったであろう。丹後に革也の知人がおり、その人物を通じて革也との接触が深まったのかも知れない。もしそうだとすればその人物は後にふれる「原田嬢」であったのでないかと私は想像している。革也は丹後峰山平民倶楽部に直接出かけて行く通知として、同年一一月二〇日付週刊『平民新聞』第五四号に短い次の広告を載せた。

同志諸君に告ぐ（圏点は原文のママ）小生は之より京都市、丹波、丹後の平民新聞読者及社会主義者を歴訪する所存にて候、諸君請ふ襟懐を開いて共に時事を談ぜられよ（十一月十六日、在東京、岩崎革也）

革也は「読者及社会主義者」を歴訪すると書いている。丹後へも訪問するつもりでいたことを知ることができる。週刊『平民新聞』にたびたび同倶楽部の活動状況が出るため、ぜひ訪問して激励しようと思ったのであろう。革也宛書簡は全部で六通存在するが、丹後峰山平民倶楽部を訪問した記事はない。むしろ訪問することはなかったと思われるのである。

一九〇五（明治三八）年二月一〇日付峰山の松田元治書簡に、「三月頃御来峰の御時倶楽部同人指居□《不明》号（指折居待の意か―引用者）」とある。また、同年四月七日付松田元治書簡にも「弥生の好時節候ニ御来峰倶楽部一同鶴首待入居候」と記している。さらに同年六月二〇日付八畑朝風書簡にも「追々暑く相成ニ就ては余輩大兄の尊顔を拝し度渇望してやまず。御出足の勇を鼓し給はずや」と記してもいる。これらのことから革也は丹後訪問の意志を表明していたが、何かの事情で結局は出かけなかったのかもしれない。

さて、先に引いた丹後峰山松田元治の一九〇五年二月一〇日付革也宛書簡（絵葉書）には次の内容も記されていた。

丹後平民倶楽部の革也宛松田元治書簡 1905（明治 38）年 2 月 10 日付（消印は 12 日）

御健筆御多祥奉賀候。原田嬢に御委托の御金正ニ拝見早々御返事可申筈処、（略）先般平民新聞上莫大の寄附金平民社にあり、誠に同社の為否主義の為一路の光明感服の到ニ候。（略）左様なら拝復　二月十日

文中に「先般平民新聞上莫大の寄附金平民社にあり」とあるが、『平民新聞』第六〇号（一九〇五〈明治三八〉年一月一

日付）に革也の七百円「平民社維持金寄付広告」が出たことに対する驚きと喜びを表したのである。また、「原田嬢」とあるが、どのような人物か不明である。未婚の女性のようだ。革也は原田を通じて丹後平民倶楽部に運動資金を提供したのだ。金額はわからない（丹後平民倶楽部同人書簡は『キリスト教社会問題研究』五四所載の「岩崎革也宛書簡（一）」による）。

2　「原田嬢」は丹後の医師宅にいたか

以下のことは第二章の「六　森近運平と岩崎革也との交流」でふれたが、もう一度記すことにする。大阪で『大阪平民新聞』を発行していた森近運平に、革也は一九〇五（明治三八）年四月二五日付書簡を送っている。

（前略）今刊之婦人号は頗る首肯するもの当世之婦女ニ汎ねく読ませたく思惟仕候　乍御手数左記之友人ニ宛而直送を願上候（後略）

革也は五人の女性名と住所を列挙している。その五人目に「丹後国中郡口大野村谷口樵方　原田増子」とある。この原田が丹後平民倶楽部の松田元治が書いていた「原田嬢」なのではないか。「中郡口大野村」は現京丹後市にあった。京都丹後鉄道の「京丹後大宮駅」あたりが口大野村であった地域で旧大宮町の中心地であった。原田は谷口樵の医院宅に住み込みで働いていたと思われる。

革也は若いころからよく病気をして医者通いや入院を繰り返していた。入院は京都の病院であった。原田はその病院の看護婦であったのではないか。というのは、原田をはじめ五人に「婦人号」を送付するよう森近に依頼したなかの一人に、「京都市夷川通り御幸町共愛看護婦会にて　飯尾常子」を挙げているからである。

一八九七（明治三〇）年、富永春は京都看病婦学校同窓のクリスチャン仲間とともに、京都市内で共愛会看護婦会を開いた（小野尚香「近代日本における看護のかたちと看護の意味」『仏教大学総合研究紀要別冊現代医療の諸問題』三一ページ）。これが京都共愛看護婦会である。飯尾常子と同様に革也は入院中に看護婦であった原田増子にも看病の世話になったのではないか。

革也が五人の女性に送ろうとした「婦人号」は一九〇五（明治三八）年四月二三日発行の『直言』（第二巻第一二号）であった。一面の巻頭言は木下尚江の「醒めよ、婦人」である。中ほどに木下は、「醒めよ婦人諸君、人生一切が政治問題也米の値段も、塩の値段も、絹の値段も皆な政治問題に非ずや、放火も窃盗も流産も、首溢《つり》も、殴打創傷も、国際戦争も皆政治問題に非ずや」と書き、婦人に目覚めよと檄をとばした。三面には「世界の新聞」として無署名の「英国婦人選挙権獲得運動の小歴史」、同下段には「如何にして社会主義者となりし乎」欄に、延岡為子（後に堺利彦妻）、松岡文子（後に西川光二郎妻）など四名の女性の手記を掲載している。五面には堺利彦の長文の論文「婦人問題概観」を掲げ、「(二) 結婚制度の歴史」、「(三) 現在社会の男女関係」など七章からなり、その「(七) 結論」の最後に、

故に吾人は敢て婦人諸君に勧告す。女子教育も可也。女子の職業も可なり。然れども真に婦人問題を根本より解決せんと欲せば、先づ善く自己の憐むべき境遇を自覚して、必ず社会主義に来らざる可らず。

と書いている。

本号は全一〇ページで全紙面緑色印刷であった。革也は同号を「友人」五人にぜひ読ませたいと願っての森近への依頼であった。革也が信頼できる女性たちに社会主義に近づいてもらおうとの意思

によるものであった。革也にとって五人の女性は社会主義のことで話ができる関係になっていたのであろうと想像できる。

五人の中には安達峰子の名がある。安達は革也が城崎温泉の常宿にしていた松屋旅館の関係者であるとともに、内縁関係にあった女性で革也が認知した男子二名がある。

さらに札幌の「岩崎わさ子」の名がある。「わさ子」は『日記』の一九三三（昭和八）年一月三一日に、

札幌の岩崎幾右衛門同夫人和佐子、来訪せらる　久方振の面語にて三十二年来の山海の談話に半日を興せり　夕刻安井郷家に帰らる、（令兄安井福次郎氏逝去ニて来丹）

とある。ここに出る「岩崎和佐子」が五人のうちの一人である。岩崎幾右衛門の名は『日記』にも時々登場する。神明講に関して一九二五（大正一四）年の『日記』に、

五月十四日　神明講積立金ヲ会員合議の上分配ナセリ　平尾常蔵氏精算の上分配金持参下さル
札幌岩崎幾右衛門氏分モ受取り　一人宛百三十四円三十五銭也
五月十五日　札幌の岩崎幾右衛門氏へ神明講積立金分配金百三十四円三十五銭也　小樽一二三八
八番振替口座へ送金す

とある。神明講は革也らの会であったようだ。その一人幾右衛門は札幌在住であった。その妻が「岩崎わさ子」だったのである。

もう一人は京都市在住の森田富子であるが革也との関係はまったくわからない。

このように見てくると、革也と接点のあるしかも社会主義について話ができると思われる、女性五人に「婦人号」の送付を森近に依頼したのである。その一人が原田増子であった。革也は森近宛同書

簡末尾に「小生の名前者記才《ママ》無之様願上置候只先方の名宛のミ御記才《ママ》を乞ふ」と書いていた。
「婦人号」を五人の女性に送付依頼をした革也は、その一カ月後の五月二九日付で森近宛に次の葉書を送付した。

（前略）婦人号夫々御手数を煩わし候事と奉謝候「婦人革命」五部計り至急御送本願上度候余情
上阪相談申上度候　不一

革也は「婦人革命」と記しているが、正しくは『革命婦人』である。革也蔵書中に一冊ある。
革也は送付先を示していない。前と同じなら五人の女性宅に送付のはずであるが、その旨を記していない。今回は革也宛への送付依頼と解される。自身が送付する心づもりであったのだろう。
『直言』第二巻第一五号に掲載された『革命婦人』の案内記事は次のようである。

吾人は必ずしも、温良貞淑なる日本婦人の直ちに之に倣はんことを求むる
1905年5月14日発行

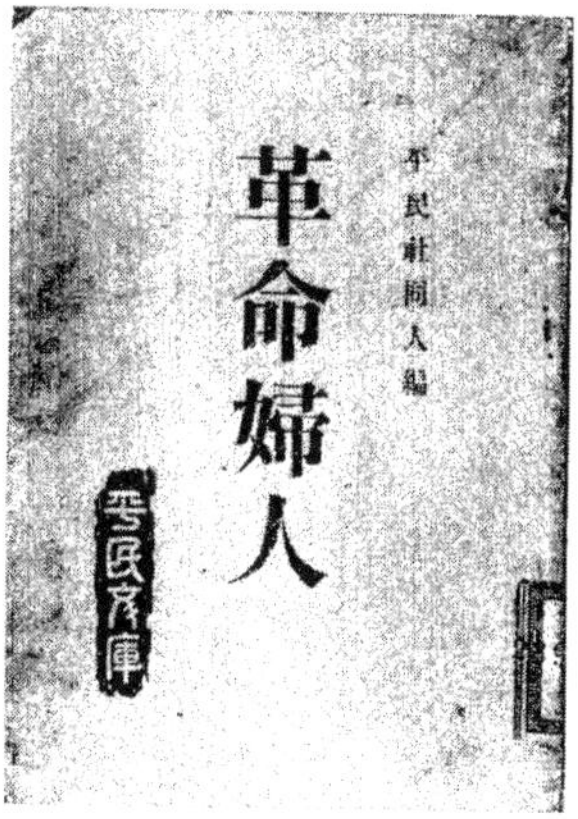

『革命婦人』（平民社、1905〈明治38〉年発行）

（森近運平宛革也書簡は森近運平や初期社会主義の研究者である森山誠一からいただいたコピーならびに解読されたものを使用させていただいた。）

革也が森近運平に『直言』婦人号送付依頼をした一人、原田増子及び口大野村の谷口樵とはどのような人物なのか。一一〇年前のことなので谷口樵を知る人は限られているに違いない。谷口樵は医者であったのではないか。五人の一人は「京都市夷川通り御幸町共愛

看護婦会にて　飯尾常子」と革也は書いていた。飯尾は看護婦であったため、原田も同様であったのではないか。口大野に谷口姓は一〇軒に満たない。

現在同所に医師として谷口医院を開業されている谷口謙医師がおられる。谷口は医師のかたわら与謝蕪村の研究家でもある。私が蕪村に関心を持っていた当時、氏の蕪村関係研究書を何冊も購入し読んだものだった。また氏は若いころから詩人であり、詩集も数多く出版されている。その谷口謙の父、あるいは祖父が谷口樵であったのでないかと考えてみた。谷口謙は京都大学医学部を卒業して開業医をされてきた。氏に事情を述べて問い合わせをしたところ、葉書をいただいた。それによると、現在は府外の遠方に居住されていることがわかった。電話番号も記されていたので、直接電話してわかったことや葉書記載によると次のようなものであった。

父の名は海山、祖父は樵《しょう》である。自分は父の末っ子であったため祖父の樵には会ったことがない。樵は漢方医であった。父海山はこれからの医師は漢方医ではなく西洋医学を学ばなければならないとの考えから、東京に出て済生学舎（日本医科大学の前身）に学び、医師の国家資格を取得した。自分は明治三八年当時の原田増子や飯尾常子については聞いたことがなく、また記録も残っていないためまったく知らない。

谷口医師から私に知らせていただいたことは以上のようなことであった。原田嬢が医師の谷口樵宅に医療関係者として住み込んでいたことは間違いないと思われる。

3　革也と原田嬢との接点はあったか

ところで、革也が原田嬢といつごろどこでどのように知り合ったのかはわからない。だが、革也がしばしば京都府立病院に入院することがあったので、入院中原田から看護を受けたのではないかと推察される。革也の『日記』は一九一七（大正六）年からであるため、『日記』には見ることができない。そこで、社会主義者から革也に送付された宛先に府立病院があるかをあたってみた。革也が当時府立病院に入院中であったことは次の書簡四通の宛先で確認できる。日付順に並べる。

1　一九〇五（明治三八）年二月一二日付（差出　幸徳秋水）
　宛先　京都府立病院北室入患者　岩崎革也様

2　同年二月一三日付（差出　堺利彦）
　宛先　京都府立療病院北室　岩崎革也様

3　同年三月三一日付（差出　堺利彦）
　宛先　京都府立療病院北室　岩崎革也様

4　同年四月三日付（差出　幸徳千代子）
　宛先　京都府立病院北室にて　岩崎革也様

革也が府立病院に入院していたのは、少なくとも一九〇五年二月一二日から同年四月三日までであった。その入退院の月日は不明であるが、退院後も府立病院に通院していたと思われる。それは、次の宛先から知ることができる。

5　同年四月二三日付（差出　堺利彦）
　宛先　京都市室町高辻下ル吉岡方　岩崎革也様

ただし、同書簡（封書）は「丹波須知」局の消印として同年「五月三日」とある。堺利彦は革也の退院後は吉岡方に滞在中であったことを知っていたのである。しかし、四月二三日ごろは同所を去って須知に戻っていたため転送されたことを示している。同書簡の冒頭に堺は、「此頃は御軽快御退院のよし此上ながら猶々御静養願ひあげます」と書いていた。

革也が府立病院に入院していたのは以上の書簡宛先等から確定できるものである。しかし、丹後峰山町の松田元治は革也宛の明治三八年二月一二日付葉書に、「原田嬢に御委托の御金正ニ拝見」と書いていた。革也は今回府立病院に入院するまでに原田増子を知っていたことになる。革也はそれ以前に府立病院に入院していたことがあり、原田増子の世話になったことがあったのではないか。

革也は一九〇〇（明治三三）年三月に須知村会から推挙され、須知村長に就任した。満三一歳の若さであった。その後、須知村が須知町となり、革也が初代の須知町長になった。だが、一九〇二（明治三五）年一二月に病気（頭痛）のため町長を辞任したのである（太田雅夫『岩崎革也年譜』七ページ）。

岩崎家には社会主義者からの革也宛書簡は全三七三通が保存されていたが、その他の私的な書簡は我々の調査対象から外していた。それゆえ原田増子からの来簡があったかどうかは確認できない。そのうえ、革也は『日記』一九二〇（大正九）年七月一五日に、「来信」について「累積三十年間余の来信数万通の遺留と排除を吟味して整理す。翌十六日同上」と記している。この年、革也五一歳である。「来信数万通の遺留と排除」を二日がかりで実施した際、原田増子の書簡なども排除していたかもしれない。今日では研究対象として重要なその他の書簡も数多くその「排除」の対象になったと思われる。

さて、革也は町長を病気で辞任したが、入院先が府立病院であったかどうかはわからない。だが、当時は丹波の須知やその近辺に入院できる病院は存在していなかったため、おそらく府立病院であっただろう。その入院は町長在任中もしくは辞任直後（辞任は一九〇二〈明治三五〉年一二月）であったであろう。入院期間もわからないが、その間に看護師であった原田増子や飯尾常子と知り合ったのではなかろうか。

その後、一九〇三（明治三六）年四月革也は娘きぬを東京の三輪田高等女学校に入学させた。自身も上京することしばしばであった。社会主義に大きな関心を抱くようになる。同年一一月一五日に週刊『平民新聞』を幸徳秋水や堺利彦らが創刊する。先述したように翌年革也は読者を増やしたり、舞鶴や丹後に深く関わった。長男平造が勉学のため上京したため革也は東京に一軒家を借り入れた。革也は社会主義運動のシンパとしての活動を進めていくなかで、かつて入院中に世話になったと思われる原田増子や飯尾常子にも社会主義について話をしたり協力を呼びかけたのでないだろうか。

原田増子は看護師として丹後の医師谷口樵の要請を受けて医院に住み込みで働くようになったようだ。いつごろからいつごろまで丹後にいたかはわからない。革也は原田増子に丹後の平民倶楽部への活動援助、あるいは支援金を渡す役割を持たせたものと思われる。

しかし、原田増子が看護師であったことは確認できない。革也が五人の一人「京都市夷川通り御幸町共愛看護婦会にて　飯尾常子」と書いていた飯尾常子はどうか。小野尚香が明治中頃以後の京都における看護学校について多くの資料をもとに執筆した「近代日本における看護のかたちと看護の意味―京都看病婦学校と私立京都看護学校を例として―」を参照し、京都における看護学校関係を略述したい。

一八八六（明治一九）年に京都看病婦学校が近代的系統的な看護教育を行う施設として誕生した。同校では翌年から家庭看護を開始した。さらに同校卒業生二名によって派出看護を目的に一八九三（明治二六）年に京都看護婦会が開設された。そのうちの一人（富永春）は先述のように一八九七（明治三〇）年に共愛看護婦会を設立した。一九〇七（明治四〇）年当時には京都府看護婦連合会が設立され一九の看護婦会が加盟していた。

京都看病婦学校同窓会は設立の翌年同窓会報『おとづれ』の第一号を一九〇一（明治三四）年一月に発行した。その後同窓会の解散によって一九一一（明治四四）年一二月に第一〇号が発行されて廃刊となった。全一〇号分を通覧したが、残念ながら開校年以後の各年度の卒業生名簿に原田増子と飯尾常子の両名を発見することはできなかった（『おとづれ』全号は同志社女子大学蔵）。両名は京都看病婦学校の卒業生ではなかったのである。なお、革也は飯尾常子の住所を「京都市夷川通り美幸町共愛看護婦会」と書いていた。『おとづれ』の名簿中にいくつかその住所が記載されている。同誌には「京都美幸町丸太町共愛看護婦会」とある。おそらく同所だと思われる。京都看病婦学校の卒業生の幾人かは同会に所属して派遣看護婦として勤務していたものと思われる。

小野によると一八九五（明治二八）年当時、京都市内における看護婦養成所は同志社看病婦学校、日赤京都支部看病婦養成所、京華看病婦学校、平安看護婦会、看病婦養成所、京都看病婦会（京都看護婦会）があった。かなりの看護婦養成所が存在していたことになる。原田増子と飯尾常子はこれらいずれかの看護婦養成所を卒業して看護婦資格を取得したと思われる。飯尾は共愛看護婦会に所属し看護婦として勤務していたのであろう。原田増子が看護婦であったという確証はないが、どこかの看護学校を卒業し共愛看護婦会から丹後の谷口医院で勤務に就いていたのではないか。このようなことを考えると原田、飯尾の両名は革也の病気中に接触があったと思われるが確証にもとづくものではない。だが、私の「想像」が許されるなら、丹後地域における社会主義運動の発展にとって原田増子の役割は重要であり、革也も期待を掛けていたと思われる。

三　岩崎革也の東京住所

岩崎革也は東京に家を借りていた。その住所は以下に見るように転々としている。社会主義者たちの書簡宛先をもとに見ることにする。東京住所として最初に登場するのは前田英吉や幸徳秋水の革也宛書簡である。前田英吉の一九〇四（明治三七）年五月二一日付書簡は次の写しにあるように、表書は「東京牛込加賀町弐丁目二十六番地岩崎革也様　札幌より前田英吉」とある。

また、幸徳秋水は同年五月二三日付封書に「牛込区市ヶ谷加賀町二の廿六　岩崎革也様」と書いている。おそらく明治三七年五月頃はこの住所であっただろうと思われる。

すでに引いたが、革也は同年一一月一三日の週刊『平民新聞』第五三号には「転居　牛込区加賀町二ノ三三　岩崎革也」と転居広告を載せた。ただし、同号は「共産党宣言」掲載のため発売禁止になり、次の五四号一一月二〇日付にも同広告が掲載された。革也がいつ加賀町二丁目三三番地に転居し

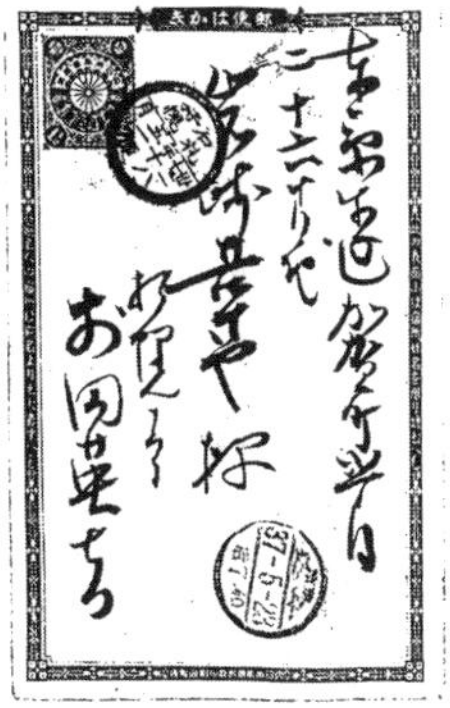

革也宛前田英吉書簡
1904 年 5 月 21 日付

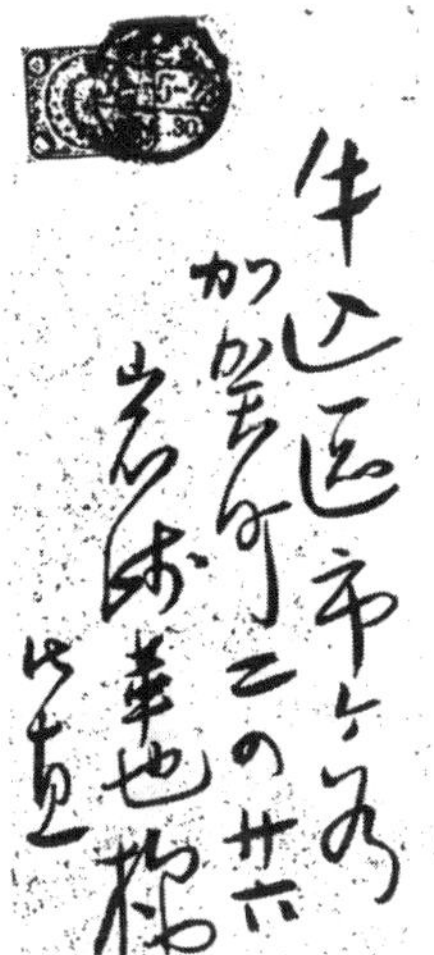

革也宛幸徳秋水書簡
1904 年 5 月 23 日付

たかはわからないが、一一月にはここの住所であったことになる。

加賀町二丁目三三番地は社会主義者たちにとっては縁のある借家であったようだ。西川光二郎は一九〇一（明治三四）年一〇月に内外出版協会から『社会党』を発行している。その編輯兼発行者の住所が同所なのである。西川著『社会党』より早く、西川光二郎らが『東京評論』を出していた。その七号が一九〇〇（明治三三）年一〇月二日に発行されたが、その奥付にある東京評論社の発行所は「東京府豊多摩郡千駄ヶ谷村大字千駄ヶ谷九百二番地」である。だが、「注意」欄がありそこには「本社への御通信は処務上の都合有之候に付総て左記へ御宛相成度候」として「加賀町二丁目三十三番地」の住所が記されている。

このように見てくると、明治三十三年ごろから三十四年ごろは西川光二郎など社会主義者たちが同所の借家を借りていたことになる。革也が転居広告をするまで西川たちの借家であったかどうかはわ

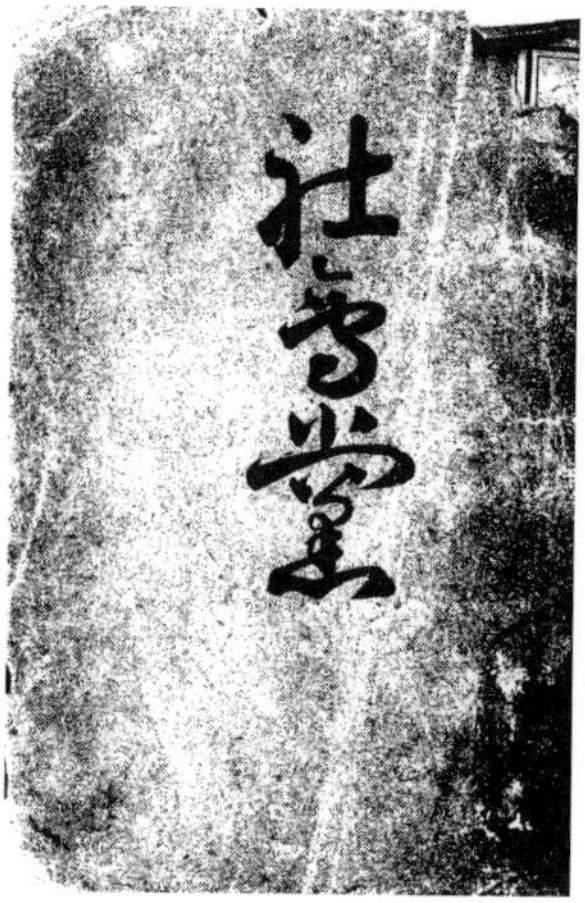

西川光二（次）郎著
『社会党』 上は表紙
下は奥付

明治三十四年十月十三日印刷
明治三十四年十月十七日發行

不許複製

（定價金貳拾錢）

編輯兼發行者 西川光次郎
東京市牛込區市ヶ谷加賀町二丁目三十三番地

印刷者 熊田宜遜
東京市神田區錦町三丁目廿五番地

印刷所 熊田活版所
東京市神田區錦町三丁目廿五番地

發兌元 内外出版協會
東京市神田區南甲賀町八番地

からない。革也は東京で子息の学校生活上必要な借家として借りたのであった。だが、同所に革也の住所が長い間そこにあったのではなかったようだ。

革也の子女が東京暮らしをするうえで誰かが世話をしていたのではないか。このことに関して二〇一八年三月一〇日に、須知の谷口弥生から、革也の子女が東京暮らしをした頃のことを聞いた。革也は弥生の姉ひで乃の結婚仲人をしたという。革也の長女きぬが東京の三輪田高等女学校に入学後、また平造が東京で勉強するにあたって、その世話をしていたのがひで乃であった。その東京の家が牛込加賀町二の二六、あるいは同加賀町二の三三であったのだろう。なお、ひで乃は敗戦（一九四五年）まで京都の小学校に勤務していたという。ひで乃の夫は安田機一で広島高師を卒業し教員をしていたという。革也の『日記』にその名は時々登場することから長い付き合いがあったのである。

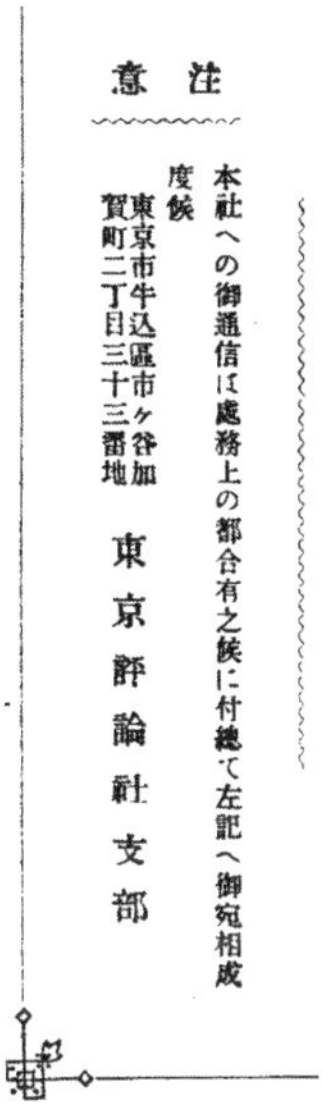
注意

本社への御通信は處務上の都合有之候に付總て左記へ御宛相成度候

東京市牛込區市ヶ谷加賀町二丁目三十三番地　東京評論社支部

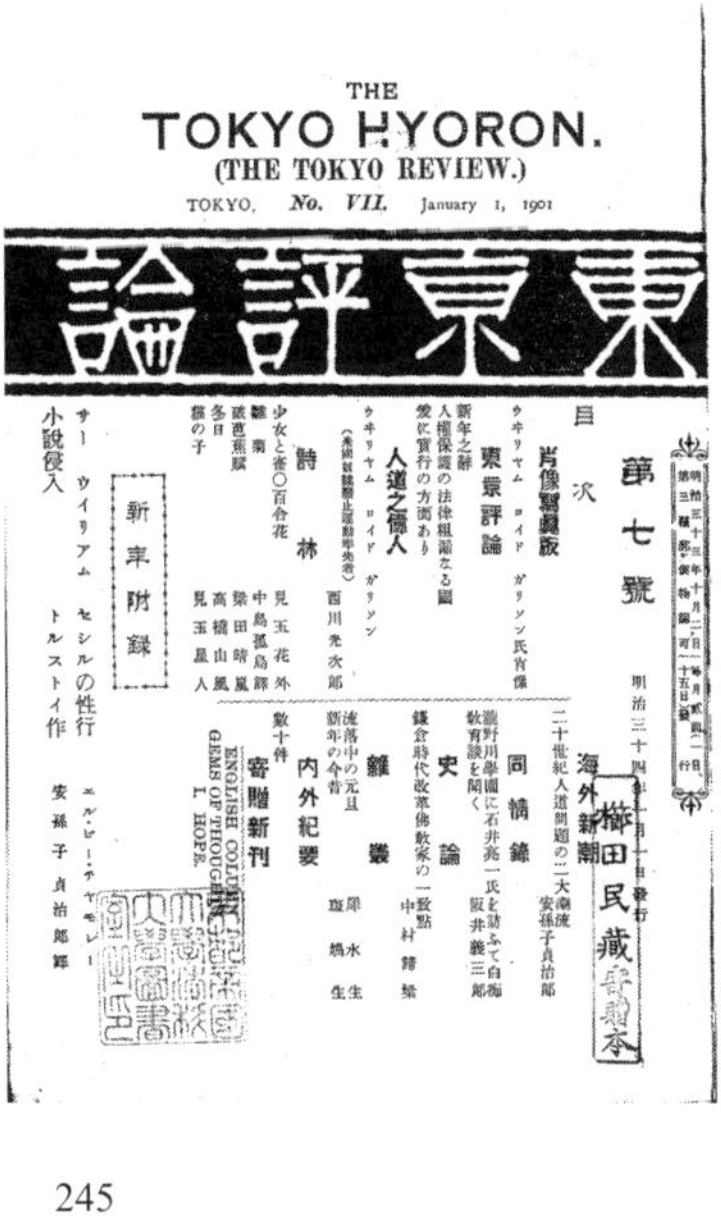
THE TOKYO HYORON.

(THE TOKYO REVIEW.)

TOKYO, No. VII. January 1, 1901

東京評論

第七號

目次

下　『東京評論』第七号　表紙

左　同号　注意書き

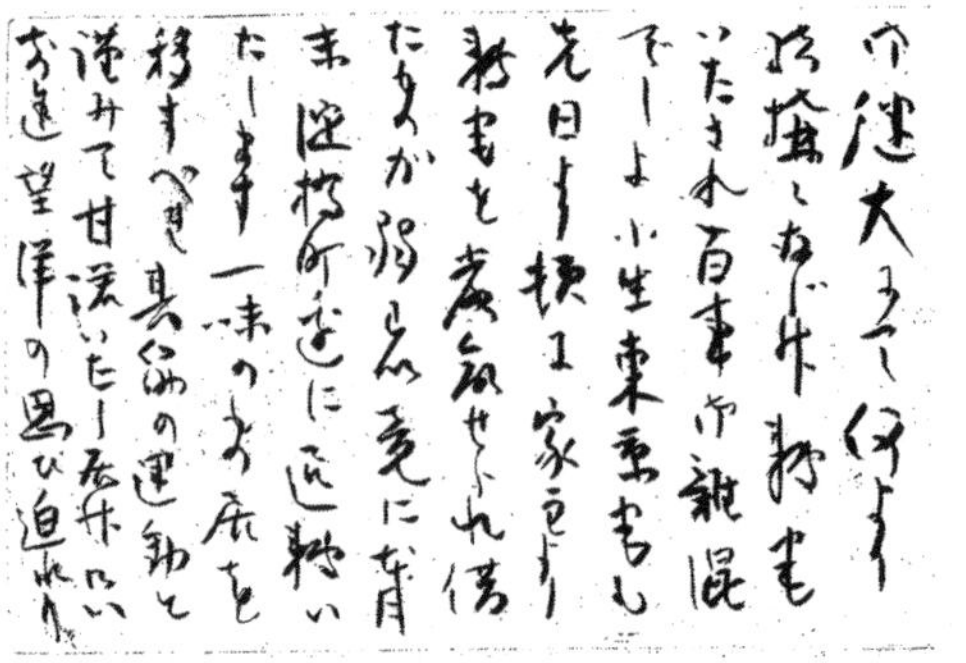

森近運平宛岩崎革也葉書
1905（明治 38）年 8 月 23 日付

ところで、森近運平が大阪にいたころ革也は一九〇五（明治三八）年八月二三日付葉書を出している。宛名は「大阪上福嶋三丁目　平民社　森近運平様」で差出は表側左下にただ「秋月」とある。「秋月」は革也の号である。本文は次のものである。なお、書簡写しと読みを、ともに森山誠一より提供を受けた。

（前略）小生東京宅も先日より頓に家主より転宅を厳命せられ借たものが弱志、竟に本月末淀橋町辺に退転いたします、一味のもの居を移すべき其筋の運動と謹みて甘諾いたし居升、只前途望洋の思ひ迫れり

革也は「本月末淀橋町辺に退転」と書いたがその住所を記していない。太田『岩崎革也年譜』によると、一九〇五（明治三八）年一〇月一三日「東京市牛込区牛込原町二丁目七一へ転籍」したとある。森近宛革也書簡は八月二三日付であった。そのわずか五〇日後に淀橋町辺と牛込原町二丁目七一との二カ所に移転したのは不自然である。革也は淀橋町辺へは家主に「退転」を延期してもらい、結局「淀橋町辺」移転はなかったのではなかろうか。

この頃の堺利彦の革也宛葉書は一九〇六（明治三九）年三月二二日付で宛先は「牛込市谷加賀町士官学校裏岩崎革也様」である。さらに六年後の一九一二（明治四五）年五月一一日付堺利彦の革也宛速達葉書の宛名は「市谷薬王寺前町七一」となっている。

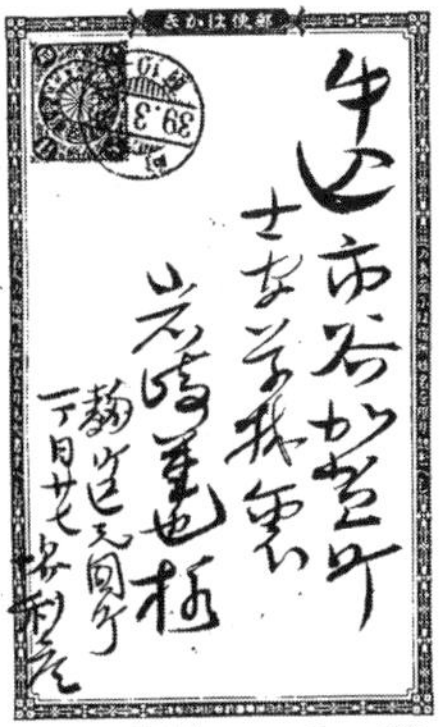
岩崎革也宛堺利彦葉書
1906（明治 39）年
3 月 22 日付

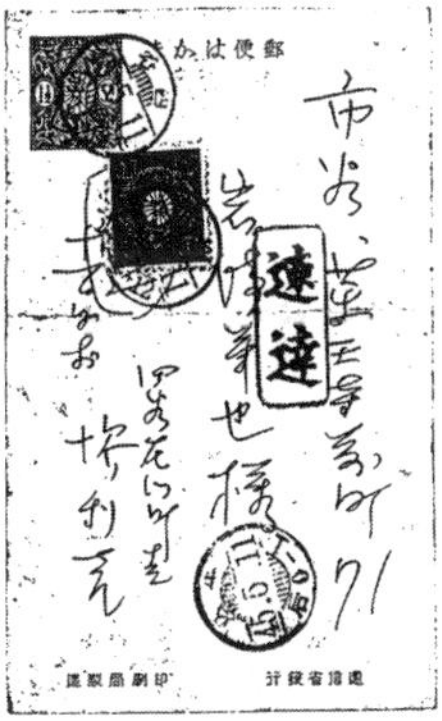
岩崎革也宛堺利彦葉書
1912（明治 45）年
5 月 11 日付

革也宛堺利彦書簡に東京の旅館名と思われる宛先二通がある。次のものである。

一九一一（明治四四）年三月二五日付と同二七日付で、いずれも同所であり、宛先は「芝桜田本郷町　雲来館　岩崎革也様」である。革也は堺に大逆事件犠牲者遺家族慰問の旅を提案し後に旅費三百円を提供する。その具体的な旅の計画を堺と相談するため、同年三月二二日から二八日まで上京した。一時的に「雲来館」を居場所とした二五日付堺書簡には、「お話の事はほゞ決心いたしました。明朝参上、委細御話し可申上候」と記している。また、二七日付のそれは「三十日出発はチト六《ママ》かしきかと存ず。都合に依りては、卅一日御延ばしを願ふかも知れず」と記している。「雲来館」は東京住所に含めないことにする。

中には革也自身が平造宛に送った革也書簡もあった。革也の東京住所は一カ所ではなかった。すでにふれた書簡宛先も含めて社会主義者たちからの革也宛書簡の宛先を一部順に示せば次のようになる。

年月日	差出	宛先	住所
明治37・5・21	前田英吉	岩崎革也	東京牛込加賀町二の二六
明治37・5・23	幸徳秋水	岩崎革也	牛込区加賀町二の二六
明治37・5・22	芙蓉学舎生	岩崎革也	東京牛込市ヶ谷加賀町二ノ三三
明治39・2・14	秋月（革也の号）	岩崎平造	東京牛込原町二の二　岩崎革也方
明治39・3・22	堺利彦	岩崎革也	牛込市谷加賀町士官学校裏
明治45・5・8	吉川守邦	岩崎革也	牛込区薬王寺前町七一
明治45・5・11	堺利彦	岩崎革也	牛込区薬王寺前町七一
明治45・7・30	石川三四郎	岩崎平造	牛込区薬王寺町七一番地
大正1・9・29	堺利彦　藤田四郎	岩崎革也	東京牛込区若松町一三八
大正3・6・19	高畠素之	岩崎革也	東京市小石川区茗荷谷四五　張原様方
大正3・6・23	実業の世界社	岩崎革也	市内小石川区茗荷谷町四五　張原春水方

東京住所とはいうものの七カ所もあり、いかにも数が多い。これは成長する平造の下宿が都合により転々としたからではなかろうか。

これらの住所は一九〇四（明治三七）年五月から一九一四（大正三）年六月までの一〇年間であった。革也はこの間中断することなく借りていたと思われる。だが、以後は革也名義の東京住所は必要ではなかった。

革也が東京に住所を持つのは子女の勉学にとって必要であったからである。長女きぬと長男平造はそれぞれ東京暮らしを始める。平造は一九一四（大正三）年七月五日に早稲田大学政治経済学科を卒業した。それゆえ平造のために東京住所を維持する必要はなくなったと思われる。

革也の長女きぬ、長男平造の東京在学中の経過を太田雅夫『岩崎革也年譜』で関係記事を拾うことにする。

一九〇三（明治三六）年四月―

姻戚関係の三輪田真佐子が校長の三輪田高等女学校に、長女きぬを入学させ、寄宿舎に入寮さす。

同年四月―

長男平造、京都第二中学校入学。

一九〇四（明治三七）年四月―

長男平造が京都二中を中退し、東京でエスペラントを学ぶために上京するにさいし、東京市牛込区市ヶ谷加賀町二丁目三三に家を借入れ、三輪田真佐子に長女きぬ、長男平造の保護を依頼する。

一九一〇（明治四三）年五月一日

長男平造早稲田大学高等予科政治学科入学。学籍簿の現住所東京府豊多摩郡淀橋町角筈七三八　福田英子方、保証人東京市日本橋町大伝馬町一の二五逸見斧吉。

一九一二（明治四五）年九月一日

長男平造、早稲田大学政経学科入学、現住所福田英子方、保証人逸見斧吉。

一九一四（大正三）年七月五日
長男平造、早稲田大学政治経済学科を卒業する。
なお、早稲田予科に入学した平造の学籍簿の住所は福田英子宅であった。福田が夫福田友作と結婚後角筈で生活するようになったのは「明治三十一、二年のこと」であった（村田静子『福田英子』八四ページ）。その借家は「郊外の小さな家」であった。明治三二年一二月に三男千秋が誕生。翌年四月友作死去。石川三四郎は一九〇七（明治四〇）年三月二七日発行の『平民新聞』第五九号の編輯兼発行者として四月二五日入獄。一九〇八（明治四一）年五月一九日出獄、福田宅に住む。このような福田宅であったので、平造は実際には住んでおらず、学籍簿上福田宅になっていたのである。平造が住んでいたのは「加賀町二丁目三三番地」及びそれ以後の住所であったと思われる。

四　堺利彦宛秋水獄中書簡と岩崎革也

1　秋水刑死日に革也の記した秋水絶句

大逆事件と称する幸徳秋水ほか多数の社会主義者たちが逮捕されたのは一九一〇（明治四三）年五月二五日に宮下太吉、新村忠雄とその兄善兵衛の三人が最初であり、以後幸徳秋水、管野スガなど全二六名が逮捕されたのであった。当初爆発物取締罰則違反で逮捕されたが、一一月一日に大逆罪なる罪名として一括りされることになった。幸徳秋水が首謀者にされたのである。

翌年一月一八日に幸徳以下二四名に死刑判決を下した。その六日後の二四日に幸徳秋水をはじめ一一名の絞首刑を執行した。翌日管野スガが絞首刑にされ、全一二名が死刑を執行されたのである。

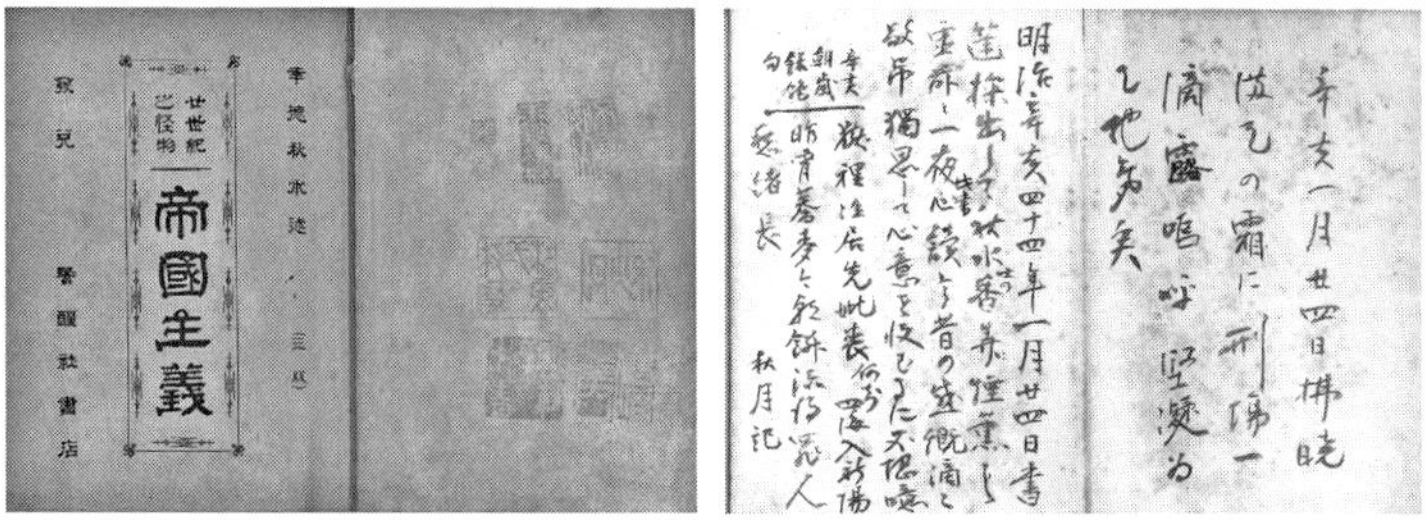

幸徳秋水著『廿世紀之怪物帝国主義』
左　表紙、裏表紙に革也印７種類の押印　　右　表紙見返に記した革也の感慨

同二四日の夜、岩崎革也は幸徳秋水の著書『廿世紀之怪物帝国主義』の表紙裏に「感慨」を記した。『廿世紀之怪物帝国主義』は警醒社により一九〇一（明治三四）年一〇月初版が発行された。岩崎革也所蔵本は一九〇三（明治三六）年の三版であった。

「辛亥一月廿四日払暁満天の霜に刑場一滴露鳴呼堅凝為天地気矣
明治辛亥四十四年一月廿四日書筐探出して秋水士の香華煙薫之霊前ニ一夜此書心読今昔の感慨滴々敬吊《ママ》独思して心意を収むるに不堪噫

辛亥朝《ママ》歳録絶句
獄裡泣居先妣喪　何寄四海入新陽
昨宵蕎麦今朝餅　添得罪人愁緒長
秋月記

革也は題詞を「辛亥朝歳」としているが、後に引くように原題は「歳朝」である。写し間違えたのか、意図的であったのかはわからない。「辛亥」は明治四四年であり、その元旦に秋水が作詩した七言絶句を、秋水死刑当日に革也は「書筐探出して秋水士の香華煙薫之霊前ニ一夜此書心読」して秋水絶句を「録」したのであった。二四日に録すためにはそれ以前に秋水詩を入手していなければならない。革也はそれをいつ何を通じて知ったのか。

一月二四日の朝八時から死刑が執行された。最初が幸徳秋水で、新見、奥宮と続き一一番目の古河で時間切れとなり、翌二五日に最後に管野スガが執行されて終了した。

革也が幸徳秋水らの絞首刑を知ったのは新聞であったと思われる。革也が当時何新聞を購読していたかはわからないが、見当づけることはできる。

幸徳秋水らが死刑判決を受けた一月一八日付の『大阪朝日新聞号外』が岩崎家に保存されていたことから購読紙はこれであったかもしれない。革也の『日記』は一九一七（大正六）年からしか残されていないため、日記記載を通じては知ることができない。

参考までに『日記』から新聞関係記事を抜き出してみる。一九二〇（大正九）年末までには見られない。

一九二一（大正一〇）年一月一六日「本日より毎日新聞に更らたむ」

一九二三（大正一二）年一〇月二日「（略）一時より辞して祇園中村楼に会酌す、列するもの博士、秋田、毎日記者吉田保雄、朝日記者西村寒村、北山警部、世木支配人、小生と七名宴酣也」

同年一一月一八日「朝日記者吉田氏来宿」

一九二五（大正一四）年三月三日「三月三日大阪毎日新聞京都附録の記事に須知町の紛擾との見出しにて飛行場の出資ニ付町長独断出資云々」

同年三月九日「秋田三平氏大阪毎日新聞京都支局の吉田経男氏同伴来遊せり」

などとある。

一九二一（大正一〇）年一月一六日に「毎日新聞に更らたむ」とあるので、それ以前は『大阪朝日新聞』であったかもしれない。だが、一九一一（明治四四）年一月当時も『大阪朝日』を購読していたかはわからない。先述したように幸徳秋水らの死刑判決号外が岩崎家に保存されていたのは『大阪朝日』であったが、号外必ずしも購読紙だと断定できないものがあるからである。

ところで、岩崎革也が『廿世紀之怪物帝国主義』の表紙裏に記した幸徳秋水の七言絶句をどのように入手したのかが私には疑問であった。この七言絶句は幸徳秋水が刑務所内から明治四四年一月一日付堺利彦宛に送った書簡に記されていたものである。岩崎革也宛堺利彦書簡は岩崎家に一一九通大切に保存されていたが、それらの中にこの詩が記されたものはない。一九〇八（明治四一）年一二月二〇日付の封書は「麺麭の略取」予約出版に就てという印刷文である。その後書簡が途絶え、一九一一（明治四四）年一月一八日の電文「コオトクホカニジウサンメイシケイ」であった。この電文の次は同年三月二五日の葉書で、昨夜出会えなくて残念だったことが記されたものであった。一月一日から二四日まで堺は革也に書簡を送っていなかったのか、岩崎家には保存されていない。

一九〇八（明治四一）年一二月二〇日から明治四四年一月一八日までまる二年間は堺からの来簡はない。それも当然ではあった。堺利彦は一九〇八（明治四一）年六月二二日に神田錦輝館で山口孤剣の出獄歓迎会の際、大杉栄、荒畑寒村らが「無政府」「無政府共産」と「赤旗」に記していたため、館外で官憲と乱闘になり、多数が逮捕された。裁判の結果、堺利彦は重禁錮二年、また『大阪平民新聞』の筆禍で禁錮二カ月の判決を受けた。九月千葉監獄に収容され、二年後の一九一〇（明治四三）年九月二二日に出獄をした。この間堺は監獄にいたため岩崎革也宛の書簡がないのも当然ではあったのだ。

出獄後の活動はいわゆる「冬の時代」であるとともに、次の活動に向けて準備をしなければならない。堺利彦は同年一二月売文社を開業するに至る（『堺利彦全集』第四巻、法律文化社、一九七一年、三ページ）。岩崎革也と直接連絡等をとることがなかったのも理解できるところである。これらのことから、堺利彦宛幸徳秋水書簡に記されていた一月一日付の七言絶句は岩崎革也に知らせることもなかったと思われるのである。

さて、幸徳秋水が堺利彦に宛てた一月一日付書簡は母多治に関することが中心である。前年一一月二七日多治は堺利彦に伴われて獄中の秋水と面会した。その一カ月後の一二月二八日に多治は急性肺炎で死去した。多治の死を知った秋水は「若しや自殺ではないかといふ疑ひがムラ〳〵と起つたのだ」と書いた。が、「僕が日糖事件のやうなことで入獄したなら、仮令軽罪でも、母は直ぐ自殺したかも知れぬ」、「ア、何事も運命なのだ。悔て及ばぬことに心を苦しめ身体を損なふのは、最後まで僕をアベコベに慰め励ましてくれた母の志にも背くのだから、力めて忘れやう〳〵として居る。が語るに友なき獄窓の下にポツ然として居る身には、兎もすれば胸を衝て来る。我れながら弱い男だ。詩が一つ出来た」と次の詩を記した（堺利彦宛幸徳秋水書簡は塩田庄兵衛編『増補決定版 幸徳秋水の日記と書簡』未来社、一九九〇年）。

辛亥（?）歳朝偶成

獄裡泣居先批喪　何知四海入新陽
昨宵蕎麦今朝餅　添得罪人愁緒長

詩の後に次のように書いて書簡は終わっている。

大晦日には蕎麦、今朝は餅をくれたのだ。丸で狂詩のやうだけれど実境だから仕方がない。長々と愚痴ばかり並べて済まなかつた。許してくれ。モウ浮世に心残りは微塵もない。不孝の罪だけで僕は万死に値ひするのだ。

一月一日　秋水　堺賢兄

2　秋水詩が新聞に掲載される

幸徳秋水の詩が新聞紙上に最初に掲載されたのは一九一一（明治四四）年一月一五日付『時事新報』であった。見出しを「獄中の幸徳秋水　新年所感の二十八字」とし、「陰謀事件の被告幸徳秋水は歳旦に左の一詩を作りたるよし」と説明して先の秋水詩を掲げている。これが管見に入った最初のものである。

『時事新報』は一八八二（明治一五）年三月一日、福沢諭吉によって創刊された。その後『東京日日新聞』、『報知新聞』、『国民新聞』、『東京朝日新聞』と並び東京五大新聞と評されたという。岩崎革也はそれに掲載された秋水の七言絶句を同紙上で読んだであろうか。一月一五日ごろ革也が上京していたかを確かめることはできない。東京で『時事新報』が発行されていることはよく承知しており、目にすることがあったにちがいない。一九〇三（明治三六）年四月以降、長女きぬを三輪田高等女学校に入学させていたため上京することがたびたびあったからである。

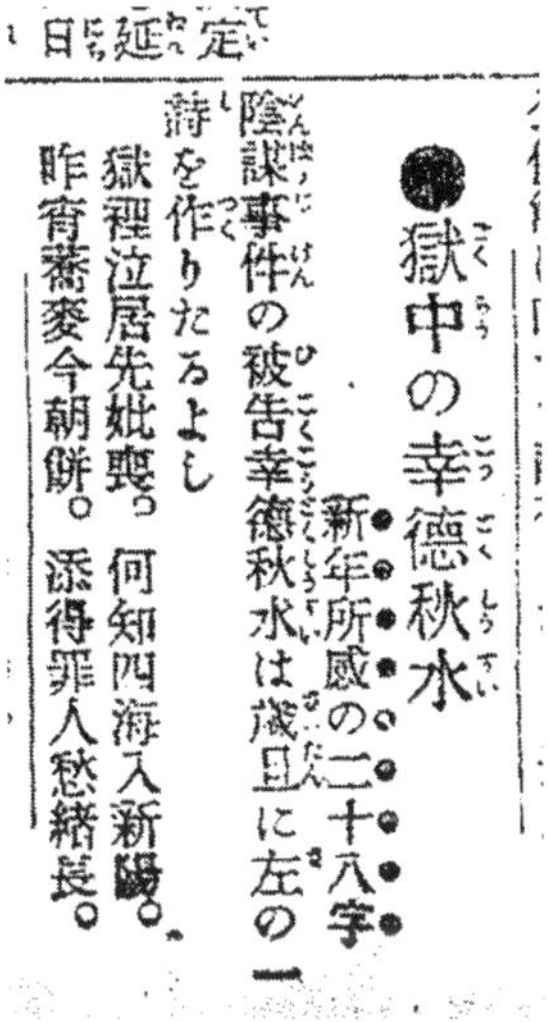
●獄中の幸《こう》徳《とく》秋《しう》水《すい》
●●新年所感の二十八字●●
陰謀事件の被告幸徳秋水は歳旦に左の一詩を作りたるよし
獄裡泣居先妣喪。何知四海入新陽。
昨宵蕎麥今朝餅。添得罪人愁緒長。

1911（明治44）年1月15日付『時事新報』に掲載された幸徳秋水詩

3　堺利彦宛秋水獄中書簡が新聞紙上に出る

ところで新聞紙上に幸徳秋水詩のみならず、一月一日付堺利彦宛書簡の全文が現れたのだ。それは同年一月二一日付『毎日電報』と『大阪毎日新聞』であった。両紙は同系統であった。『毎日電報』の記者であった小野賢一郎の大スクープであったのだ。小野は一月二〇日、堺利彦の売文社を訪ねて堺から秋水詩が記された書簡など五通の写しを入手した。神崎清は『革命伝説大逆事件四』に次のように記している（子どもの未来社、二〇一〇年、二六九ページ）。

小野記者は、獄中の同志から枯川にあてた多数の手紙のうちで、一月一日付の幸徳秋水、一月四日付の管野幽月、一月六日付の森近運平、一月一三日付の松尾卯一太、一二月一七日付の大石誠之助、以上五通の手紙の全文コピーをとり、秋水と幽月の筆蹟を写真にうつして、雪のなかをひきあげていった。

これらの書簡が一月二一日の『毎日電報』に掲載された。また同日の『大阪毎日新聞』に幸徳秋水らの書簡が掲載された。両紙が同系統であったことを、森山誠一は東京の『毎日電報』は「『大阪毎日新聞』が東京の『電報新聞』を買収して改題し、明治三九年一二月二一日発刊」したと記している（「資料紹介　管野須賀子（幽月）に関する新注目資料」『大逆事件の真実をあきらかにする会ニュース』第五六号、二〇一七年一月）。

当紙面には小野記者が入手した五人の書簡のうち、幸徳秋水（「蕎麦と餅」）、管野幽月（「ブランコ当日まで」）、森近運平（「獄中の園芸家」）の三人を「逆徒の書信」と題して掲載した。

大逆事件で死刑判決を受けた被告の書簡を新聞に掲載されて官憲が黙っているわけがない。神崎清は次のように記している（前掲書、二七〇ページ）。

1911（明治44）年1月21日付『大阪毎日新聞』と『毎日電報』に掲載された幸徳秋水、管野須賀子、森近運平の書簡

おどろいた内務省警保局と警視庁は、即日、新聞紙法第二十三条（安寧秩序紊乱）違反として、『毎日電報』と『大阪毎日新聞』に対し、発売および頒布の禁止ならびに差押への行政処分をおこなった。

「そればかりでない」として、神崎は他の処分なども記しているが略す。

当時おそらく在京中でなかったと思われる岩崎革也は、丹波須知で『大阪毎日新聞』によってそれを知ったと思われる。記事を切り抜き「書篋」に保存したのであった。その四日後に幸徳秋水が死刑執行されたことを知った岩崎革也は、『廿世紀之怪物帝国主義』の表紙裏に秋水詩を書き込むとともに、自身の思いを、辛亥一月廿四日払暁満天の霜に刑場一滴露嗚呼堅凝為天地気矣　明治辛亥四十四年一月廿四日書篋探出して秋水士の香華煙薫之霊前ニ一夜此書心読今昔の感慨滴々敬吊《ママ》独思して心意を収むるに不堪噫

と記したのであった。

4　幸徳秋水詩、他誌にも掲載される

幸徳秋水の漢詩は以後、何度か新聞以外にも現れる。いくつかを記しておく。

『解放群書第八編（「秋水書簡集」）』（解放社、一九二六〈大正五〉年九月初版）に秋水書簡（詩を含む）が紹介されている。

次に『文芸春秋』一九二八（昭和三）年七月号に、堺利彦が「幸徳秋水の手紙」として先の秋水書簡（詩を含む）を紹介している。

さらに『中央公論』一九三一（昭和六）年九月号に、堺利彦が「大逆事件と其前後（日本社会主義運動史話の四）」にも同様の書簡（詩を含む）を扱っている。

なお、『中央公論』同年秋季特輯号に、三申小泉策太郎が「堺君と幸徳秋水を語る」に秋水書簡（詩を含む）を引用している。

これらは掲載された一部と思われるが、幸徳秋水の死後多くの読者が読む機会を得たのであった。

第四章　岩崎革也の河上肇・山本宣治・斎藤隆夫・芦田均への思い

一　河上肇と岩崎革也

1　河上肇著作を多く所蔵していた革也

岩崎革也の『日記』は一九一七（大正六）年以後しか保存されていなかった。それ以前も備忘録としては必要で記録していたのでないかと思われるが、岩崎家が解体される二〇一三年一〇月まで探したが発見にいたらなかった。一九一七年以後に革也が記した『日記』から河上肇に関する記事を拾ってみることにする。

まず一九一七（大正六）年一月二七日の『日記』である。

太陽雑誌上ニ河上博士馬琴曰く　わがもの他の物と名はつくれども、金銭は長逗留せず、一夜泊りの旅人の如く、入船あれば出船ありと、言われて居る

革也は雑誌『太陽』で河上肇が馬琴の言葉を引用した言葉を記している。この記事が河上肇につい

て記した最初のものである。それ以前にも河上肇の書物を読んでいたかもしれない。革也が記した馬琴の言葉を河上肇はその後『第二貧乏物語』にも収めている。

蔵書中には河上肇著の書物がある。発行年の若いものから挙げる。

『社会主義評論』（読売新聞社、一九〇六〈明治三九〉年）
『経済と人生』（実業之日本社、一九一一〈明治四四〉年一二月）
『貧乏物語』（弘文堂、一九一七〈大正六〉年三月）
『社会問題管見』（弘文堂、一九一八〈大正七〉年九月）
『近世経済思想史論』（岩波書店、一九二〇〈大正九〉年四月）
『賃労働と資本』（弘文堂、一九二一〈大正一〇〉年）
『社会組織と社会革命に関する若干の考察』（弘文堂、一九二二〈大正一一〉年一二月）
『階級闘争の必然性とその必然的転化』（弘文堂、一九二六〈大正一五〉年四月）
『第二貧乏物語』（改造社、一九三〇〈昭和五〉年一一月）

革也は河上の著作を全九冊購入していた。大正年間に発行されたものが数多いことがわかる。河上肇に革也は注目していたのであった。

革也が『日記』に河上肇に関する二つ目の記事を書いたのは、一九一八（大正七）年一月一七日の次の記事であった。

大朝紙上河上肇博士歳旦の詠歌（経済論未決監）今もなほ惑ひ重ねつ、としのみ不惑の数に入りつ、

さらに一九一九（大正八）年九月二〇日の『日記』には次の記事が見える。

丸太町寺町東入　弘文堂書舗。河上肇博士の吉田町邸ヲ訪問す　不在ニテ不面

革也はどのような目的で河上宅を訪ねたかは記していない。だが、弘文堂は河上肇の書物を多数出版していた。革也蔵書中にも五冊あった。そのうち当日までに弘文堂から発行された著作で革也が所蔵していたのは、『貧乏物語』（大正六年三月一日発行）、『社会問題管見』（大正七年九月一〇日発行）の二冊である。河上肇宅を訪問するにあたって、革也はその住所及び場所を知るため弘文堂を訪れたのではなかろうか。あるいは河上著作を入手しようと訪れ聞いたのかも知れない。

河上肇は同年一〇月五日付で不在を詫びる書簡を革也宛に送った。通常の便箋ではなく、河上専用の私用箋であったようだ。それゆえ書簡に「粗紙」と詫びている。

書簡に河上は次のように記した。なお、書簡の読みは田中仁提供による。

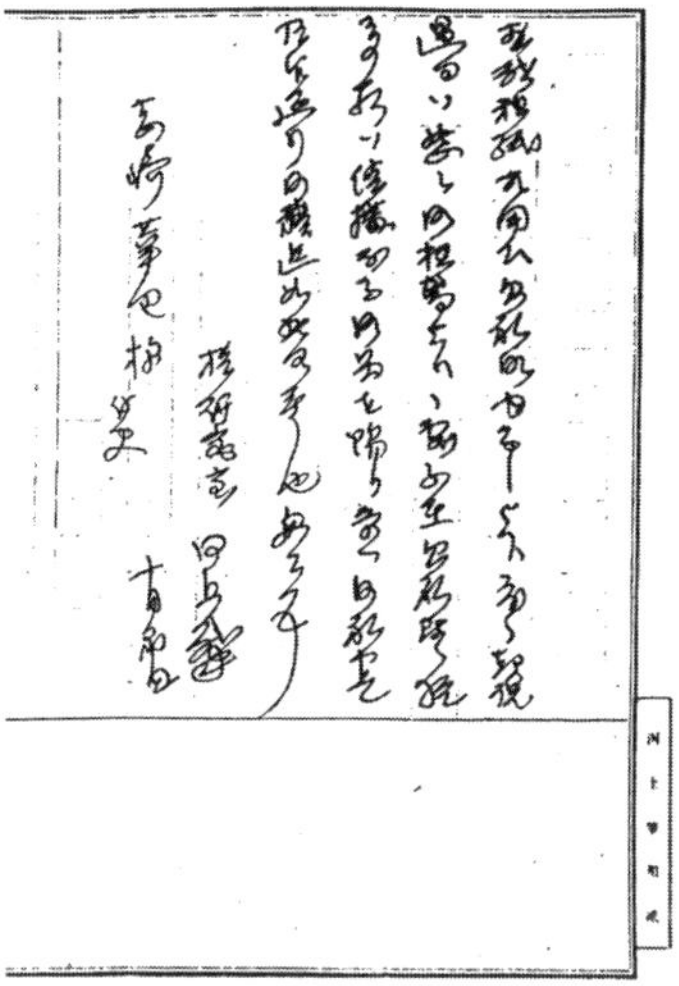

1919（大正8）年10月5日
革也宛河上肇書簡

拝啓粗紙相用ひ欠礼御ゆるし被下度候。
□□《不明》過日ハ態々御枉駕被下候処、不在欠礼致し、猶その折ハ結構なる御品を賜り厚く御礼申上候。右乍遅引御礼迄如此御坐候也。怱々頓首

税研究室　河上肇　十月初日

岩崎革也様　侍史

河上肇の次の書簡は一九二〇（大正九）年一二月三一日の葉書であった。だが、その現物は岩崎家に残されていなかった。太田雅夫

『岩崎革也年譜』には前便は同書の「書簡一覧」に発信年月日が記されているが、二通目以降は記載がない。革也宛河上書簡は一通のみが所蔵されていたのである。しかし、同年一二月三一日の『日記』には当葉書の要旨が次のように記されている。

京大教授河上博士軽快ニて平生に復さるとの葉書到来　怡悦の至也

これによると、河上が病気であったため革也が見舞状を出していたのであろう。その礼状が今回の書簡であったのだ。

一九二二（大正一一）年の『日記』巻末に、

河上著　まるく《ママ》す（賃労働と資本　労賃、価格及利潤）１２０

と記されている。同書初版は同年一二月五日に発行されたカール・マルクスの訳書である。革也は「１２０」と記しているが、これは奥付に「正価壱圓弐拾銭」とあるので定価であった。日記巻末出納簿にも記されていないので何月に購入したかを知ることはできない。

この記事から九年近く『日記』に河上肇に関するものは見られない。

2　衆議院選挙後の河上肇色紙

『日記』には記されていないが、河上肇が革也に贈呈した色紙がある。次のようなものである。

闘争か然らすば死か血みどろ之戦か然らずば無か問題は不可避的に右之如く課せられてゐる

一九三〇年三月　選挙戦を終りて　河上肇　印

この色紙と同様のものが他にも見られる。それは『近代京都のあゆみ』（かもがわ出版、一九八六年、一九一ページ）である。革也に送呈した文言との違いは年月欄と「選挙戦を終りて」が「洛北染物労働組合嘱」とある部分である。同書の写真説明に『「闘争か然らずんば死か」河上肇が洛北染物労組にたのまれて書いた書」とある。

河上は二月二〇日投票の衆議院総選挙に立候補を要請されて受け入れた。そのことを河上は「労農党の中央委員会は（略）満場一致を以て私に京都の第一区から立候補することを求めた側で傍聴していた私は、党の決議といふなら仕方がないと諦めたから、即座にこれを承諾した」と記している（『自叙伝二』岩波新書、一九五二年、一一八ページ）。

京都一区に立候補した河上肇は定数五名のところ、得票数七二五五票で一二名中七位で落選した。この時の選挙戦敗北に関して、河上は革也に色紙を贈ったのであった。革也は『日記』に記していないが、選挙戦への拠金を行っていたのではないか。その礼の意味があるとともに、今後の「闘争」の決意を表明したのであった。

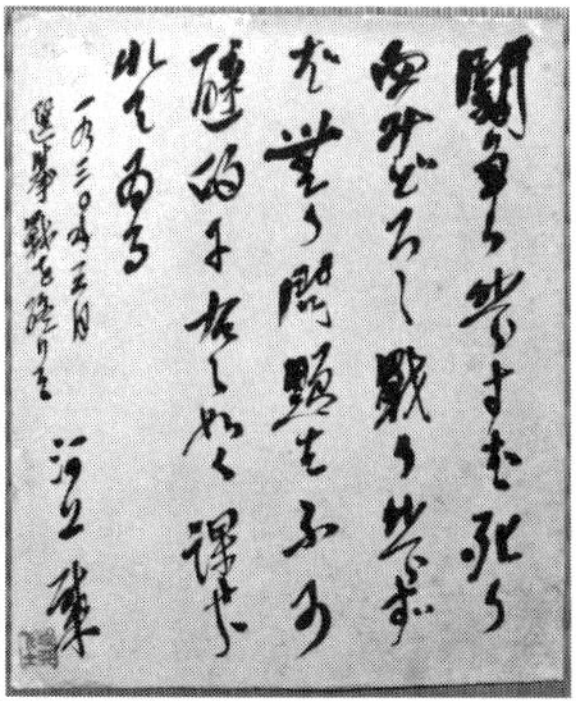

河上肇から革也に贈られた色紙（1930年3月）

芝協調会館で行われた山本宣治追悼演説会での河上肇は、「同志山宣を追慕す」との演説で次のように述べた（『自叙伝二』七六〜七七ページ）。

無産階級は一致団結して自分たちの利益の擁護と伸張のために戦はねばならぬと云ふこと（拍手）、それから又、苟も人類の幸福、社会の改造に関心をもつてゐる人は、如何なる社会層の者であっても、この無産階級の戦ひに自ら進んで參加しなければならぬと云ふこと（拍手）、この二つの事は、私が多年の研究によつて到達したところの、私の揺がざる確信である。私はたとひ此の首を鋸でひき切られようとも、この確信には微動だもさせない積りである。私はこの確信を守るために、今日まで、捨つべき必要のあるものは棄てて来たつもりであります（略）、私は、吾々の今なほ追慕して止まない同志山宣の如く、勇敢に戦ひうると、自ら公言するほどの自信は持たないにしても、自分の信念のために、また全無産階級から委託された任務のために、同志山宣の如く、死を賭して戦ふ覚悟であります。

この演説は「選挙運動をなした直後」に行ったものであった。河上肇は「死を賭して戦ふ覚悟」だとその固い決意を表明したのである。

この選挙は山本宣治が右翼に刺殺されて一年後のことであった。革也は新聞等で河上が立候補していることを承知していたが、革也が有権者として投票できる選挙区は京都二区であったため、たとえ投票の意思があっても投票はできなかった。京都二区で河上が立候補していたら、前総選挙で同区で当選した磯部清吉が引き続き立候補していたため、革也が河上に投票したかどうかはわからない。

革也は河上の当選を願っていただろうが、残念な結果について慰藉の思いと今後の奮闘に激励の書簡を送ったのであろう。だが、そのようなことを革也は『日記』には何も書いていない。河上はそれに応えて先の色紙を送呈したのであろうと思われる。

ところで、革也が今回の総選挙について、どのようなことを『日記』に記したかを拾ってみる。

一月三日「電磯部清吉」
一月二十一日「第五十七議会の休会開け午後四時四十分解散」
一月二二日「全国候補者の名乗りにて騒然」
二月二日「午後七時より労農党候補者細迫兼光氏の演説会を小学校ニて開かれたり」

二月八日「受信磯部清吉」
二月一九日「小学校内ニて演説会　午前政友会磯部候補推撰　午後民政党川崎候補推選《ママ》」
二月二日「議員総選挙日此日衆議院議員撰挙の施行　当町公会堂選挙場　渡辺助役選挙長ニ代理せしむ」
二月二〇日「此日衆議院議員撰挙の施行　当町公会堂選挙場」
二月二二日「第二区議員当撰者　田中助四郎　川崎安之助、磯部清吉　次点、細迫兼光、石川三郎」
二月二三日「民政党当撰好景気　嗚呼無産党沈没　受信京都労農党」

延べ一〇日間にわたって総選挙に関する記事が見られる。革也はこの頃三回目の須知町長をしていた。前年の一九二九（昭和四）年四月に町長に就任したのであった。須知銀行の取締役であった磯部清吉が二期目の衆議院議員を目ざして立候補していた。革也は二月一九日午前に政友会の磯部を、午後には民政党の川崎の推薦演説を行ったのである。同区は労農党から細迫兼光が立候補したが、革也が推薦することはなかった。全国的には民政党が二七三人、政友会が一七四人、無産諸派は前回八人から五人に減らした。二月二三日に革也は「嗚呼無産党沈没」と感想を記した。

3　在獄中の河上肇に関する革也記事

総選挙の一年半後の一九三一（昭和六）年八月二三日の『日記』に、革也は次のように記している。

受信河上肇

前にも記したが革也宛河上書簡はただ一通だけ保存されていた。本来ならこの「受信」は三通目になるはずである。『日記』には記されなかったが他の「受信」もあったかもしれない。

一九三三（昭和八）年一月二四日の『日記』に革也は、

河上肇博士遂いに市ヶ谷刑務所ニ入監せらる

と記した。

河上肇は同年一月一二日に「地下生活」先の画家椎名剛美宅（中野区住吉町三〇番地）で検挙された（『自叙伝二』三〇五ページ）。中野警察署で調書をとられ、そこから「警視庁を経て豊多摩刑務所へ護送されたのは、一月末の寒い日の続く最中であった」と記している（同前書、三〇ページ）。住谷悦治『河上肇』（吉川弘文館、一九八六年）の「略年譜」によると、次のように記されている。

一月一二日、中野の隠家で検挙さる。同月二七日、豊多摩刑務所に収容さる。六月二八日、市ヶ谷刑務所に移さる。

しかし、河上の妻秀はその著『留守日記』（筑摩書房、一九六七年）の六月二八日に次のように記している（三五ページ）。

朝、左京（肇の弟―引用者）さん豊多摩へ面会にいらしたところ、昨日急に市ヶ谷のほうへ移されなされし由。それでさっそく私が市ヶ谷の方へ面会に行く。別に興奮してもいられず、お元気なり

妻秀の日記から六月二七日に河上は市ヶ谷刑務所に移されたと考えられる。だが、革也は『日記』一月二四日に「市ケ谷刑務所ニ入監せらる」と記していた。革也はこの情報を何から得ていたのだろうか。

河上肇が検挙されて四年後の次の記事まで革也の『日記』には河上に関することを記していない。

一九三七（昭和一二）年六月一六日の『日記』に、

左翼論壇の耆宿河上肇博士は小菅刑務所より昨日出獄　四ケ年半禁錮を解けり、十五日杉並区天沼の自邸に閉居す

とある。河上肇は検挙されて四年半後に釈放されたのであった。釈放は同年六月一五日午前〇時過ぎであった。河上肇は一四日の日記の最後につぎのように書き入れた。

さて、今、六時が鳴った。もう六時間足らずのうちに昭和十二年六月十四日が終り、同時に私の刑も終つて、私はこゝの門外に出る筈。（略）本田弘蔵万歳！マルクス主義万歳‼」（『自叙伝四』三〇三ページ）。

「本田弘蔵」とあるが、自身の「党名」であったことを、河上は次のように記している（『自叙伝二』一七四ページ）。

テーゼの原文は一九三二年（昭和七年）六月二十五日附で発表されてゐるが、その日本訳は早くも七月十日の『赤旗』特別号として頒布されたのである。それには本田弘蔵訳としてあつた筈だ。本田弘蔵、これが私の地下の党名である。

「テーゼ」とあるが、一九三二年五月コミンテルンで決定した『日本における情勢と日本共産党の任務に関するテーゼ』のことである。テーゼの日本語訳を河上が行ったが、その氏名を「本田弘蔵」としていたのであった。

河上の釈放を秀は六月一六日の日記に、

午前〇時、未決以来満四年六カ月の刑期を無事了えられて小菅刑務所から釈放、荻窪の家にお帰りになったのは午前一時。

とある。なお、秀の『留守日記』はこの日で終わっている。
岩崎革也の『日記』および河上書簡などに記されている河上肇に関する記事をいくつか見てきた。最初が一九一七（大正六）年一月二七日であり、最後が一九三七（昭和一二）年六月一六日までの間に、全九件を見ることができる。革也が二〇年間にわたって記したものであるが、これだけ多くの記事は河上肇に対する敬意と革也の初期社会主義者としての思いを部分的に残していたからであると考えられる。

二　山本宣治と岩崎革也

1　労農党山本宣治に注目していた革也

山本宣治に関して革也の『日記』に数回その名を見ることができる。最初に出るのは一九二七（昭和二）年五月七日の次の記事であった。

旧第五区三郡有権者の衆議院議員補欠選挙あり、候補者三名、垂水、川勝、山本

この記事からは革也が山本宣治にどのような思いを抱いていたかは読み取れない。議員選挙に関する記事は『日記』に出ることがあり、自身が応援したり関わりがある場合に記載されることがあった。今回の記事は自身投票する選挙区のため記録として記したものと思われる。
同年五月九日にはその選挙結果を次のように記した。

補欠議員の開票三郡合併して園部旧郡役所ニて　得票概点　当選　垂水新太郎　4800　次点
川勝蔵太　2300　〃　山本宣治　500

革也の山本宣治にかかわる『日記』記事は衆議院議員の補欠選挙であった。革也は得票の概数を書いているが、『大阪朝日新聞』（同年五月一〇日）によると次のようであった。

京都府第五区補選は九日午前八時開票午後四時四十分終了した、結果左の如し　投票総数　七千七百二十九票　当選　四八四三票　垂水新太郎（政友）　次点　二三二二票　川勝蔵太（中立）

四八九票　山本宣治（労農）

垂水新太郎は亀岡町で生まれ育った。元府会議員で七五歳、政友系であった。

労農党京都府連は当時京都市、城南、洛西、丹波に支部を持っていた。普通選挙の前哨戦として山本宣治を立候補させたが、山本宣治は垂水新太郎のわずか一割しか得票できなかったのだ。だが、同年九月の府会議員選挙は補選の教訓が生かされ、労農党は一〇名を立候補させ、うち二名（上京・下京から各一名）を当選させたのである。

翌一九二八（昭和三）年一月に衆議院議会が解散され、二月二〇日に総選挙が行われた。普通選挙制度になり第一回の総選挙が闘われたのである。労農党から第一区水谷長三郎、第二区山本宣治が立候補した。投票結果は水谷長三郎が八七三一票（定員五名中四位）、山本宣治一万四四一一票（定員三名中三位）であった。労農党は全国で四〇名を立候補させた。わずか二名当選であったが、いずれも京都からであった。

この選挙に関して革也は『日記』に次のように記した。年はいずれも一九二八（昭和三）年である。

二月一二日「労働農民党として第二区候補者山本宣治君須知館ニて政見発表演説会あり」

山本宣治は須知館で「政権発表演説会」を開催したが、どの程度の有権者が参加したのかは不明である。また革也が出席したかもこの文面では不明としなければならない。革也は「労働農民党」の山本宣治に関心を抱いていたとも思われる。

二月一八日「受信山本宣治候補　午後六時より小学校堂ニて磯部候補の応援演説あり　三四地方人のスピー（チ欠―引用者）」

この日「受信山本宣治候補」と記しているが、「岩崎革也宛社会主義者等書簡一覧」（太田雅夫・森本啓一『岩崎革也年譜』）には記載がない。私も岩崎邸調査で探したが、当該書簡は目にしていない。選挙期間中の「受信」なので、山本宣治の選挙政策ビラなどであったかもしれない。革也はこの総選挙には関心を深めており、なかでも労農党をはじめとする無産党の活躍とその結果を注視していたのでないかと思われる。革也は初期社会主義者として一時期活動したことがあり、その後運動から遠ざかったが、若い頃の思いを心中に宿していたことを窺い知ることができる。

この日の『日記』には小学校で磯部清吉の応援演説があったと記している。しかも、「三四地方人のスピー（チ）」と具体的表記が見られた。革也は磯部の演説会には参加したのであろう。革也自身が応援演説をしたかどうかはわからないが、以下に記すように磯部は長い間須知銀行の取締役として、特に銀行危機にあたってはその政治力を行使したのであった。それゆえ今回の総選挙にあたって革也は磯部の応援演説会に参加したのであった。しかも「三四地方人のスピー（チ）」の一人でもあっただろうと思われる。したがって革也は山本宣治には投票しなかったと考えられる。その理由は次のようなことにもとづく。

『日記』は一九一七（大正六）年から死去の一九四三（昭和一八）年までが蔵されていた。そのなかで選挙記事のある二月一八日までに「磯部清吉」名は三八回登場する。以後死去までであれば八八回にわたって多数の記載が見られる。それだけ革也と磯部との関係は強く深かったといえる。

三八回中には、一九二七（昭和二）年二月一三日に「磯部清吉氏東京より帰西の上今朝京都より打電、銀行善後策ニつき、東京方面の運動ニ参与せらる」とある。革也が頭取をしていた須知銀行は金融危機に陥り革也自身も奔走していた時期である。危機打開に革也は磯部清吉の力を得ていたのである。磯部清吉は革也が頭取をする須知銀行と長い間のかかわりがある。『日本全国諸会社役員録』を各年次版（ただし、一九二五〈大正一四〉年版は未見）で見ると、一九一九（大正八）年から二年間を除いて、須知銀行の取締役の一人として一四年間の長きにわたって経営に携わっていたのである。須知銀行は一九三七（昭和一二）年に中丹銀行に買収された。磯部はその前々年まで取締役であったのである。革也の身近にあって銀行とかかわりを持っていたのであった。

磯部清吉は政治家としても活躍した人物である。『京都府議会歴代議員録』（京都府議会事務局編、一九六一年）によると、一八九八（明治三一）年桑田郡平屋村村会議員になり三期当選、一九一九（大正八）年府会議員になり、一九二三（大正一二）年に再選、この年岩崎革也も出馬して当選した。磯部は一九二七（昭和二）年に三選される。さらに一九二八（昭和三）年に衆議院選挙で当選した。この選挙で山本宣治も当選したのである。

革也は磯部清吉が須知銀行の運営に深くかかわり、さらに政治的にも府議会議員として共同で活躍することがあったことから、衆議院選挙には山本宣治に投票せず、磯部に投票したであろうと思われる。

さて、革也はこの年（一九二八）の選挙結果を次のように『日記』に記した。

二月二一日「開票日　府下国会議員当撰者拾一名　第一区京都市五名　片岡直温再　森田茂再　鈴木吉之助新　田崎信三再　水谷長三郎新　第二区山城一円丹波三郡三名　川崎安之助再　磯部清

吉新　山本宣治新　第三区丹後一円丹波二郡三名　吉村伊助再　水嶋彦一郎新 村上国吉再

二月二二日「無産党派八名当選　東京第二区撰出　安倍磯雄氏当撰　大阪　鈴木文治氏当撰　仝西尾末広氏当〃　兵庫　河上丈太郎氏当〃　京都　水谷長三郎氏当〃　仝山本宣治氏当〃　何れも無産党派の選良　福岡　浅原健三当〃　仝亀井貫一郎当〃

革也がこのように当選者名を『日記』に列挙したのはそれだけ今回の選挙に深い関心を示していたからであった。選挙後の二月二七日の『日記』に「当地無産党選挙連の四五人は京都地方検事の召喚ニて上京　大工内藤治郎造も出京せり」と記している。「四五人」の名を知ることはできないが、「大工内藤治郎造」の個人名を挙げている。内藤は革也が自宅を増築したり、茶室を新築したりするにあたって棟梁として働いた人物であった。『日記』から関連する記事を引く。

一九二七（昭和二）年九月二日「大工、内藤治郎造氏に茶席建築の下測量」

同年一〇月二二日「大工内藤治郎蔵氏京都へ材料買取りの為め出京金二〇〇円渡す」

同年一〇月二六日「内藤治郎蔵大工再ひ上京買財」

同年一二月三〇日「大工内藤治郎蔵氏へ金五百円を渡す」

一九二八（昭和三）年八月二四日「瓦屋岡本儀之助氏の支払残部七五円大工内藤治郎蔵ニ手渡し完済す」

革也は邸宅の増築、茶室の新築などを大正末期から昭和にかけて実施した。それらの建築にかかわって大工内藤治郎造（「治郎蔵」とも記す——引用者）が棟梁として革也と連絡をとりつつ建築に携わったのである。革也が選挙後の二月二七日に記した内藤治郎造は革也の身近に「無産党」にかかわる人物がいたことを示している。

2　山本宣治の国会での活動

山本宣治は一九二八（昭和三）年二月の衆議院総選挙で議員となったが、なかなか議場での活動機会がなかった。この年の政治・社会に関連ある事項を『日本史年表』（岩波書店、一九七一年）から引いてみる。

三月一五日　共産党員、全国的大検挙。検挙一六〇〇余中起訴四八四。
四月七日　解放運動犠牲者救援会結成。
同一〇日　労農党・評議会・無産青年同盟に解散命令。
同一二日　労農党再建新党準備会結成、即日禁止。
同一六日　東大新人会、ついで各大学の社研に解散命令。京大教授河上肇辞職、ついで東大大森義太郎・九大石浜知行大学を追われる。
同一九日　第二次山東出兵。
五月三日　日本軍、済南で国民革命軍と衝突（済南事件）。
同二七日　全国農民組合結成。
六月四日　関東軍河本参謀ら、列車爆破により、奉天引揚げ途上の張作霖を爆殺。
同二九日　緊急勅令により治安維持法改悪（死刑・無期を追加）。
七月三日　内務省に特別高等警察設置。
同四日　憲兵隊に思想係設置。
一一月一〇日　天皇、即位式強行。
一二月二〇日　日本大衆党結成。

同二二日　労働農民党結成大会（二四日結社禁止）。

同二八日　政治的自由獲得労農同盟準備会創立宣言。

政府は中国への侵略を強めるとともに、民主的諸運動への弾圧を強めていく事項が増加していることが明白になる。

山本宣治は翌一九二九（昭和四）年二月六日の「労働者災害扶助法案」の第一読解において、政府に質問演説を行った。『衆議院議事録速記録第一二号』に全文が掲載されている。長文なので部分的に引くことにする。

山本宣治はこの法案は「自由労働者」の人数や職種など統計上の数字を示したうえで、「普通ノ工場労働者トハ較ベモノニナラヌヤウナ劣悪ナ条件ニ置カレ、且又其従事シテ居ル労働ハ、甚大ナリ危険ノ下ニ置カレテ居ル」と述べている。ところが、政府が出した法案はその「施行細則或ハ勅令ト云フモノ、内容ニ至ッテハ」「何時ノ間ニカ知ラヌ間ニ資本家金持等ノ役ニ立ツヤウニシカナラヌ骨抜キノ法案トナッタ例ガアル」「少クトモ今日ノ覚醒シタ労働者ハ斯ノ如キ案ヲ以テ釣ラレ、或ハ騙サレル程ノ馬鹿デナイ」「寧ロ国家ガ其当面ノ責任ニ当ルベキデアル」「塞原ノ策ヲ為ベキデアル」と強調している。

要するに、労働者の労働実態や生活実態にふさわしい「災害扶助法」にするため国家が責任を負うべきだと主張したのである。再度の質問に「本案ハ穴ダラケノ杜撰極マル粗製濫造案デアル」と論破した。山本宣治は現実の労働者の実態に即した「災害扶助法」の実現を目ざしたのであった。

さらに山本宣治は二日後の同年二月八日の「予算委員会第二分科（内務省及拓殖省所管）」で官憲の不当弾圧の実態を自身の体験、共産党員やその支持者の体験や裁判傍聴時の見聞などを長時間にわたって暴露して闘ったのであった。当該『会議録』（第四回、昭和四年二月八日）をもとにいくつかの事例を記すことにする。

山本宣治は「帝国議会ニ列シマシテモ矢張労働者農民ノ代表デアリマシテ」と自己の立場を明確にしたうえで質問に臨んだ。自身の体験例は一昨年の八月一〇日に父を喪った。二四日に宇治警察署から召喚されたので出頭したが、「理由ヲ示サズシテ直ニ貴方ヲ検束スル、京都府警察本部ノ命令ダカラ」ということで、二九日まで検束されていた。三〇日が父の埋骨式だというので釈放されたのであった。

山本宣治の質問の前に一松議員が行った質問に秋田政府委員の答弁は、「検束ハ検束ヲ致シマシタ翌日ノ日没迄」と法規でなっているということだがそれでいいかと要約して山本が聞いたところ、政府委員は「左様デゴザイマス」と確認している。後ほど政府委員は「監督上十分ノ注意ヲ致シマス、之ニ反シタ行動ヲ執リマシタ者ニ対シテハ相当ナ処置ヲスル事ハ無論デアリマス」と明言している。だが、実態は政府委員の答弁が虚偽であることは多くの事例から明白である。

これを受けて山本は自身の体験や共産党に対する弾圧実態を列挙していく。

能ク解放運動ニ携ル者ガ非合法運動ト申シマスガ、決シテ非合法デハナイ、官憲ソレ自身ガ法ヲ枉ゲテ或ハ唯辻褄ヲ合ス為ニ色々ノ形式ヲ整へてヤルガ為ニ起ツテ来ル、此解放運動ガ名前ダケハ非合法ト云フガ、実ハ政治的自由ヲ求ムル為ノ熱心ナル闘争ナンデアリマス、ソレデ私ハ其妥協ニ応ズルト云フ意見ハ毛頭モアリマセヌ

山本は自身の信念を明確に述べて妥協を拒否する姿勢を示した。さらに最近の実例として福知山警察が『昭和魁新聞』を経営している細見文治の実例を出して迫った。山本は「不当拘束処分デ告訴ヲ

受ケタ署長ガ其暴露ニ対シテ」細見社長を検束して、印刷工、広告取、社長の家族までも長期間検束した事例を出す。さらに「共産党事件」（三・一五事件のこと―引用者）に関して「無責任ナ讒誣デナイト云フ証拠」にとして「函館警察署ニ於キマシテ混凝土建ノ洗面所カ浴室ノヤウナ処ニ、冬ノ寒空ニ真裸デ四ツ這ニサセラレテ、サウシテ取調ニ従事シタ刑事ハ（略）竹刀デ殴ッテ、其混凝土ノ上ヲ這廻ラセタ、「モウ」ト言ヘト言ウテ「モウ」ト言ハセ、或ハ其ノ床ヲ舐メロト言ッテ床ヲ舐メサセタ、ソレデ三四十回モ詰リ昏迷ニ陥ル迄竹刀デ哀レナル青年ノ尻ヲ叩イテ、走廻ラセタト云フ例」を述べた。また、「用ヒラレタ道具ハ例ヘバ鉛筆ヲ指ノ間ニ挟ミ、或ハ此三角型ノ柱ノ上ニ坐ラセテ、サウシテ其膝ノ上ニ石ヲ置ク、或ハ足ヲ縛ツテ逆マニ天井カラブラ下ゲテ、顔ニ血液ガ逆流シテ、サウシテ悶絶スル迄打ッチヤカラシテ置ク」などの具体的な方法の実例を挙げた。予算委員会に出ていた議員たちは生々しい違法な捜査手法に度肝を抜かれたであろう。山本はさらに具体例を挙げたうえで「私ノ話ニ関スル当局ノ御所見ハ如何デアルカ」と問いただしたのである。

秋田政府委員は「政府トシテハ只今山本君ノ述ベラレマシタ事実ノアルト云フコトヲ断ジテ認メルコトハ出来マセヌ、随テ存在セザル事実ヲ前提トシテ之ニ対シテ所見ヲ述ブル必要ハアリマセヌ」と答弁をしたのである。田子主査が「本日ハ是ニテ散会致シマス」と宣言して委員会は終了したのであった。

山本が共産党事件をはじめ多くの労働運動や民主運動を敵視した官憲の暴虐の一端を鋭く事実で告発したのであった。

なお、佐々木敏二は「山宣は三月五日の本会議での採決の前に、治安維持法そのものを悪法であると批判する演説をしようとしていたが、討議打切りでやれなかった」と記している（『近代京都のあゆみ』かもがわ出版、一七四ページ)。

山本宣治は刺殺される二日前福知山での演説会に参加していた。細見幸基は「細見文治の思い出」に次のように記している。

一九二九(昭和四)年三月三日、福知山の闘う人々にとって忘れることができない日である。待望の山本宣治代議士をこの地に初めて迎えた日である。立錐の余地もない聴衆、とりまく官憲の前で演説を終えた山本代議士を囲んで、宿舎(御霊会館)での話は尽きない。しかし余り遅くなってはと心配した父(細見文治―引用者)は「少し休んで頂くよう」に言った。しかし山宣は「たびたびの招きにも拘らず多忙のため来られなかった。明日は大阪の農民大会へ出席するが、私は車中で眠ればいいから、今夜は諸君と心ゆくまで語り明かしたい」そう言って夜を徹するのも厭わなかったという(『近代京都のあゆみ』二四八ページ)。

3　山本宣治刺殺される

三月五日の本会議で山本は質問演説をする予定であったが残念ながらできなかった。その夜、神田の旅館光栄館で右翼の七生義団の黒田保久二に刺殺された。山本宣治は満三九歳であった。

革也は『日記』一九二九(昭和四)年三月六日に、

唉惜むべし　京都府第二区撰出理学士、四一歳昨五日午後九時五十分東京神田区表神保町光栄館ニて代議士山本宣治氏刺殺せらる(旧労農党)(加害者七生義団　黒田保久二、暴漢三七歳)」

と記している。非業の死を遂げた山本宣治に対し、「唉惜むべし」と万感の思いを込めて記したのであった。

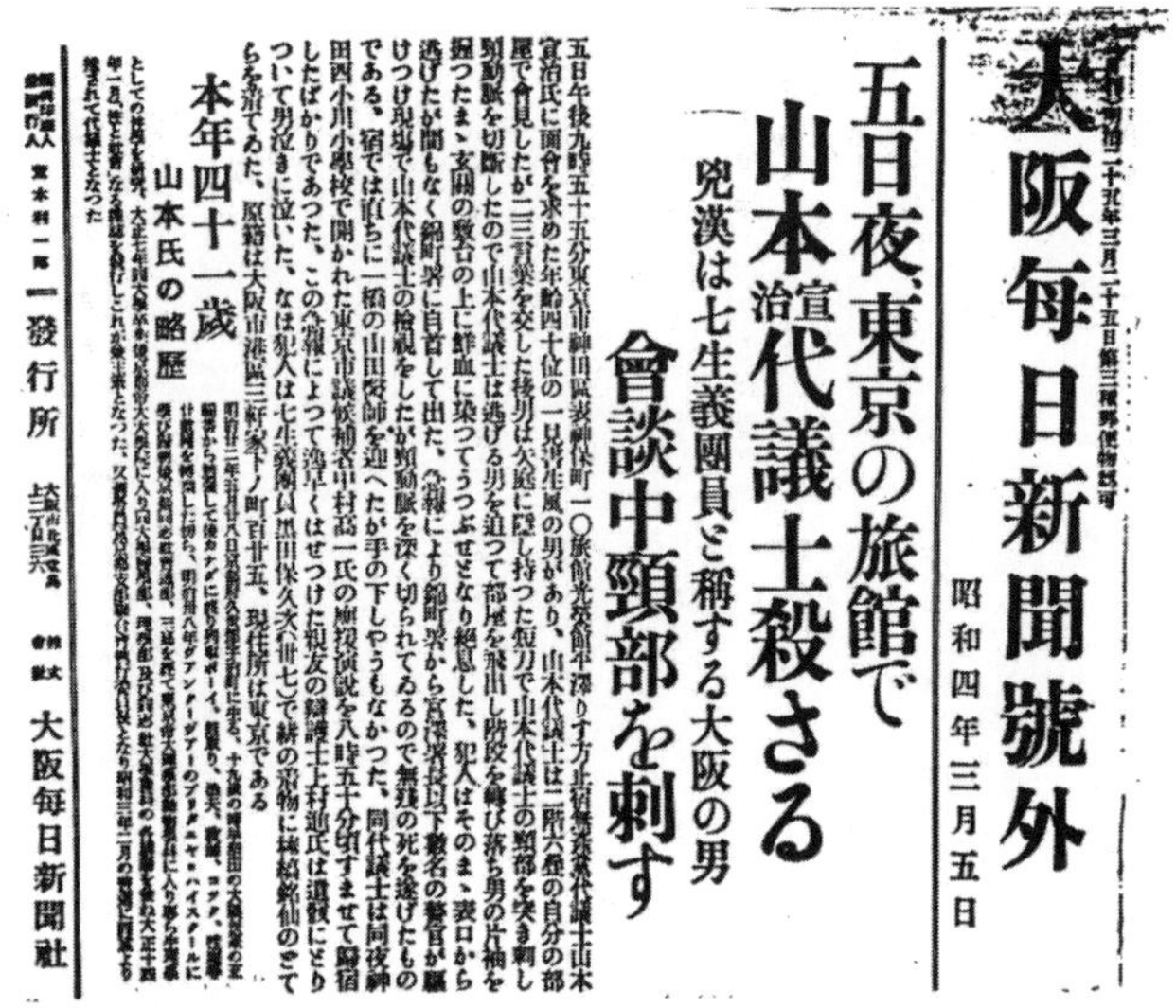
大阪毎日新聞號外
昭和四年三月五日

五日夜、東京の旅館で
山本宣治代議士殺さる
兇漢は七生義團員と稱する大阪の男
會談中頸部を刺す

五日午後九時五十五分東京市神田区表神保町一〇旅館光栄館平澤りす方止宿中の代議士山本宣治氏に面会を求めた年齢四十位の一見書生風の男があり、山本代議士は二階六畳の自分の部屋で会見したが二三言葉を交した後男は矢庭に隠し持つた短刀で山本代議士の頸部を突き刺し頸動脈を切断したので山本代議士は逃げる男を追つて部屋を飛出し階段を転び落ち男の片袖を握つたまゝ玄関の敷台の上に鮮血に染つてうつぶせとなり絶息した、犯人はそのまゝ表口から逃げたが間もなく錦町署に自首して出た、急報により錦町署から署長以下数名の警官が駆けつけ現場で山本代議士の検視をしたが頸動脈を深く切られてゐるので無残の死を遂げたものである、宿では直ちに一橋の山田医師を迎へたが手の下しやうもなかつた、同代議士は同夜神田四小川小学校で開かれた東京市議候補者中村高一氏の応援演説を八時五十分頃すませて帰宿したばかりであつた、この急報によつて逸早くはせつけた親友の弁護士上村進氏は遺骸にとりついて男泣きに泣いた、なほ犯人は七生義団員黒田保久次(卅七)で紺の着物に棒縞銘仙のどてらを着てゐた、原籍は大阪市港区三軒家下ノ町百廿五、現住所は東京である

本年四十一歳
山本氏の略歴

發行所 大阪毎日新聞社

1929（昭和 4）年 2 月 15 日付の堺利彦書簡に同封されていた「大阪毎日新聞号外」（南丹市立文化博物館提供）。山本が刺殺されたのは同年 3 月 5 日なので、革也が号外入手後同封したものでないかと考えられる。

同様の思いを犬養毅が殺害された一九三二（昭和七）年五月一五日の『日記』にも次のように記していた。

犬養首相凶漢ニ官邸ニ撃つ《ママ》ピストル　午後五時過首相官邸に凶漢襲来して弾射す（六名の海陸軍人乱入）午後十一時二十五六分遂に逝去せらる　老政事家の末期可惜

革也は犬養毅に「末期可惜」、山本宣治にも「唉惜むべし」とごく短い言葉でその死を悼んだのであった。言葉は短いが革也の万感の思いが伝わる。山本宣治の死を記して以後の『日記』には、山本宣治についての記述は見られない。革也は山本の今後の活動を心中に期していたであろう。

三　斎藤隆夫と岩崎革也

本節に述べる斎藤隆夫と次節の芦田均は社会主義者ではなかったが、岩崎革也が注目していた国会議員であった。すでに述べたように革也は一九〇四（明治三七）年二月七日の『平民新聞』に意見広告を出し、「明白端的なる非戦主義の如きに対し、敢て一論を沮むの理もなきなり」と平民社の方針を全面的に支持したのであった。あれから三〇年余の昭和一〇年代には、革也は思想的には大きく後退していたが、「非戦主義」をすべて捨て去っていたのではなかった一面を見ることができる。

1　斎藤隆夫の粛軍演説

岩崎革也の『日記』には斎藤隆夫に関する記事がいくつかある。最初に出るのは一九三六（昭和一一）年五月七日に、

本日議会に於て斎藤隆夫（民政党代議士）氏の陸軍大臣質疑する軍民問題の論議は国民の総言議也

と記している。斎藤隆夫は五月七日に衆議院第六九議会で大演説を行った。時間にして一時間二五分であった。この演説を革也は「軍民問題の論議は国民の総言議也」と記した。斎藤は「粛軍に関する質問演説」と称している（『回顧七十年』中公文庫、二〇一四年）。斎藤は同書で「私の演説の骨子は」として、「前段において革新政治の内容と外交および国防について論及し、後段において反乱事件の原因と軍部当局の態度を論難して、粛軍の大義を闡明し、併せて該事件に対する国民的感情を披瀝し

たものであった」と記している（同前、一一二ページ）。

当演説は翌日の各新聞に大々的に報じられた。斎藤が『回顧七十年』にその反響のいくつかを紹介している。『東京朝日新聞』は、

七日の衆議院本会議に、庶政一新並に粛軍問題を提げて起った民政党斎藤隆夫氏の質問演説は危機に立つ立憲政治の擁護を叫び、二・二六事件に関連して真摯大胆に其言はんと欲するところを言ひ、粛軍の大義を闡明したるものとして、満場嵐の如き拍手裡に深刻なる感銘を与へた。而も単に無責任なる批評乃至放言に堕せず、言々句々粛軍の大義を説いて陸相に詰寄った熱論と更に又之に答へた寺内陸相の真面目な態度とは、問題が問題だけに議場は一種の悽愴味を呈し、問ふ者も答へる者も愛国の至情が迸出で、非常時議会に相応しき非常なる緊張を呈した

と記した（同前、一一四〜一一五ページ）。

斎藤隆夫の演説は長文であるので、ごく一部を『官報号外』の「昭和一一年五月八日衆議院議事速記録第四号　国務大臣ノ演説ニ対スル斎藤君ノ質疑」から引くことにする。

「此事件（二・二六事件—引用者）ノ比較的直接ノ原因トシテ認ムベキ二三の事実ヲ指摘シテ」「陸軍大臣ノ御答ヲ求メテ見タイ」。「其第一ハ」「軍人ノ政治運動ニ関スルコト」、「満洲事件ハ国ノ内外ニ亘ツテ非常ナ影響ヲ及ボシテ居ル」、「青年軍人ノ思想上ニ於キマシテモ或ル変化ヲ与へ」、「其後軍部ノ一角、殊ニ青年軍人ノ一部ニ於キマシテハ、国家改造論ノ如キモノガ台頭致シマシテ、現役軍人デアリナガラ、政治ヲ論ジ、政治運動ニ加ハル者ガ出テ来タコトハ、争フコトノ出来ナイ事実デアル、此傾向ニ対シテ是マデ軍部当局ハドウ云フ態度ヲ執ツテ居ラレルノデアルカ」、「軍人ノ政治運動ハ上御一人ノ聖旨ニ反シ、国憲、国法ノ厳禁スル所デアリマス」、「又近

頃各地ニ於テ人権蹂躙ノ問題ガ起ツテ居リマスガ、其事実ヲ聞キマスト、実ニ驚クベキモノガアル、所謂粛正選挙、選挙取締ヲ励行スルコトハ極メテ宜イ事デアリマスガ、故ラニ」「犯罪ヲ製造スルガ為ニ法規ヲ濫用シテ、濫リニ人民ノ自由ヲ拘束スル、人民ノ自由ヲ拘束スルバカリデハナイ、強ヒテ虚偽ノ自白ヲ求ムルガ為ニ之ヲ虐待シ、之ヲ拷問シ、或ハ人身ニ傷ヲ負ハセ甚シキニ至ッテハ拷問ノ結果、良民ヲ死ニ至ラシメタモノガアル何タル野蛮ノ行為デアリマセウ」、「若シ彼ノ三月事件ニ付テ、軍部当局ガ其ノ原因ヲ芟除シテ、所謂抜本塞源ノ徹底的ノ処分ヲセラレタナラバ、必ズヤ十月事件ハ起ラナカツタニ相違ナイ又遅レタリト雖モ、十月事件ニ付テ同様ノ処置ヲセラレタナラバ、後ノ五・一五事件ハ必ズ起ラナカツタニ相違ナイ」「苟モ軍人タル者ガ党ヲ結ンデ白昼公然総理大臣ノ官邸ニ乱入シ、天皇陛下ノ親任セラル、所ノ一国ノ総理大臣ヲ銃殺スル、国ヲ護ルガ為ニ授ケラレタル所ノ兵器ヲ以テ、国政燮理ノ大任ニ当ツテ居リマスル所ノ、国家最高ノ重臣ヲ暗殺スル、其罪ノ重大デアル」「然ルニ此重大事件ニ対シテ、国家ノ裁判権ハ遺憾ナク発揮セラレテ居ルノデアルカ」

「事件ノ原因ハ大体二ツアリマス、即チ一ツハ青年軍人ノ思想問題デアル、又一ツハ事前監督及ビ事後ニ対スル軍部当局ノ態度デアリマス」「苟モ立憲政治家タル者ハ、国民ヲ背景トシテ、正々堂々ト民衆ノ前ニ立ツテ、国家ノ為ニ公明正大ナル所ノ政治上ノ争ヲ為スベキデアル、裏面ニ策動シテ不穏ノ陰謀ヲ企テルガ如キハ、立憲政治家トシテ許スベカラザルコトデアル、況ヤ政治圏外ニアル所ノ軍部ノ一角ト通牒シテ自己ノ野心ヲ遂ゲントスルニ至ツテハ、是ハ政治家ノ恥辱デアリ、堕落デアリ又実ニ卑怯千万ノ振舞デアルノデアル」。「要スルニ一刀両断ノ処置ヲ為サネバナラヌ」

斎藤演説は三月事件が十月事件を、さらに五・一五事件を、また二・二六事件を引き起こしたのだという。それらの原因は軍部の態度にあると強調した。斎藤は「軍当局ハ如何ナル処置ヲ執ラレタカト云フト、之ヲ闇カラ闇ニ葬ツテシマツテ、少シモ徹底シタ処置ヲ執ツテ居ラレナイ」と指摘した。

国会議員の多くに感銘を与えた斎藤の演説であった。議員達が斎藤演説に拍手を送った機会は数多く、議事録に「(拍手)」と記されているものだけを数えても合計四〇回に及ぶ。斎藤演説に実に多くの議員が賛意を表していたのだ。全国的には議員のみならず多くの良心的な人々が斎藤の演説に拍手を送ったのであった。

今議会を革也も注目していたため、次の短い記事ではあるが同年五月の『日記』に見られる。

五月六日「議会は本日より本格的政論に入る　政府、政党、大緊張の議会を呈す」

五月九日「議会政民両党議事連絡好都合　これ非常時の議会らし」

五月二五日「議会一日延長して本日臨時会終了」

五月二六日「議会は不穏文書案のため更らに一日延長して本日閉幕五月二十七日臨時議会閉会式」

2　支那事変処理に関する質問演説

あの粛軍演説から四年後の一九四〇(昭和一五)年にも斎藤演説は世間の注目を集めるとともに、自身は議員を追放されることになった。

革也は『日記』同年二月三日に次のように記している。

昨日民政党斎藤隆夫氏の議会ニ於ける首相ニ対する質問論は陸軍部内の激憤と為つて党代表演説

の取消

一九三六（昭和一一）年五月七日の斎藤の「粛軍演説」は衝撃的な演説で議場から支持する議員が多数であった。その四年後の一九四〇（昭和一五）年二月二日に「国家総動員法案、質問演説」を行った。この斎藤演説は議長（小山松寿）により、三分の二を取り消されたのであった。斎藤は「議長は私の演説の三分の二以上を速記録より抹消した」、さらに「翌日より懲罰委員会が開かれた。議長に懲罰の理由を質したが、議長はただ自己の信念に基づくと答うるの他には一切その根拠を明示することができなかった」と記している（『回顧七十年』一四〇～一四一ページ）。

斎藤が議員を除名される演説内容はどのようなものであったか。「昭和一五年五月八日　衆議院議事速記録第四号　国務大臣ノ演説ニ対スル斎藤君ノ質疑」という議事録により見ることにする。なお、斎藤は質問内容の五点を事前に知らせ「政府に向って答弁の用意を示唆しておいた」と言っている。それは次の五点であった（『回顧七十年』一三八ページ）。

質問の第一は、近衛声明なるものは事変処理の最善を尽したるものであるかどうか、第二は、いわゆる東亜新秩序建設の内容は如何なるものであるか、第三は、世界における戦争の歴史に徴し、東洋の平和より延いて世界の平和が得らるべきものであるか、第四は、近く現われんとする支那新政権に対する数種の疑問、第五は、事変以来政府の責任を論じて現内閣に対する警告等

演説全文は長いものなので、斎藤除名に結びつく部分を中心に取り上げることにする。斎藤は近衛声明の五つの核心を次のように要約する。

「其ノ一ツハ支那ノ独立主権ヲ尊重スルト云フコトデアル、第二ハ領土ヲ要求シナイ、賞金ヲ要求シナイト云フコトデアル、第三ハ経済関係ニ付テハ、日本ハ経済上ノ独占ヲヤラナイト云フコ

トデアル、第四ハ支那ニ於ケル第三国ノ権益ニ付テハ、之ヲ制限セヨト云フ如キコトヲ支那政府ニハ要求シナイ、第五ハ防共地域デアル所ノ内蒙付近ヲ取除ク其ノ他ノ地域ヨリ、日本軍ヲ撤兵スルト云フコトデアリマス」

このことを確認した上で斎藤は論を展開する。そして、次のように質問をした。

「是ヨリ新政権ヲ対手ニ和平工作ヲ為スニ当リマシテハ、支那ノ占領区域カラ日本軍ヲ撤退スル、北支ノ一角、内蒙付近ヲ取除キタル其ノ他ノ全占領地域ヨリ日本軍全部ヲ撤退スル、過去二年有半ノ長キニ亘ツテ、内ニハ全国民ノ後援ノ下ニ、外ニ於テハ我ガ皇軍ガ悪戦苦闘シテ進軍シマシタ所ノ此ノ占領地域ヨリ日本軍全部ヲ撤退スルト云フコトデアル、是ガ近衛声明ノ趣旨デアリマスカ、政府ハ此ノ趣旨ヲ其ノ儘実行スル積リデアリマスカ」

斎藤は次に「東亜新秩序」について次のような質問をした。

「事変処理ニ付テハ東亜ノ新秩序建設ト云フコト」、「元来此ノ言葉ハ事変ノ始メニハナカツタ」、「事変後約一年半ノ後、即チ一昨年十一月三日近衛内閣ノ声明ニ依ツテ初メテ現ハレタ所ノ言葉」、「東亜ノ新秩序建設ト云フコトハドウ云フコトデアルカ」「近頃ニナツテ東亜新秩序建設ノ原理原則トカ、精神的基礎トカ称スルモノヲ、特ニ委員会マデモ設ケテ研究シナクテハナラヌト云フコトハ一体ドウ云フコトデアルカ」

戦争前にはなかった戦争の目的として「東亜新秩序建設」なるものを一年半後に強調し、さらに一年後に委員会を設けてまで研究しなければならないのはどういうことかと斎藤は質問したのである。

斎藤演説はさらに続くが、この東亜新建設問題後の質問はすべて削除された。斎藤は「昨夜議長室より私が退出したる後、如何なる事情が起こったか知らないが、議長は私の演説の三分の二以上を速記録より抹消した」と記している（『回顧七十年』一四〇ページ）。

そのことについて草柳大蔵は「軍部の中佐クラスが『聖戦を冒涜する非国民的演説だ』と激昂しはじめ、政府にねじ込んできた」と記している（『斎藤隆夫かく戦えり』文藝春秋、一九八一年、一五三ページ）。斎藤自身は「時局同志会や社民党から私の演説は聖戦の目的を冒涜するものであるという意味の声明を発するようである」と記している（斎藤同前書、一三九ページ）。

斎藤の演説は約一時間半ほどの長いものであったが、その三分の一程度は先に引いた「昭和一五年五月八日　衆議院議事速記録第四号　国務大臣ノ演説ニ対スル斎藤君ノ質疑」に掲載されている。残り三分の二は削除されたが、「閲覧後乞返却」と太字で記された「昭和十五年二月三日付官報号外衆議院議事録第五号第四十三ページ第二段第十九行第五字目以下削除ノ部分左ノ如シ」という議事録がある。同「議事録」によって、特徴的と思われる箇所を抜き出してみる。

「最近五十年間ニ於ケル東洋ノ歴史ヲ見マセウ、先ホド中上ゲマシタ通リニ、我国ハ嘗テ支那ト戦ツタ、其ノ時ニ於テモ東洋永遠ノ平和ガ唱ヘラレタノデアル、次ハ露西亜ト戦ツタ、其ノ時ニモ東洋永遠ノ平和ガ唱ヘラレタノデアル、又平和ヲ目的トシテ戦後ノ条約モ締結セラレタノデアリマスルガ、平和ハ得ラレマシタカ、得ラレナイデハナイカ、平和ガ得ラレナイカラシテ今回ノ日支事変モ起ツテ来タノデアル」、「二十幾年前ニ欧羅巴ハアノ通リノ大戦争ヲヤツタ、五箇年ノ間国ヲ挙ゲテ戦ツタ」、「戦争ノ結果ハドウナツタカ、負ケタ国ハ言フニ及バズ、勝ツタ国ト雖モ徹頭徹尾得失相償ハナイ、其ノ苦キ経験ニ顧ミテ、戦争ナドハヤルモノデナイ、凡ソ世ノ中ニ於テ戦争ホド馬鹿ラシイモノハナイ」、「歴代ノ政府ハ国民ニ向ツテ頻リニ精神運動ヲ始メテ居ル」「精神運動ダケデ事変ノ解決ハ出来ナイノデアル」、「此際政府トシテモ考へ直サネバナラヌコトガアルノデハナイカ」、「随分巨額ノ費用ヲ投ジテ居ル」「一体是ハ何ヲ為シテ居ルノデアルカハ私共ニハ分ラナイ」「此ノ事変ノ目的ハ何処ニアルカト云フコトスラマダ普ク国民ノ間ニハ徹底シテ居ラナイヤウデアル」

3 斎藤議員除名される

斎藤は自身の演説が「大事件」になった原因として三点挙げている。第一は「政府の無能」、第二は「議長が速記録を削除したこと」、第三は「政党の意気地なきこと」の三点である（『回顧七十年』一四四ページ）。演説後の経過はまさに斎藤が原因として挙げたとおりのことであった。

三月七日衆議院本会議で「議員斎藤隆夫君ニ対シ議院法（略）ニ依リ除名ス」として斎藤除名が決定した。草柳大蔵は「本会議の風景は寒々としたものであった。議員登院総数は四百以上なのに、登院しながら欠席する議員は百二十一名におよんだ。これらの議員は斎藤除名の決議に『棄権』を表明している。このほか病気その他の理由で不登院が二十三名。つまり百四十四議席が空席となっているのだから、議場内に虚ろな席が目立つわけである」と記している（『斎藤隆夫かく戦えり』一八八ページ）。

出席して反対を投じたのは次の七人であった（草柳同前書、一八九ページ）。

元民政党の岡崎久次郎（神奈川三区）、政友会久原派の芦田均（京都二区）、牧野良三（岐阜二区）、名川侃市（広島一区）、宮脇長吉（香川一区）、丸山弁三郎（長野一区）、第一議員倶楽部の北浦圭太郎（奈良）

岩崎革也は斎藤隆夫に注目するとともに、議会そのものを注視していた。『日記』にも散見できる。

二月二一日には「議会百三億万円の議案も通過せん、斎藤隆夫氏の徐名問題は当議会の一問題にて影響する処多方」

さらに斎藤除名の進行に関して、

三月三日「民政党代議士斎藤隆夫氏の舌禍問題ニて議会除名決議ニつき争論尚決せず（兵庫県選出代議士唯一の闘士）」

三月八日「昨日本議会ニ於て斎藤隆夫代議士竟いに除名となる」

革也のみならず国民の多数が斎藤演説と除名問題には深い関心を寄せていた。京都府出身の芦田均衆議院議員は斎藤の議員除名に反対票を投じた七人の一人であった。芦田は『芦田均日記』三月七日に、

今日、僕は議員としての義務を果したと信じて誇を感ずる。（略）岡田幹事長から離党してくれと云って来た。理屈が通れバ離党もしようが、筋の通らぬ事を出来ぬと答へた（四巻、柏書房、二〇一二年、三四〇ページ）

と記している。

革也は三月三日に「（兵庫県選出代議士唯一の闘士）」と記した。革也は若いころから兵庫県の城崎温泉に湯治や遊行などで出向き、長期間にわたる温泉行もしばしばあった。『日記』は一九一七（大正六）年以後しか岩崎家に所蔵されていなかった。入湯記事は一九二一（大正一〇）年以後に見られる。計一九回城崎に出向いたことが記されており、城崎滞在日数は計二二九日の長期間であった。斎藤隆夫は兵庫県出石の出身であり、国会議員としての活躍も新聞や当地の人々から耳にしていたに違いない。一九四〇（昭和一五）年は日中戦争が長期化し、軍国主義・帝国主義的思想が深まっており、こ

れを批判することは困難で相当の覚悟を要した。敢然と政府批判、軍部批判を行った斎藤隆夫はまさに「唯一の闘士」にふさわしい議員であったのだ。元初期社会主義者であった、また支援者であった革也はその思想を捨て去ってはいなかったことを『日記』によって知ることができる。

革也は『日記』同年五月七日にも斎藤関連記事を次のように記した。

第七十五議会の斎藤隆夫氏舌禍問題を契機として社会大衆党の分裂を惹起して十名脱党となり新たに勤労国民党名称の下に安部磯雄氏主唱　来ル十二日立党を見んとせしに突如内務大臣より立党の禁止を命じたり

その後七月一日から八月一五日にかけて七つの政党すべてが解党、解散を行い政党政治は終わってしまった。

四　芦田均と岩崎革也

1　革也 芦田均著を読む

岩崎革也が芦田均に関する記事を自身の『日記』に記した最初は、一九三七（昭和一二）年一月九日の「芦田均博士の東亜の現勢と外交国策を読む」の短い表現であった。ただそれだけで読後感や抜き出しなど一切ない。革也がどのような感想を抱いたかはわからない。

この著は国政一新会が発行したものである。『芦田均日記』一九三六（昭和一一）年一一月二〇日に、「国政一新会て昼食〝極東の現勢と外交国策〟出来てくる。明日から配本する」と記されている。芦田均は「東亜」ではなく、「極東」のタイトルを考えていたようだが、発行した一新会が「東亜」

と変更したのかもしれない。

そもそもこの著『東亜の現勢と外交国策』は全六六ページのパンフレット程度のものである。目次には一五の見出しが出ている。芦田均がどのような論点で述べたかがわかるので、それらを順に列挙する。

非常時の外交国策、外交と国民生活の安定、日ソ相闘ふ、極東と露西亜、ソヴェートの外交的準備、対ソ政策の枢軸、戦争は高価である、支那問題はどうなるか、支那の抗日運動、戦略上の問題、英国と極東、アメリカの態度、満州国の指導は国策の中枢、国力を集中せよ、所謂国民外交

これらは日本を取り巻く諸外国との関係、国民生活の現状などの分析に基づき、日本が今必要な外交の中身と必要性などに論点があることがわかる。各々を詳しく紹介はできないので、中心的な点について記してみることにする。

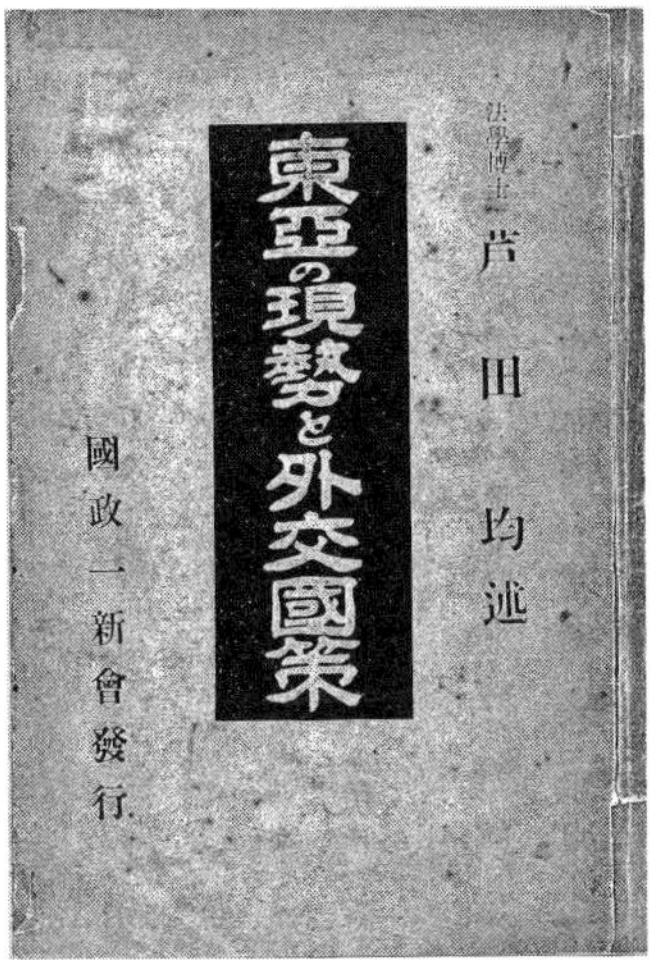

芦田均著『東亜の現勢と外交国策』（国政一新会発行 1936〈昭和 11〉年 11 月 20 日）

芦田は「今日の情勢が外交非常時」であるゆえ、「我国民は国防安全感が得られない」、「この不安を除くには、（略）外交の力に依る外ない」。「外交の働きとは（略）世界中が共謀《ぐる》になつて攻めて来ないやうな情勢に導くこと」で、「外交と国防とが一体不可分でなければならない」と強調している。

次に問題なのは、「国民生活の安定」であることであり、それは「漸次に生活の水準を高

くして行くだけの経済上の余裕を国民にもたせること」だという。「日本の経済界が如何に外国貿易に依存することの多いか」、「対外貿易が進展し得るやうな方向に、日本の外交政策を確立しなければならぬ」と外交の重要性を指摘する。

基本的な考え方を述べたうえで、日本を取り巻くソ連、中国、イギリス、アメリカなどの現状分析がかなりのページ数を占めて続く。さらに満州について「最も欠けて居ることは心と心との『つながり』である」と見て、「新満州国の完成の為めに、隣接国との外交方針を決定することが差当りの目標でなければならぬ」と強調している。

また、「日本の今日の禍ひは、国民の進むべき明白な目標に向つて之を指導する力がない」と、内閣や政府の力量不足を指摘する。さらに、「外交国策に於ても同様である」として、次の三点を示している。「満州国の発達強化に勢力を集中すること」、「日支の関係を整調して（略）対立抗争する情態を解消すること」、「其他の方面に対しては産業貿易の発展を眼目として（略）五大州に亘る雄飛を策すること」と強調している。

大要以上のような現状分析と外交国策を強調した。芦田均著の発行からわずか五〇日で読んだ革也だが、この著に関して全く何も記していない。同書は岩崎革也蔵書中に一冊存在するが、芦田均の他の著作はない。

2　芦田均の衆議院議員当選まで

芦田均は長年外交官を勤めていた。だが、支持者の勧めや自ら外交官として国内の政治状況を見た時、何とかしなければならないとの意識を抱くことになる。このような事情を当時の日記に記していた。国会議員として活動するに至る経過を『芦田均日記』（柏書房、二〇一二年）をもとに見ることにする。

一九三〇（昭和五）年二月二八日に、「遂に次の選挙に打つて出る決心をした」と記した。その一年後に立候補したのであった。最終的な決定をするまでには時間を要したが比較的早い段階から決断をしていたのである。最終的な決断と実行に移すまでには二年近い期間が必要であった。芦田均は当時ベルギーで外交官に就いていた。翌一九三一（昭和六）年一二月の芦田の『日記』から拾ってみる。

一二月一一日「夕刊で若槻内閣の倒れた事をみた。その時ハ少しどきつとした。然し形勢を見ない限りして来春解散があるかどうかは明白でない。そう思つて静観ときめた」

同一二日「夕刊に内閣組織の大命が犬養氏に下つたとあるので議会はどうしても解散とみた。それなら一週間以内にでも帰朝しなけれバなるまいと考えたからである」

同二四日「森書記官長より電報で、帝国議会ハ大体一月下旬の見込とある。いよいよ発つことに決定して、館長暗号で早速次官へ帰朝願を発電した」

同三一日「変転多き一年、僕の生涯の転換期であつた」

一二月一一日に若槻内閣総辞職、一二月一三日犬養毅政友党内閣が成立した。芦田均は一二月一二日の『日記』に「どうしても解散とみた」と記していた。その観測のとおりに翌年一月二一日に衆議院解散となったのである。

芦田均は年末に外交官を退職して衆議院議員になるべく決意をしていた。そのように決意をしたのは、軍部が内閣や政府とは無関係に中国への侵略戦争を進めていたことに危機感を抱いたためであった。三カ月ほど前の一九三一（昭和六）年九月一九日の『日記』に「満州で日支軍隊の衝突があり、日本軍は奉天を占領したとの報道が新聞に出た。これは明白に陸海軍のやつた計画的の仕事に相違ない。困つた事件を起したものだ」と記している。また、九月二五日には「満州事件ハ連盟でガヤガヤ騒ぐ。支那ハ咆える。軍部は頑張る。外務省ハ薄野呂扱にされる。政府も苦いだろう。然し結局此事件が内閣の致命傷になると思ふ」と記していた。

芦田均は軍部により日本の前途が危ぶまれる状態を坐視できない、国会議員として正していかなければならないと決心したのであった。当時外交官としてベルギーにいた彼は直ちに帰国準備を急いだ。

一九三二（昭和七）年一月一一日に「断じて進む外ハない。花々しく闘ふ外ハない」と記した。二月一日「朝下関着」、二月三日「立候補決意して心地すがすがし」、二月四日に東京に到着した。二月五日「朝、外務省に行き辞表を出す」、二月七日「午前九時発、特急にて独り西下す」、二月八日「午前十一時福知山に入る。大に歓迎せらる」と慌ただしい日々を送ったのである。

芦田均は『日記』には記していないが、二月五日に政友会への入党手続きをしたと思われる。それにしても当選するためにはわずかな期間しか残っていない。しかも外交官として長期に外国にいたため、地元住民との個人的なつながりが薄かったであろう。誰もが当選を期するのは極めて困難だと思っていたのではないか。いよいよ京都第三区の候補者として選挙運動を展開することになる。投票日は二月二〇日、それまで半月しかなかった。本人はもとより支援者たちも必死の運動を展開した。

投票結果は次のようであった（宮野澄『最後のリベラリスト・芦田均』文芸春秋社、一九八七年、七四ページ）。

長田桃蔵　一三、九八七（政元）

芦田均　一三、九四二（政新）

水島彦一郎　一二、九九二（政前）
次点　津原武　一二、一七九（民前）

3　芦田均の初質問

芦田均は地元福知山の支持者たちから国会議員に出て活躍する要請を受けるとともに、自身の野心もあり立候補に至ったのであった。その動機の一つにますます軍部の影響によって、日本の状況が国際連盟加盟国や主たる国々の批判を高めていたことがあった。特に中国への軍事侵略は批判の的でもあった。国際情勢や日本のおかれている立場などは外交官という職にあった芦田均にとっては、なんとか軍部の独走にブレーキをかけなければならないとの思いを強めてもいたのである。

一九三一（昭和六）年九月一九日、柳条溝で満鉄の線路が爆破され、日支の戦いが始まった。先に引いた『芦田均日記』に「これは明白に陸海軍のやつた計画的の仕事に相違ない」と記していた。

この事件は「関東軍の陰謀」であったことが「敗戦後にはじめて国民の前に明らかにされた」ものであった（遠山茂樹・今井清一・藤原彰『昭和史』新版、岩波書店、一九五九年、七九ページ）が、芦田均は外交官として正確に把握していたのである。

一九三二（昭和七）年には三月一日に関東軍によって傀儡政権である満州国が作られた。さらに国内では陸海軍将校らが首相官邸などを襲撃し犬養毅首相を射殺するという五・一五事件を起こした。軍国主義化が強まっていったのである。

衆議院議員であった芦田均は軍国主義が支配していく状況に危機感を持っていた。議員一年後の一九三三（昭和八）年一月二一日の議会で、芦田均は政友会を代表して外務大臣に対し質問演説を行った。『衆議院議事速記録第四号　国務大臣ノ演説ニ対スル質疑』（官報号外、昭和八年一月二四日）から一部抜粋する。演説は長時間にわたり長いものであるが、特に軍部批判と見られる部分を引く。

「非常時日本ノ外務大臣トシテ、現在多難ナル外交局面ヲ正確ニ認識シテ居ラル、ヤ否ヤ」、「本員ハ茲ニ重ネテ政府外交ノ根本方針ニ付テ疑義ノアル所ヲ質シ、御説明ヲ仰ギタイ」

「我国ノ外交問題ノ重点ハ、言フマデモナク満州問題デアリマス」、「満州事変ノ善後措置ガ宜シキヲ得ルヤ否ヤ」、「我国ト満州トノ関係ヲ如何ナル形ニ依ツテ整調スベキカハ、日本ノ大陸政策ノ根柢ヲ成ス根本問題デアリマス」

「今尚ホ満州指導ノ責任ハ、専ラ軍部ニ於テ好ンデ之ヲ引受ケテ居ラレルト印象ヲ与ヘテ居リマス、全権府ノ職員ヲ始メトシテ到ル処ノ要職ハ、軍部出身者ノ占メル所トナツテ居ル、将来ハ知ラズ、少クトモ今日マデ満州ノ指導ハ主トシテ軍事専門家ノ手ニ委ネラレテ居リマス（略）此重大ナル責任ヲ誰ガ背負ツテ立ツノデアリマスカ」

「露西亜ト日本トノ現在ノ不安ナル状態ヲ其儘ニ放任スル結果、支那ト露西亜ガ手ヲ取ツテ日本反対ノ『リーグ』ヲ造ル形勢ヲ防グコトハ現内閣ノ責任ガアルト云フコトデアリマス」

「私ノ見ル所ニ依レバ現在ノ日米関係ハ誤レル認識ト、理由ナキ昂奮ノ上ニ築カレテ居ルト思ヒマス、此状態ヲ打開スルニ非ザレバ、軈テ日米ノ間ニ軍備競争ヲ再開スルコトハ必至ノ勢デアリマス、海軍大臣モ能ク御考ヘヲ願ヒタイ、太平洋ノ軍備競争ハ世界戦争ニ至ル第一歩デアリマス」

「〔諸外国ハ―引用者〕日本ヲ以テ軍国主義者デアルカノ如ク認メテ居リマス、ソレハ何故デアルカ、近来日本諸外国ニ於テハ日本ニハ軍部ノ外交ガアリ、外務省ノ外交ガアルケレドモ、国民ノ総意ノ上ニ立ツ外交ナシト云フ印象ヲ有ツテ居ル」
「日本ノ外交政策ガ今尚ホ軍部ニ引摺ラレテ居ルト云フヤウナ印象ヲ諸外国ニ与ヘテ居ルコトハ、我国立憲政治ノ恥辱デアリマス（略）問題ハ政治家ノ政治的勇気如何ニ懸ツテ居ルト思フノデアリマス」
「アナタノ畢生ノ努力ハ国家百年ノ計ヲ基礎トスル国策ノ樹立ト、国民外交ノ実現ヲ云フコトデナケレバナラヌ、内田外務大臣果シテ此決意ヲ有シテ居ラレルカ否ヤ、国民ノ前ニ明白ニ声明セラル、コトヲ希望致シマス」

芦田均は「今日マデ満州ノ指導ハ主トシテ軍事専門家ノ手ニ」あること、「太平洋ノ軍備競争ハ世界戦争ニ至ル第一歩」となること、「日本ノ外交政策ガ今尚ホ軍部ニ引摺ラレテ居ル」ことに問題がある、これらを打開するためには「政治家ノ政治的勇気如何ニ懸ツテ居ル」と強調したのであった。

当時の議員たちの中にもこの発言を支持する者が多くいた。『速記録』には芦田均の演説の各所に「（拍手）」の記載が合計二五回録されている。他には「（笑声）」が一回記されている。さらに「（発言スル者アリ）」が二回記された後に、それぞれ議長が「静粛ニ」と注意を促してもいる。

これらから、芦田均の演説は議員たちからかなり支持されてはいるが、軍部を支持する立場から反対の意思表示をする者たちがいたことを知ることができる。全体的には芦田均の質問演説は迫力があったものと思われる。

だが、この演説後右翼から「非国民」と罵られたという。宮野澄は次のように記している。

憲兵と特高警察からは、厳重な監視を受けるようになった。福知山の芦田の生家近くの人たちは「いつも憲兵はついていましたね」と証言する。「でも芦田先生は、意に介していらっしゃらなかったようですよ」ともいっている（前掲書、九五ページ）。

ところが、この四年後の一九三七（昭和一二）年三月にも芦田均は議会で質問演説を行ったが、この時は前回とは様相が変わっていた。芦田均の演説に対する議員たちの「（拍手）」の記載回数が前回の二五回から二七回へと増えてはいるが、内容そのものの迫力が弱まっていると感じられるのだ。この数年間に日本の情勢が変化し、それを反映した演説になったと思われるのである。

この間を年表から一部抜き出してみる（前掲、遠山・今井・藤原『昭和史』新版を主とし、『社会・労働運動大年表』で一部補う）。

一九三三（昭和八）年　一月ドイツ、ヒットラー内閣成立、二月関東軍熱河省に侵入、五月滝川事件おこる、一〇月国際連盟脱退

一九三四（昭和九）年　四月帝人事件おこる、六月文部省に思想局設置

一九三五（昭和一〇）年　二月天皇機関説問題化、三月衆議院国体明徴に関する声明発表

一九三六（昭和一一）年　一月ロンドン軍縮会議脱退、二月二・二六事件おこる、三月メーデー禁止、九月帝国在郷軍人会令公布、一一月日独防共協定成立、一二月西安事件

一九三七（昭和一二）年　七月盧溝橋事件、日中戦争開始、九月国民精神総動員運動開始、一二月南京事件南京占領

芦田均の二回目国会演説までの四年の間に日本の中国への侵略戦争、民主運動弾圧、国民精神総動員、軍部の露骨な政治介入など一連の軍国主義化帝国主義化が深く進行したのである。芦田均が時代の影響を受け、軍国主義批判が薄まるのもやむを得ないものがあったと思われる。それゆえ、演説内容も激したものは見られない。『衆議院議事速記録第二十四号　外交方針ニ関スル緊急質問』（官報号

外、昭和一二年三月一二日）より引いてみる。

「国防ニ不安ヲ感ズルガ故ニ、一層強ク外交国策ヲ樹立スルノ必要アリト申スノデアリマス（略）孤立シタ国ハ自分ノ力ニ依ツテ国ヲ護ル外ニ途ハアリマセヌ（略）国防費ノ増大ハ孤立無援ノ環境カラ来テ居ルノデアリマス（略）我ガ国民ノ安全感ヲ与ヘルノハ外交ノ外ニアリマセヌ」

「元来今日マデ日支両国ノ協力ガ予想ノ如クニ進捗シナカツタト云フ原因ハ、一方ニハ平和的ノ努力ヲシナガラ、他方ニハ之ヲ破壊スルガ如キ行動ガ、白昼公然ト行ハレテ居ツタ為メデアル国民ガ外交一元化ノ必要ヲ痛感シタト云フコトハ、固ヨリ当然デアルト思ヒマス」

「歴代政府ノ其日暮シノ政策ニ依ツテ（略）国民ハ戦争カ平和カト云フ岐路ニ立ツテ、国民ハ等シク不安ノ中ニ迷ツテ居ルノデアリマス（略）殊ニ領土的野心ヲ以テ長城ノ外ニ武力ヲ行使スルガ如キハ、断ジテ戒メナケレバナラヌト思ヒマス」

芦田均の演説は平和回復を外交の力で実現せよと内閣及び外務大臣に迫っていたことがわかる。

4　岩崎革也『日記』中の芦田均講演記事

国会演説の五カ月後芦田均は京都府北部地域の各地に講演して廻った。丹波の須知にいた岩崎革也は『日記』の一九三七（昭和一二）年に次のように記した。
八月十五日　芦田均氏（法博、代議士）来須　小学校講演あり、平造傍聴
この記述では芦田均がどのような講演をしたかはわからない。革也の長男平造の同日『日記』には、「代議士芦田均博士小学校にて時事講演」とある。平造も講演内容にはふれていない。
『芦田均日記』によってその前後の日記からごく一部を抜粋することにする。月日はいずれも一九

三七（昭和一二）年である。なお、〔　〕は引用者の注である。

八月十四日　号外で上海の空中戦が始まると報ぜられる。支那も本格的に起上がつて来た。凡てが予想通りに進展してくるように思はれる。夜十一時〔東京〕発。富、ミヨ子同伴、丹波行。

八月十五日　朝、山陰線に乗かへ、子供は綾部へ直行。僕ハ園部で下車、須知行、琴滝にて昼食。二時半から小学校の同窓会にて講演。五時十六分ソノべ発神戸へ向ふ。

八月十六日　正午、会の為め大阪クラブに行つて講演。午後三時半から大阪政治経済研究会の為め講演。夕方より丹波の郷里に向ふ。

八月十八日　〔この日から二〇日まで東京〕

八月二十一日　八時半の汽車で丹後へ向ふ。

八月二十二日　山陰線にて丹後へ。網野町にて奥丹産業青年聯盟の講習会へ一時間。午后三時に中郡竹野郡の芦田会発会式。役場二階にて講演。終つて直ちに久美浜公会堂へ〔芦田会主催の講演会〕

八月二十三日　丹後　中郡の五十河村に行つて講演。二百人余りの聴衆。夜、奥大野村にて講演。聴衆二百余。

八月二十四日　丹波　十時六分の上りで三岳村に向ふ。三時から博文校〔旧三岳小学校〕の同窓会に臨み講演。五時半の汽車にて福知山。宮村。八時から中六校にて講演。四〇〇名の聴衆。

八月二十五日　午后一時、醍醐寺の講習会。志賀郷に行つて叔母を見舞ふ。夕食は綾部。六時から郡是講演。八時二十分発一路東上。

八月二十六日　八時東京帰着。

八月一四日に東京を発ち、二六日に帰着するまでの間、講演会（講習会を含む）は、須知小学校、大阪クラブ、大阪政治経済研究会、奥丹産業青年聯盟、中郡役場、五十河村、奥大野村、三岳村博文校、中六校、醍醐寺、郡是講演など計一一カ所で行っている。八月一五日から二五日まで（そのうち三日間は東京）なので、平均すれば毎日講演をしていた勘定になる。丹後から丹波須知までの広範囲であった。それぞれの土地の支持者や人々の要請があったのであろう。各聴衆は記されているものは二〇〇名が二回、四〇〇名が一回であった。四〇〇名は出身地の中六人部《むとべ》であった。

それぞれの講演内容は記されていないのでわからないが、この講演旅行の最初が丹波での須知小学校であった。先に引いたように、岩崎平造は「時事講演」と記していた。本格的な日中戦争に入った当時、芦田均が同年三月の議会演説で平和実現の外交政策を執らなければならないと強調し、「殊ニ領土的野心ヲ以テ長城ノ外ニ武力ヲ行使スルガ如キハ、断ジテ戒メナケレバナラヌト思ヒマス」と発言していた。

ここ数年間の軍国主義的な日本の政治及び外交政策に警鐘を鳴らしていた芦田均は、戦争拡大を防がなければならないと思っていた。そのような思いを時局の状況を明らかにしつつ講演を行ったのであろう。その後各地、諸団体での講演でもそのことを基調としていたと思われる。特に「領土的野心」を捨てることを政府に迫った芦田均であったので、このことも織り込んでいたと思われる。

岩崎平造は須知で行われた芦田均の「時事講演」に参加したが、内容及び感想などを記していたらもっと明らかになったと思うがそれがない。

5　芦田均からの受信

岩崎革也の『日記』に出る芦田均に関する記事はわずか三件である。その三つめは、一九三七（昭和一二）年一一月四日に次のように記した。

受信　芦田均

革也は極めて短く芦田均からの来信があったことだけを記したのであった。葉書なのか封書なのかも不明である。現在は岩崎家に芦田書簡が残されていたのかどうかもわからない。『芦田均日記』中に岩崎革也宛書簡を出したことを記した記事はない。そもそも芦田均はこの頃『日記』を記していなかったのである。芦田は知人たちに数多くの書簡を書いていたが、それぞれを『日記』に記すことはあまりなかったので、たとえこのころ『日記』を記載していたとしても岩崎革也宛が書かれていたとはいえない事情もあった。

この年の八月、芦田均は先に見たように京都府北部に講演旅行に出かけていた。同じころ元ドイツで外交官をしていた本多熊太郎は、八月七日に東京市兵事連合会で講演している。その記録を本多は自著『日支事変外交観』（千倉書房、一九三八〈昭和一三〉年一〇月）に収録している。当時の本多の外交観をよく示しているので少し引いてみる。

所謂、盧溝橋事件なるものは、これは遂に北支に於ける日支両国軍隊の間ノ戦闘となり、而して北支に於ける闘ひは遂に遺憾ながら、日支両国間の全面的戦争に推移するであらう（九二ページ）。私が諸君に愬へたい要点は、（略）一、挙国一致の目標は（略）議会に於ける町田君の演説に言はれて居る通り、排日勢力を徹底的に一掃すると云ふことなのだ。而して二、この排日勢力の一掃と云ふことは、蔣介石と国民政府の打壊しを意味するのである。三、事態はこれから益々全面的拡大をみるのであるから、吾々としてはたいへんな覚悟を要する（一一一〜二ページ）。

本多は芦田均とちがって中国侵略を徹底的に実行する立場であった。本多は後ほど一九四四（昭和一九）年に外務省外交顧問になっている。彼の国家主義的軍国主義的指導は戦後戦犯容疑で逮捕されるに至った。芦田均と本多は外交官として活動したが、帝国主義的軍国主義的思想という点では大きな違いがあったのだ。

革也は『日記』の一九三七（昭和一二）年一〇月一八日に、

竹井貞太郎発起の講道会に出席　公会堂ニて講演会、元独逸大使本多熊太郎氏外数名の時局演説あり

と記している。竹井貞太郎は京都府船井郡胡麻郷村で一八七一（明治四）年に生まれた。『現代船井郡人物史』（三丹新報社、一九一六〈大正五〉年）によると、井上堰水主宰の発蒙館で学び、「井上堰水先生門下生の俊才として将来を属目」せられた。その後高等文官試験に及第し、群馬県警視、福岡県内務部長、長崎県港務部長などに就いた（二九一ページ）。革也は竹井より二歳年長であるが、全寮制発蒙館では机を並べて学ぶことがあったと思われる。その竹井の発起で講演が行われたのであった。この頃革也は日本の軍国主義的帝国主義的な時流に組み込まれる状態でもあった。戦争記事が『日記』に散見される。竹井が講師として招いた本多熊太郎はすでに見たように中国侵略を推し進める立場であった。この講演を聞いた革也はどのように思ったであろうか。『日記』にはその片鱗さえ記していないが、おそらく同調する部分も数々あったのでないかと思われる。

同年秋頃の岩崎革也『日記』から日中戦争にかかわる記述を少し引いてみる。

九月一一日　上海中央軍の巣窟と国民政府参謀本部を木葉微塵に爆撃せし飛空部隊の感激せし時

の某隊司令の詩絶あり其実想実感を思ひ記之（詩絶略）右は潰滅せしめ来つた帰途洋上に皎々たる秋月を見入つて込み上げた武人の歓喜ニて左もあらん
九月二〇日　我海軍航空機の南京を大爆撃して成効甚大
九月二三日　南京、広東、空襲殆ント全撃して最早敵抗空戦不能ならんとする　我海軍航空の強力を致せり
九月二五日　廿四日保定に日章旗翻へる
一〇月七日　昨六日米国政府は日本の対支行動は条約違反なりと断定し米国正式声明書を発表す
一〇月八日　ル大統領の声明は誤見甚し
一〇月二五日　上海の難攻不落たる大場鎮も遂ニ攻取れり
一一月一〇日　上海支那の巨軍隊も竟いに袋の鼠となつて遁散するの外なく窮境ニ到達せり　南京も必迫して前途国民政府の自滅を見んとす
一一月二〇日　大本営令発布　大本営を宮中におかる　海軍部　陸軍部　蘇州を占領して更に無錫ニ進撃進軍す　愈々南京に向かふ
一一月二一日　南京国民政府内部動揺　軍府も三束《ママ》み（蒋介石派　白崇禧派　高国璋）

　これら記述を見ると、革也は本多熊太郎と相通ずる傾向だと思われる。革也は当時の所感や疑問を記して芦田均に送付し、その返事が来たのを一一月四日に「受信　芦田均」と記したのではないかと想像している。

あとがき

岩崎革也は「府下最初の社会主義者 丹波の岩崎革也」と称されている（塩田庄兵衛『近代京都のあゆみ』かもがわ出版、一九八六年）。京都府中部の丹波に岩崎革也がいた。岩崎革也はどのような人物であったのか。八〇年代前半に須知に転勤した私は塩田をはじめとする諸文献にふれる中で、岩崎革也なる人物と「社会主義者」と称された状況をある程度知ることができた。岩崎革也は一九四三（昭和一八）年に七四歳で死去した。彼の邸宅がその地に長く存在していたが、京都縦貫自動車道の建設のため二〇一三年一〇月に全面撤去された。その前年に、もと高校教師であった者たちが京都丹波岩崎革也研究会を立ち上げ、岩崎革也の業績や人物などを明らかにする一方、諸史資料保存のために種々の取り組みを行ってきた。岩崎家の当主岩崎長をはじめ京丹波町や南丹市の協力により、南丹市立文化博物館にすべての史資料類が保存されたのであった。

岩崎家は地主であるとともに酒造業を経営していた。さらに革也の父藤三郎は須知銀行を開設したが、その半年後に急逝したため、二六歳の革也が継いだ。革也は青少年の頃に井上半介の発蒙館で学び、漢学や自由民権、キリスト教に接することになった。また革也と同じ須知町に一〇歳年長の前田英吉の存在も意識したであろうと思われる。長じて一九〇三（明治三六）年四月に長女きぬを三輪田高等女学校に入学させ、東京に往き来し長期滞在も増えた。幸徳秋水や堺利彦らの設立した平民社や社会主義に接することになった。幸徳秋水や堺利彦らと交流が生じたのであった。そのような中で平民社への資金援助を行うとともに社会主義者たちとの交流が広まり深まったのであった。

革也と社会主義者たちとの間にどのような交流があったかは、主義者たちの革也宛書簡が残されていたことによってある程度知ることができる。これらの書簡は個人を中心に全三七三通に及ぶものである（太田雅夫『岩崎革也年譜―付革也略伝・革也宛書簡一覧』）。だが、二〇一三年秋に岩崎家が解体撤去される前に、京都丹波岩崎革也研究会が調査した時点では数通の欠があった。どこかに紛れたのではないかと思われる。

革也が幸徳や堺らをはじめ多くの社会主義者たちとの交流があったことを中心に、筆者の拙文を収載することにした。それぞれのテーマで記していたため、同じ内容が重なることになった。最初の発表誌は次のようなものである。

『丹波の社会主義者　岩崎革也』（個人誌『蘆の葉』第二集、一九九一年）、同人誌『丹の里』、『京都丹波岩崎革也研究会会報』、筆者個人誌『岩崎革也雑録』などである。

また、拙著『岩崎革也　仕事と日常』（二〇一六年一一月、私家版）を発行したが、同書と重なる部分もある。できれば併せて読んでいただければ幸いである。

岩崎革也に関心をいだいたのは一九八五年前後であった。その後、革也の孫の岩崎長から種々の史資料を見せていただいたり、多くの思い出や事蹟等々説明していただいた。その後、京都丹波岩崎革也研究会の会員諸氏や諸研究者、南丹市立文化博物館学芸員をはじめ、地元の方々から多くのご教示をいただいた。お礼を申し上げます。なお、人名は失礼ながら敬称を略した。

芦田丈司

二〇一九年　晩秋

図版の出典

本書に多くの図版を挿入しているが、入手元は以下のものである。

1　太田雅夫、山泉進、田中真人の各氏が一九九二年七月に岩崎革也邸を訪問され、多数の革也宛書簡や遺墨類をご覧になった。同年一二月にそれらの資料類約六〇〇点をマイクロフィルム化されるとともに、整理され冊子にされた。岩崎家及び太田氏ら研究者の当該大学で保存された。筆者は岩崎家のそれを見せていただくとともに、一部コピーさせていただいたものを収載した。

2　南丹市立文化博物館所蔵の岩崎革也関係資料の提供を受けた。

3　初期社会主義者の研究者の方々から提供を受けた。

4　京都丹波岩崎革也研究会の会員が撮影、または入手したものを収載した。

5　筆者自身が撮影したものも図版として利用した。また、その他の方々からも便宜を図っていただいた。

著者紹介

芦田丈司（あしだ　たけし）

1942年4月、現福知山市で生まれる。

広島大学教育学部高等学校国語科卒業後、京都府立峰山高等学校教諭。以後、同府立高等学校教諭として勤務、定年退職。

現在、京都丹波岩崎革也研究会会員。

著書に、個人誌『蘆の葉』第1集（1989年）～第26集（2009年）、『岩崎革也 仕事と日常』（私家版、2016年）など。

京都丹波の岩崎革也
――社会主義者たちとの交流

2019年11月15日　第1刷発行

著　者　芦田丈司
発行者　黒川美富子
発行所　図書出版　文理閣
京都市下京区七条河原町西南角〒600-8146
TEL（075）351-7553　FAX（075）351-7560
http://www.bunrikaku.com
印刷所　モリモト印刷株式会社

ISBN978-4-89259-854-8